Mittendrin.

Eine Universität macht Geschichte.

Katalog

HU200 | DAS MODERNE ORIGINAL

HUMBOLDT-UNIVERSITÄT ZU BERLIN

Mittendrin

Eine Universität macht Geschichte.

Eine Ausstellung anlässlich des 200-jährigen Jubiläums der Humboldt-Universität zu Berlin

16. April bis 15. August 2010
Jacob-und-Wilhelm-Grimm-Zentrum

Im Auftrag des Präsidenten der Universität

Herausgegeben von Ilka Thom und Kirsten Weining
in Zusammenarbeit mit Heinz-Elmar Tenorth

THEORIA CUM PRAXI

Akademie Verlag

Gedruckt mit Unterstützung der Cornelsen Verlag GmbH

Bibliografische Information der Deutschen Nationalbibliothek
Die Deutsche Nationalbibliothek verzeichnet diese Publikation in der Deutschen Nationalbibliografie; detaillierte bibliografische Daten sind im Internet über *http://dnb.d-nb.de* abrufbar.

ISBN 978-3-05-004940-3

Das eingesetzte Papier ist alterungsbeständig nach DIN/ISO 9706.

Gestaltung und Satz: Duncan McCauley | Tina Raccah, Sandra Boeckmann, Berlin

Druck: CS-Druck Cornelsen Stürtz GmbH & Co. KG, Berlin

Bindung: RQ-Verlag GmbH, Berlin

Printed in the Federal Republic of Germany.

Umschlagabbildung: © Duncan McCauley, Berlin, unter Verwendung einer Lithografie von Eduard Gaertner: Portal der Universität zu Berlin, 1832 | © Stiftung Stadtmuseum Berlin, Reproduktion: Oliver Ziebe, Berlin

Inhalt

Geleitwort

Christoph Markschies

Ausstellungen zur Geschichte einer Universität und zu einem Universitätsjubiläum allzumal sind ein schwierig Feld. Da liegen in aller Regel auf blauem Samt zwei Universitätszepter, obwohl die meisten deutschen Universitäten ein solches – in der Welt mittelalterlicher Symbolik eigentlich ungeheueres – Symbol ihrer Autonomie und weltlichen Macht gar nicht mehr verwenden: Pedellen, die es mit weißen Handschuhen dem Rektor und einer Schar festlich gewandeter Ordinarien vorantragen, gibt es nicht mehr oft. Und dann liegen meist in zart beleuchteten Schaukästen die päpstlichen oder landesherrlichen Gründungsdiplome, die die Gründung statuieren, dazu Matrikelbücher und Statuten. Der Laie (und dieser nicht allein) erkennt aus solchen Ausstellungen wenig über das bunte Leben einer *Alma mater*: Wer studierte? Wie verbrachte er seinen Alltag? Wie funktionierten Lehre und Forschung? Wenn man die Memoiren des berühmten Berliner Ägyptologen Adolf Erman liest (der sich, so habe ich von meinen Tübinger Lehrern gelernt, trotz entsprechenden Wikipedia-Eintrags und hugenottischer Herkunft mit schönem deutschen Schluß-„N" aussprach), hat man den Eindruck, dass ein guter Teil des Studiums mit Kremserfahrten zu Gartenlokalen und feucht-fröhlichen Umtrunken zugebracht wurde. Erman, 1854 geboren, veröffentlichte seine Erinnerungen am Ende der Zwanzigerjahre – wie zutreffend, wie stilisiert solche Studienerinnerungen eines älteren Mannes sind, bedürfte natürlich auch noch einmal der Untersuchung.

Kurz gesagt: Zwischen lebendigen Geschichtserzählungen und Ausstellungen zu Universitätsjubiläen klafft oft ein Hiat. Die hinter dem Augenscheinlichen liegenden Zusammenhänge lassen sich eben schwer ausstellen. Und noch einmal kurz gesagt: In Berlin und in jener Ausstellung, die dieser Katalog dokumentiert, klafft der Hiat, wie mir scheint, nicht und wird hinter das Augenscheinliche geblickt. Und das beginnt schon bei dem, was sonst so prächtig daherkommt, Szepter, Gründungsurkunde, Martikel, Satzung: Die Universitätszepter liegen beispielsweise hier nicht auf blauem Samt, sondern bei der unscheinbaren Transportkiste, in der sie normalerweise im Tresor aufbewahrt werden. Und eines fehlt. Der Betrachter ahnt sofort, dass mit dem Zepterpaar etwas nicht stimmt. Und liest hoffentlich in diesem Katalog nach: Brüche sind ein Wesen der Berliner Universitätsgeschichte und der Streit um ihre Traditionen betrifft nicht nur die Nobelpreisträger und wird nicht nur in Berlin ausgetragen.

Universitätspräsidenten sollten sich nicht als Universitätshistoriker gerieren. Aber meine Dankbarkeit für diesen schönen Katalog, der Strittiges und Brüche nicht ausspart, ja für die ganze Ausstellung ist nicht geleitwort-typisch, sondern kommt von Herzen: Herrn Tenorth und seinen beiden klugen Kuratorinnen, Ilka Thom und Kirsten Weining, danke ich namens unserer Universität vielmals für ihre Mühe, die durch so sichtbaren Erfolg gekrönt wurde.

Christoph Markschies, Präsident der Humboldt-Universität zu Berlin

Grußworte

Milan Bulaty

Die Entscheidung, „Mittendrin", die wichtigste Ausstellung zum 200-jährigen Jubiläum der Humboldt-Universität im Jacob-und-Wilhelm-Grimm-Zentrum, dem neuen Haus der Zentralbibliothek, zu präsentieren, hat uns aus mehreren Gründen gefreut. Es ist die erste Ausstellung in diesem von den Nutzern und den Medien gelobten und geschätzten Gebäude. Nicht nur die Verteilung der Ausstellung auf verschiedene Räume in der Bibliothek, sondern auch die langen Öffnungszeiten tragen dazu bei, von der Ausstellung quasi im Vorübergehen angezogen zu werden. Von den fünf- bis sechstausend Besucherinnen und Besuchern täglich schauen und entdecken die meisten, wie spannend, leistungsfähig, aber auch erschreckend die Geschichte der Humboldt-Universität war. „Mittendrin" präsentiert Universitätsgeschichte inmitten der Gegenwart, inmitten der Universität, inmitten ihrer neuen Bibliothek, einem der derzeit meist-besuchten Orte dieser Universität. Schauen Sie sich mit uns diese wunderbare Ausstellung an, die die universitäre Vergangenheit aus unterschiedlichen Perspektiven spannend und inspirierend erzählt. Hier im Katalog ist es noch lange Zeit möglich, die Vergangenheit nachzuvollziehen, um die Gegenwart zu verstehen.

Milan Bulaty, Direktor der Univeristätsbibliothek der Humboldt-Universität zu Berlin

Arend Oetker

Universitäten sind Zukunftsstätten. Die Universität ist Ort der kritischen Auseinandersetzung mit gesellschaftlichen Entwicklungen, sie ist Quelle neuer Ideen. Durch Forschung und Lehre gibt die Universität Impulse für gesellschaftliche und technologische Entwicklungen. Sie prägt die Fach- und Führungskräfte von morgen - immer wieder neu in jeder Generation. Die Förderer der Ausstellung "Mittendrin. Eine Universität macht Geschichte" sind überzeugt, dass die Humboldt-Universität, ja dass jede Universität ihre Aufgaben nur dann gut und kompetent wahrnehmen kann, wenn sie sich ihrer Geschichte bewusst wird. Gerade die älteste Universität Berlins mit ihrer bewegten Geschichte ist besonders dazu berufen, die Vergangenheit in die Gegenwart zu holen und die Erinnerung für die Zukunft produktiv werden zu lassen. Für den Stifterverband, der selbst vor genau 90 Jahren in Berlin gegründet wurde, ist es eine Ehre, die Humboldt-Universität dabei zu unterstützen. Weitere Förderer der Ausstellung sind der Cornelsen-Verlag, die Humboldt-Universitäts-Gesellschaft, die Stiftung Mercator und VdS Bildungsmedien. Die 1920 begründete Partnerschaft zwischen Wirtschaft und Wissenschaft hat die Umbrüche der Zeiten bis heute gut überstanden. Die Idee der gemeinsamen Verantwortung der Wirtschaft für die Wissenschaft ist lebendig wie eh und je. Die Liste der Förderer mag es bezeugen.

Arend Oetker, Präsident des Stifterverbandes für die Deutsche Wissenschaft

Einführung und Dank

Heinz-Elmar Tenorth, Ilka Thom und Kirsten Weining

Die übliche Antwort auf die Frage nach dem Ort der Universität und der Wissenschaft ist wohlbekannt: Es ist „der Elfenbeinturm". Nur von dort ist der kritische Ausblick auf das Ganze möglich, nur von dort leuchtet das Licht der Erkenntnis.

Unsere Antwort auf diese Frage ist eine andere. Wir sagen, der Ort der Universität ist „mittendrin". Das ist realistischer, historischer, bezeichnet aber auch einen nicht ganz einfachen Platz, schon weil er nicht eindeutig benannt ist, wenn man nur „mittendrin" sagt. In Berlin kann man das wissen: Mittendrin, das ist mitten in der Stadt, in „Mitte", wie man sagen muss, nicht „im Ostteil", wie man vor und noch nach 1990 hören konnte bei denen „aus Westdeutschland". Das ist auch mitten in der Gesellschaft und mitten in der wissenschaftlichen Kommunikation, und heute auch ein fiktiver Ort, bewohnt von lokal gebundenen Akteuren in weltweiter Kommunikation.

Wenn man weiter darüber nachdenkt, dann merkt man rasch, dass „mittendrin" meist auch bedeutet mitten im Schlamassel, wenn nämlich die Wissenschaft nicht nur der reinen Erkenntnis frönt, wie im Elfenbeinturm, sondern sich im wirklichen Leben bewegt, wie in der Universität. Dann wird ein Ort sichtbar, der z.B. Krieg, Rassismus und menschenverachtende Praktiken nicht leugnet oder kritisiert, sondern propagiert und praktiziert hat.

Mitten in Berlin ist für die Universität ein Platz, der so anziehend wie gefährlich war und ist. Wissenschaft wird im Zentrum der preußisch-deutschen Macht funktionalisiert und sie lässt sich funktionalisieren. Sie unterstützt zwar auch Sozialreform und Bildungsbewegungen, humanisiert den Blick auf Verbrechen, Schuld und Strafe, sie trägt bei zur Heilung des Menschen und zur Lebensfähigkeit der Stadt, sie pflegt das Wahre, Schöne und Gute, die Kunst und die Literatur, und sie fördert die Bildung des Menschen. In Berlin wird sie allerdings auch immer mit Ideologien und anderen Zumutungen konfrontiert und manche, Disziplinen wie Personen, erliegen den Versuchungen, die sich damit verbinden, machen sich selbst zum willigen Akteur, rühmen sich als „geistiges Leibregiment" der Regierenden, propagieren Eroberungsphantasien oder Weltanschauungen und geben das als Wissenschaft aus. Berlin war und ist ein schwieriger Ort für die Universität und ihre Wissenschaft.

Unsere Ausstellung soll diesen Ort zeigen, in der ganzen Widersprüchlichkeit, in wechselnden politischen Systemen – unter König und Kaiser, in Republik und NS-System, im DDR-Staat und in der aktuellen Republik. Dabei hat die Universität in ihrer exponierten Lage nicht allein mit wechselnden Umwelten zu tun, sondern auch mit den Fremdbildern, die ihr angesonnen werden, und den Selbstbildern, die sie von sich stilisiert. „Mythos Humboldt" ist heute die Kurzformel für diese Hypothek der Tradition, die in Erfindungen und Entdeckungen, in Texten und Bildern, in Disziplinen und ihren Profilen, in Kontroversen und Inszenierungen des Neuen und Bedeutsamen lebt.

Zugleich lässt sich ein solcher Ort in seiner Vielfältigkeit und Vieldimensionalität im Format einer Ausstellung nur sehr selektiv zeigen. Wir haben uns gegen eine chronologische Aufzählung entschieden und nehmen die Geschichte dieser Universität stattdessen aus vier unterschiedlichen Perspektiven in den Blick. Es ist möglich, den Akteuren des akademischen Lebens zu begegnen, einen Streifzug durch die Orte der Wissenschaft zu unternehmen, vieles zu lernen über Freiheit und Nutzen der Wissenschaft und auf einer Reise entlang ihrer Jubiläen die Universität im Spiegel ihrer Selbst- und Fremdbilder zu entdecken. Auf diese Weise erzählen die Ausstellung und auch der vorliegende Katalog nicht nur eine, sondern vier Universitätsgeschichten. Diese können für sich allein stehen und lassen sich zugleich zu einem facettenreichen und differenzierten Bild der Humboldt-Universität zu Berlin zusammenfügen. Unseren Gestaltern Tom Duncan und Noel McCauley ist es mit ihrem Team gelungen, diese Inhalte in eine wunderbare Form zu gießen.

In anderthalb Jahren Vorbereitungszeit waren wir nicht nur all den Aspekten, die das „Mittendrin" ausmachen, auf der Spur, sondern auch selbst mittendrin. Wir lebten und arbeiteten in einer großen Gruppe von Unterstützern, denen wir sehr herzlich danken möchten. Dies sind nicht allein die Sponsoren, ohne deren Engagement Ausstellung und Katalog nicht zustande gekommen wären, sondern auch die zahlreichen Angehörigen der Universität, die uns ermutigt und auf vielfältige Weise unterstützt haben. Sei es Constanze Richter mit ihrer Jubiläumsmannschaft sowie das ganze Referat Öffentlichkeitsarbeit, die sich um unser Erscheinungsbild gekümmert haben oder Milan Bulaty und sein großes Team, die uns und die Ausstellung in ihrem Haus willkommen hießen. Ewald Schwalgin und die Mitarbeiterinnen und Mitarbeiter seiner Technischen Abteilung haben uns und der Ausstellung zahlreiche Wege geebnet und Frank Eveslage, der Vizepräsident für den Haushalt wusste, dass Inspirationen ohne Realisierungschancen leere Visionen bleiben. Danken möchten wir ebenfalls den Hütern der zahlreichen Universitätssammlungen und -archive sowie mancher verborgener Schätze, die einen Großteil der Ausstellungsexponate zur Verfügung stellten.

Selbstverständlich gilt unser herzlicher Dank auch allen Leihgebern außerhalb der Universität. Dankbar sind wir ebenfalls all denjenigen, in und außerhalb der Universität, die uns mit Rat und Tat zur Seite standen. Und natürlich danken wir Tom Duncan und Noel McCauley sowie mit ihnen all jenen, die Ausstellung und Katalog gestalteten und verwirklichen halfen. Ein großes Dankeschön geht an die Mitglieder unseres Teams, die mit großem Engagement dabei waren, sowie an die Mitarbeiter der Abteilung Historische Erziehungswissenschaft, die dem Ausstellungsteam ein Zuhause in der Universität gaben und den Herausforderungen, die eine solche Einquartierung mit sich bringt, standgehalten haben. Für ihr ganz besonderes Standhalten, ihre Unterstützung und ihr Verständnis danken wir zudem Frank, Nanni und Tom.

Heinz-Elmar Tenorth, Ilka Thom und Kirsten Weining

Szenografische Gestaltung

Duncan McCauley

Die Ausstellungsarchitektur zum 200. Geburtstag der Universität unter den Linden besteht aus 37 Kuben, die in den belebten Foyerbereich des Grimm-Zentrums ausgestreut sind. Sie erregen die Aufmerksamkeit des Publikums und machen neugierig auf den Inhalt. Diese Kuben sind als Informationseinheiten zu verstehen, als Wissensspeicher, die sich mit ihrer einfachen geometrischen Grundform leicht zu einem Ganzen zusammensetzen ließen.

Sie funktionieren wie Kunst- oder Sammlungs-Kabinette und zeigen, im ‚abgeschlossenen' Raum des Kubus je ein abgeschlossenes Thema. Sie funktionieren im übertragenen Sinne kubistisch, indem sie das Thema simultan aus verschiedenen Perspektiven betrachten.

Modell 1:50

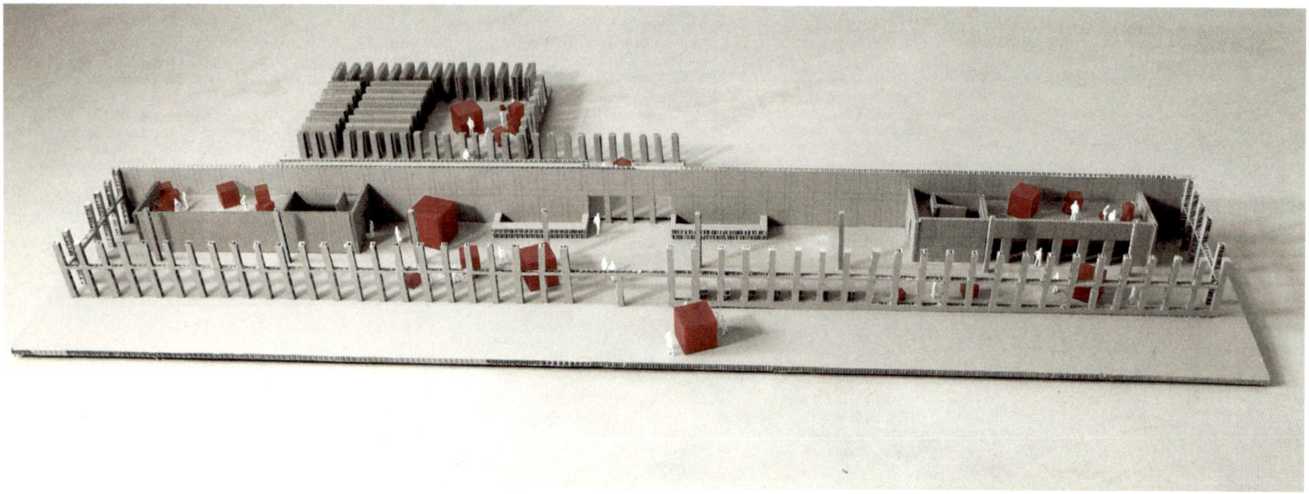

Die Architektur des Jacob-und-Wilhelm-Grimm-Zentrums basiert auf einem strengen Block-Raster. Die Kuben entspringen diesem Raster und springen heraus. Ihre Form ist dem Raster entlehnt, ihre Anordnung jedoch nicht. Sie stehen im Gebäude mit gezielten Verdrehungen. Sie wirken spielerisch, lebendig, erinnern an geistige Beweglichkeit und die Reformideen der Universität.

Die Kuben fügen sich in den täglichen Besucherfluss durch das Gebäude ein, bilden keine Barrieren, sondern Inseln der Kommunikation. Sie wirken als Icons, sind sofort wiederzuerkennen und schon von Weitem sichtbar.

Raumeindruck Außenkubus

So schaffen sie einen optischen Zusammenhang zwischen den getrennten Ausstellungsbereichen.

Bereits vor dem Gebäude steht der erste große Kubus. Er markiert den mittleren Eingang des Jacob-und-Wilhelm-Grimm-Zentrums als Eingang zur Ausstellung. Der Kubus im Außenraum ist als Icon weithin sichtbar. Er nimmt Verbindung mit der Stadt auf, wie auch die Geschichte der Universität immer in enger Verbindung zur Stadt, Gesellschaft, Politik und Kultur stand.

Die intensive Farbigkeit der Kuben in einem Spektrum von Rottönen schafft eine feierliche und zugleich fröhliche Atmosphäre, entsprechend einem Jubiläum oder Geburtstag. Die mit Grafiken bedruckten Oberflächen spielen mit Gold als Akzentfarbe, um den feierlichen Charakter zu unterstreichen und den Glanz einer erfolgreichen Wissenschaftsinstitution zu vermitteln.

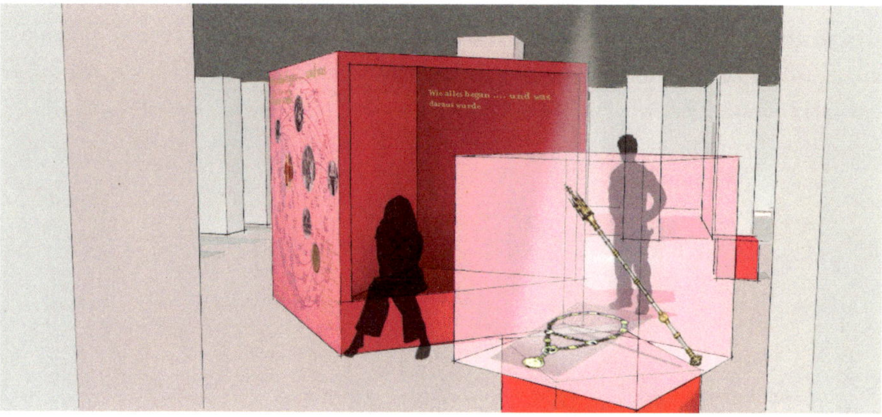

Raumeindruck Innen

Insgesamt sind es 37 Kuben in sieben verschiedenen Größen. Sie werden sehr vielfältig bespielt und passen sich den Ausstellungsthemen und Exponaten an. Sie dienen zum Beispiel als Aufsichttische oder Vitrinen, sind ausgestattet mit hinterleuchteten Grafiken, Gucklöchern, interaktiven mechanischen Installationen oder Medien-Stationen. Die größten Kuben sind begehbar: Sie funktionieren als Raum im Raum. Die kleinsten Kuben sind Sitzelemente für Besucher.

Jede der Zeitreisen und Themeninseln ist unabhängig von der übrigen Ausstellung verständlich – aber je mehr Würfel man in Augenschein nimmt, desto tiefer steigt man ein in die Geschichte von Berlins erster Universität.

Tom Duncan und Noel McCauley

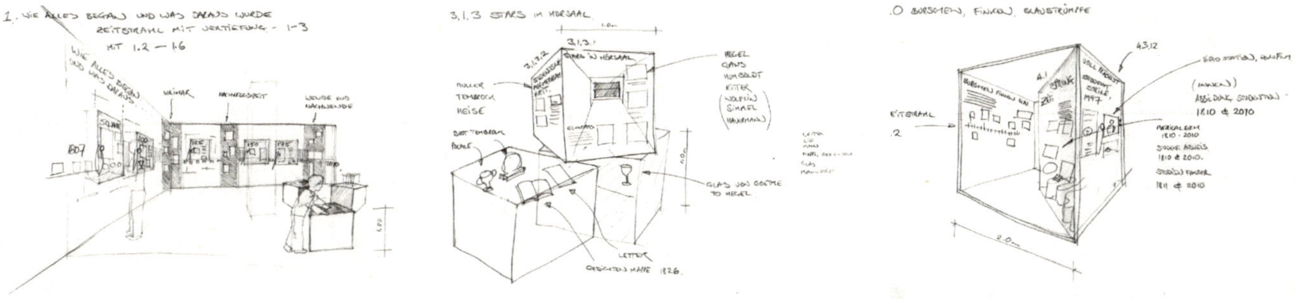

Arbeitsskizzen

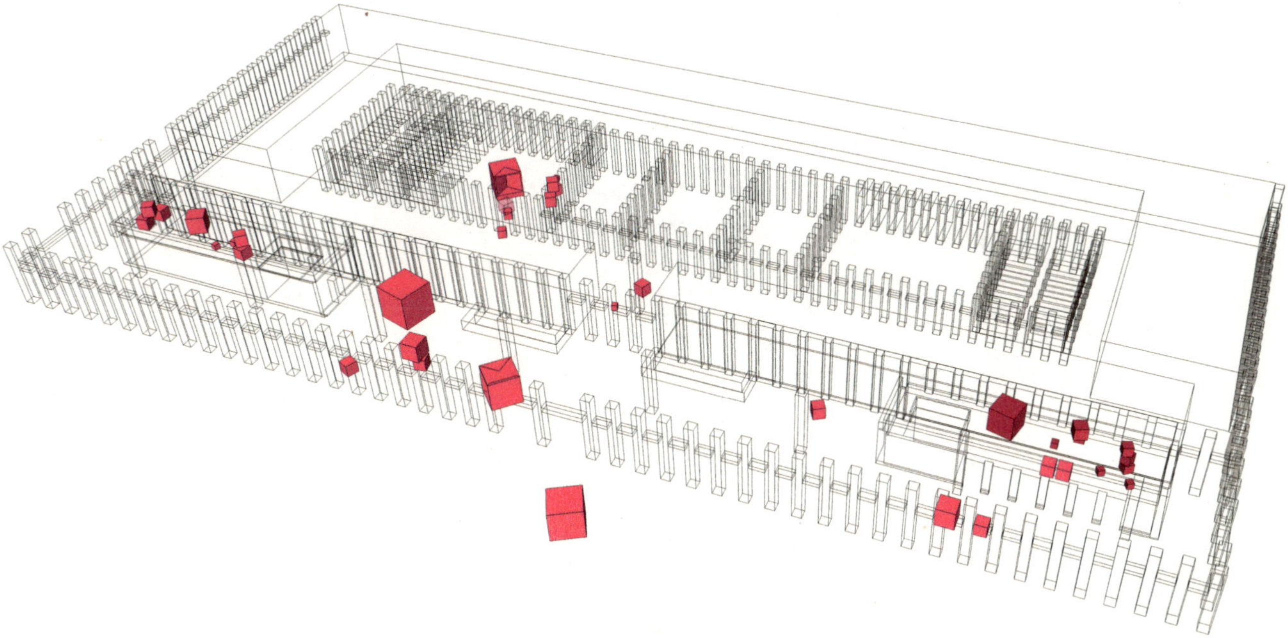

Konzept

Impressum

Ausstellung

Leitung: Heinz-Elmar Tenorth, Ilka Thom, Kirsten Weining
Kuratierung und Gesamtkoordination: Ilka Thom und Kirsten Weining

TEAM
Wissenschaftliche Mitarbeit: Nadin Seltsam
Freie Mitarbeit: Veronika Beckh, Michael Mai, Katrin Pieper,
Henje Richter, Katja Röckner, Tom Werner, Mareike Wöhler
Studentische Mitarbeiterin: Sarah Babiec
Praktikanten: Fabian Gessner, Samantha Siegert
Fotografin: Antonia Weiße
Restauratorische Betreuung: Aurelia Badde, Thomas Baetjer
Idee zum Ausstellungstitel: Heike Zappe

Ausstellungsgestaltung und Medienproduktion: Duncan McCauley, Berlin
Leitung: Tom Duncan und Noel McCauley

TEAM
Ausstellungsarchitektur: Sabine Melis, Grant Taylor
Vorentwurf: Tom Cardew, Katja Ecks, Friederike von Koenigswald
Grafik & Interfacedesign: Eva Maria Heinrich
Grafik & Illustration: Tina Raccah, Julia Wolf
Media-Produktionsleitung: Martin Behnke
Interviews: Julia Vismann
Sprecher: Frieder Venus, Britta Steffenhagen
Videoschnitt: Stefan Bünnig
Kamera: Tom Duncan, Tom Rotsch
Ton: Martin Behnke, Stefan Bünnig
Sound Design: Arno Kraehahn, Sebastian Morsch
Sprachaufnahmen: Soundmaster Tonstudio Berlin, Gerhard Ruhs

Ausführung

Ausstellungsarchitektur: Fa. Weisse GmbH

Ausstellungsgrafiken: PPS Imaging GmbH

Siebdruckgrafiken: Heerlein Werbetechnik GbR

Ausstellungstechnik: PiK AG, Syntropy

Fensterverdunkelung: Rudolph Folientechnik GmbH

Objekteinrichtung: Ulli Grötz & Team

Katalog

Redaktion: Heinz-Elmar Tenorth, Ilka Thom, Kirsten Weining

Texte: Nadin Seltsam, Ilka Thom, Kirsten Weining

Korrektorat: Beate Klemm

Mit freundlicher Unterstützung durch

Stifterverband für die Deutsche Wissenschaft

Cornelsen

Stiftung Mercator

Stiftung Humboldt-Universität

VdS Bildungsmedien e.V.

Leihgeberverzeichnis

Adlershof Projekt-GmbH, Berlin
Archiv der Max-Planck-Gesellschaft, Berlin-Dahlem
Archiv der Robert-Havemann-Gesellschaft e.V., Berlin
Aldebaran Robotics, Paris
Barockschloss Delitzsch
Berlin-Brandenburgische Akademie der Wissenschaften
- Archiv
- Akademievorhaben CIL

Berliner Medizinhistorisches Museum der Charité
BPI Karl Abraham-Institut Berlin
bpk – Bildagentur für Kunst, Kultur und Geschichte, Berlin
Bundesarchiv
Charité – Universitätsmedizin Berlin
- Centrum für Anatomie
- Institut für Geschichte der Medizin, Bildarchiv
- Institut für Mikrobiologie und Hygiene, Robert-Koch-Museum
- Institut für Rechtsmedizin und Forensische Wissenschaften
- Johannes-Müller-Institut für Physiologie, Historische Instrumentensammlung
- Referat für Studienangelegenheiten

Darwin-Gesellschaft zu Berlin e.V.
Der Spiegel, Hamburg
Deutsches Archäologisches Institut Berlin, Archiv
Deutsches Elektronen-Synchrotron DESY, Zeuthen
Deutsches Forschungszentrum für Künstliche Intelligenz
Deutsche Fotothek, Dresden
Deutsches Patent- und Markenamt
Deutsches Rundfunkarchiv, Babelsberg und Frankfurt am Main
Frasaco GmbH, Tettnang

Freie Universität Berlin
- Institut für Pharmazie
- Institut für Veterinär-Anatomie
- Universitätsarchiv
- Universitätsbibliothek

Georg-August-Universität Göttingen, Mathematisches Institut, Sammlung Mathematischer Modelle

Gesetzlose Gesellschaft zu Berlin

Goethe-Museum Düsseldorf / Anton-und-Katharina-Kippenberg-Stiftung

Havel-Film Babelsberg

Heimatverein Marzahn-Hellersdorf e.V., Berlin

Heinrich-Heine-Institut, Düsseldorf

Helmholtz-Zentrum Berlin für Materialien und Energie GmbH

Humboldt-Universität zu Berlin
    - Institut für Archäologie
    - Klassische Archäologie / Winckelmann-Institut
    - Ägyptologie und Archäologie Nordostafrikas, Sudanarchäologische Sammlung
- Institut für Biologie, AG Vergleichende Zoologie, Zoologische Lehrsammlung
- Institut für Chemie
- Institut für deutsche Literatur, Heiner Müller Archiv / Transitraum
- Institut für Geographie
- Institut für Geschichtswissenschaften, Lehrstuhl für Ur- und Frühgeschichte
- Institut für Informatik
- Institut für Kunst- und Bildgeschichte
- Institut für Physik, UniLab
- Institut für Psychologie, Historisches Kabinett
- Institut für Sportwissenschaft, Abt. Sportmedizin
- Kolleg-Forschergruppe *Bildakt und Verkörperung*
- Lautarchiv
- Referat Öffentlichkeitsarbeit
- Studienabteilung

Universitätsbibliothek
Historische und Spezialsammlungen
Kustodie
Universitätsarchiv
Zweigbibliothek Campus Nord
Zweigbibliothek Klassische Archäologie
Zweigbibliothek Naturwissenschaften
Zweigbibliothek Theologie
Zentrum für transdisziplinäre Geschlechterstudien
Jüdisches Museum Berlin
Landesarchiv, Berlin
Landesdenkmalamt Berlin
Museum für Naturkunde, Leibniz-Institut für Evolutions- und Biodiversitätsforschung an der Humboldt-Universität zu Berlin, Tierstimmenarchiv
National Science Foundation, IceCube Collaboration, Madison/Wisc.
NASA
Physikalisch-Technische Bundesanstalt, Berlin
Progress Film-Verleih GmbH, Berlin
Robert Koch-Institut, Berlin
RoboCup Federation
Staatliche Museen zu Berlin, Ägyptisches Museum und Papyrussammlung
Stiftung Deutsches Historisches Museum, Berlin
Stiftung Deutsches Technikmuseum Berlin
Stiftung Preußischer Kulturbesitz, Berlin
Geheimes Staatsarchiv
Staatsbibliothek zu Berlin
Handschriftenabteilung
Zeitungsabteilung
Stiftung Preußische Schlösser und Gärten Berlin-Brandenburg
Stiftung Stadtmuseum Berlin
Technische Universität Berlin, Architekturmuseum
Technische Universität Dortmund, Institut für Roboterforschung
ullstein bild, Berlin
Universität der Künste Berlin, Filminstitut

Universität Hamburg, Department Mathematik
University of Oxford, Bodleian Library

Private Leihgeber

- Christine Badura, Trägerwielen
- Hanna Behrend, Berlin
- Christian Boulanger, Berlin
- Julia Bränzel, Berlin
- Gilbert Collé, Berlin
- Stefan Deutscher, Berlin
- Ernst Fesseler, Berlin
- Gunther Geserick, Berlin
- Elsi Hedström, Heidelberg
- Maik Hosang, Hochkirch
- Hans Joachim Huebscher, Berlin
- Klaus Kossmann, Bad Kreuznach
- John Michael Krois, Berlin
- Carola Ritter, Berlin
- Wilma Rückl, Berlin

Sowie weitere Privatleihgeber, die nicht genannt werden möchten.

Das deutsche Universitätsmodell und die Berliner Universität

Wandel und Kontinuität von Selbstbildern

Dieter Langewiesche

Die Rektoratsrede als Brennspiegel des universitären Selbstbildes

Das ‚Humboldtsche Modell' fehlt heute kaum in einer hochschulpolitischen Rede. Die einen tragen es zu Grabe, die anderen erklären es als im Kern gesund. Wann ist dieses Bild entstanden? Wer hat es geprägt, und wer verweigerte sich ihm? Hat es sich verändert? Auskunft auf diese Fragen geben die Rektoratsreden. Im 19. Jahrhundert entwickelten sie sich im deutschen Sprachraum zu einer festen Tradition. Wenn der neue Rektor sein Amt übernahm, der Stiftungstag der Universität sich jährte oder der Landesfürst Geburtstag hatte, trat die Universität mit einem Festakt in die Öffentlichkeit. In ihm vergewisserte sie sich ihrer gesellschaftlichen Bedeutung. Sie feierte sich als das intellektuelle Zentrum des Landes, der Wissenschaft und der Bildung, als das geistige Fundament der Nation.

Alle Universitäten in den deutschen Staaten, einschließlich Österreichs, taten dies Jahr für Jahr. In der ersten Hälfte des 19. Jahrhunderts verfestigte sich dieses Ritual. Die Dozenten und Studenten nahmen daran teil, dazu Gäste aus den Institutionen des Staates, der Kirchen und der Stadt. Nicht selten waren auch Angehörige des Fürstenhauses zugegen, mitunter der regierende Monarch persönlich.

Eine Universität im Elfenbeinturm gab es in diesen Festakten nicht. Sie verstand sich als Geschöpf und als Gestalterin ihrer Zeit. In diesem Selbstbild gründete ihr hohes Selbstbewußtsein. Es immer wieder aufs Neue aufzurufen, aus ihm Ansprüche an die Gesellschaft und Verantwortung für sie zu begründen, war die Aufgabe der Rektoratsrede. Sie zeichnete den Weg der eigenen Universität nach und ordnete ihn in die Geschichte des Landes und der Nation ein, nahm Stellung zu Fragen, die als gesellschaftlich bedeutsam galten, oder sie präsentierte die Forschungsentwicklung in dem Fach, für das der Redner zuständig war.

In diesen Rektoratsreden taucht die *Humboldtsche Universität* oder die *Berliner Universität* lange Zeit nicht auf, im ganzen 19. Jahrhundert nicht und auch im 20. lange nicht, nach 1945 erste Ansätze, mehr nicht. Erst um 1970 beginnt die hohe Zeit der Rede von der Humboldtschen Universität. Dieser heute allgegenwärtige Topos — er ist eine retrospektive „Erfindung des 20. Jahrhunderts" (Sylvia Paletschek). In der Historiografie kommt dieser Denkmalsturz erst langsam an, die Öffentlichkeit hat ihn noch nicht bemerkt.

Die *Humboldtsche Universität* als Modell: Zum Umschreiben der Universitätsgeschichte im 20. Jahrhundert

Erfunden wurde der Topos der Humboldtschen Universität im Berlin des 19. Jahrhunderts. Die Berliner Rektoratsreden zeugen davon. Doch selbst hier hat es über ein halbes Jahrhundert gedauert, bis man das deutsche Universitätsmodell, wie es sich im 19. Jahrhundert vielerorts herausbildete, an die Berliner Universitätsgründung geknüpft und auf den Namen Humboldt getauft hat.

Diesen langen Weg des Umschreibens der deutschen Universitätsgeschichte auf ein von Berlin ausstrahlendes Erfolgsmodell mussten die Berliner Rektoren in Einsamkeit gehen. Ihre Kollegen der anderen deutschsprachigen Universitäten haben diese Berliner Ursprungserzählung nicht übernommen, nicht im 19. Jahrhundert und sehr lange nicht im zwanzigsten. Auch das bezeugen die Rektoratsreden. Der späte Erfolg der Erzählung von der Humboldtschen Universität wird zunächst skizziert, bevor ihre Berliner Ursprünge betrachtet werden.

Krisen erzwingen, vertraute Selbstbilder zu überprüfen. Im Monarchiensturz von 1918 schien den deutschen Universitäten ihr angestammter Ort in Staat und Gesellschaft wegzubrechen. Die Jahr für Jahr feierlich zelebrierte innige Verbindung mit der landesfürstlichen Dynastie brach ab, abrupt und ohne Vorahnung; sich auf den neuen Landesherrn einzulassen, die parlamentarische Republik, fiel schwer. Angesichts dieser Zäsur im Selbstverständnis der Universitäten blickten die Rektoren in ihren jährlichen Reden gerne zurück ins 19. Jahrhundert, um sich an der großen Zeit der deutschen Universität für die Zukunft zu wappnen. Doch ein Humboldtsches Universitätsmodell, geknüpft an die Berliner Gründung, entwarfen sie nicht. Obwohl es ihre Berliner Kollegen immer wieder entfaltet hatten, mit großartigem Höhepunkt in den Centenarfeiern von 1910, dem Schlussstein in der langen Berliner Arbeit am Mythos. Er lag bereit, aber außerhalb Berlins nahm man dieses Deutungsangebot nicht auf. Noch nicht.

In der nächsten Phase erzwungener Neuorientierung, nach 1945, begann sich diese Verweigerung gegenüber der Berliner Ursprungserzählung zu ändern, doch nur sehr zögerlich. Von 142 Reden, die für die Jahre 1945 bis 1950 inhaltlich erfasst wurden, erwähnen nur sieben den Namen Humboldt. Lediglich in drei Reden außerhalb Berlins wird von der Humboldtschen Idee der Universität oder der Bildung gesprochen. Die anderen verstehen die Universität des 19. Jahrhunderts als ein deutsches Modell, ohne damit Humboldt zu verbinden. So hatte man es auch im 19. Jahrhundert gesehen. Überall im deutschen Sprachraum, außer in Berlin.

Die nächste Phase einer Leitbilddebatte beginnt in den 1960er-Jahren. Diese Zeit lässt sich nicht mehr anhand der deutschen Rektoratsreden entschlüsseln; denn um 1968 versiegt die Quelle. Das vertraute Instrument der Selbstvergewisserung und Selbstdarstellung schien nicht mehr zu taugen. Man legte es still beiseite. Jedenfalls in Deutschland. In der Schweiz hingegen wurde die Tradition nicht unterbrochen.

In die Schweiz zu schauen, empfiehlt sich durchaus, denn ihre Hochschulen haben sich stets dem deutschen Universitätsmodell zugerechnet, wie es im 19. Jahrhundert entstanden war. An den Schweizer Rektoratsreden lässt sich der späte Triumph der Berliner Erzählung vom Humboldtschen Universitätsmodell bislang am sichersten verfolgen, denn sie stehen digitalisiert komplett zur Verfügung. In allen Schweizer Rektoratsreden, seit 1823 erfasst, findet man den Namen Humboldt 38mal erwähnt, viermal im 19. Jahrhundert. Die Mehrzahl aller Erwähnungen, 20 von 38, entfallen auf die letzten vier Jahrzehnte seit den 1970er-Jahren.

Humboldt zu erwähnen, bedeutete für die Schweizer Rektoren keineswegs, von der Humboldtschen Universität zu sprechen. Meist wurde der Name in anderen Zusammenhängen erwähnt, für Humboldts Distanz zum Staat oder sein Werben um eine Bürgergesellschaft. Das sicherte Sympathie in der Schweiz. Aus *Humboldt und der Staat* wurde erst in den 1970er-Jahren in Schweizer Rektoratsreden die Humboldtsche Universität. Erstmals findet man diese Formulierung 1945 an der ETH Zürich, ein Einzelfall noch, bis sie dann drei Jahrzehnte später üblich wird. 1978 begann der Rektor der Universität Zürich seine Rede zur 145. Stiftungsfeier mit dem wuchtigen Satz: „Unsere Universität wurde vor knapp 150 Jahren auf dem Fundament des Bildungsgedankens Wilhelm von Humboldts gegründet."

Ein posthumer Sieg der Berliner Rektoren des 19. Jahrhunderts? Nicht ganz. Denn nun wird die Humboldtsche Universität als Leitbild nationalpolitisch neutralisiert. In Deutschland entstanden, aber kein nationales Markenzeichen, nicht mehr mit Preußen verbunden und nicht der Inbe griff nationaler Stärke und Überlegenheit. So hatten es die Berliner Rektoren nicht gemeint.

Die *Humboldtsche Universität* — eine nationalpolitische, keine universitätsgeschichtliche Erzählung

Um es scharf zuzuspitzen: Die Humboldtsche Universität als eine kühne preußische Schöpfung in Berlin im Jahre 1809/10 gehört in die preußisch-deutsche Nationalerzählung des 19. Jahrhunderts. Universitätsgeschichtlich führt diese Erzählung in die Irre. Ein *Berliner Modell* gab es im 19. Jahrhundert nur für die beiden anderen preußischen Universitätsgründungen: Breslau 1811 und Bonn 1818. Das *deutsche* Universitätsmodell hingegen, das die Rektoren aller Universitäten im 19. Jahrhundert immer wieder dem Publikum vor Augen führten, entstand als ein dezentralisiertes, föderatives Gemeinschaftswerk ohne Leit-Universität, in einem langwierigen Prozess voller Kontroversen, kein kühner Gründungsakt, der die Zukunft festgelegt hätte.

Was die moderne Universität sein soll, darin stimmten die Rektoren überein, auch darin, dass sie in Deutschland entstanden sei: ein Raum freier, selbstbestimmter Forschung und auf ihr gründender Lehre; frei für die Dozenten und für die Studenten. Diese Freiheitstrias — Forschung, Lehre, Studium — steht im Zentrum der Bildungsidee, geteilt von den Rektoren aller Universitäten: Die Universität als Bildungsstätte – Bildung der Persönlichkeit durch Teilhabe an Forschung, vermittelt durch den forschenden Lehrer, Wissenschaft als Bildungskraft, das ist der Glaubenskern des Modells *deutsche Universität*. Dieser Glaubenskern wurde rissig, als in allen Disziplinen der Spezialisierungsprozess in der zweiten Hälfte des 19. Jahrhunderts immer dynamischer verlief. Die Reaktion darauf war einheitlich, an allen Universitäten: Alles was die Einheit der Universität als Leitidee infrage zu stellen drohte, wurde energisch bekämpft.

In der Überzeugung, die Universität verbinde alle Wissenschaften, die sie in sich aufnimmt, zu einer Einheit, wurzelte die universitäre Bildungsidee. Aus ihr leitete die Universität ihren Wert ab für Gesellschaft und Staat, weit über die fachliche Ausbildung hinaus. Selbstverständlich wurde auch ihr Wert betont. Wenn etwa der Leiter der Charité Bernhard von Langenbeck 1866 in seiner Berliner Rektoratsrede über seine Erfahrungen im preußisch-dänischen Krieg sprach und die Bedeutung der modernen Medizin für die Kriegführung eindringlich darlegte.

Doch ins Zentrum rückten die Rektoren stets die Persönlichkeitsbildung durch das wissenschaftliche Studium. In ihr sahen sie die wichtigste Leistung der Universität und ihre Unentbehrlichkeit für eine starke Nation. Das ist eine Hauptlinie, die sich an allen Universitäten durch die Rektoratsreden zieht. In der zweiten Hälfte des 19. Jahrhunderts ist sie als universitäre Meistererzählung überall voll ausgebildet. In Berlin verband sich dieser politische Kern des universitären Selbstbildes mit dem Glauben an die deutsche Mission Preußens. Die Berliner Universität und der preußische Weg zum deutschen Nationalstaat verschmolzen in den Reden der Berliner Rektoren — und nur in ihren! — zu einer Wirkungseinheit. Genau dies macht die Berliner Rektoratsreden einzigartig. Sie fügen sich ein in die preußisch-deutsche Nationalerzählung, indem sie der preußischen Dominanz eine dritte Säule hinzufügen: neben Militär und Wirtschaft die Universität.

Diese Nationalerzählung bildete sich in den Reden der Berliner Rektoren im 19. Jahrhundert schrittweise aus, den nationalpolitischen Ereignissen folgend. Die Gewichte setzten die einzelnen Rektoren unterschiedlich. Um die Spannweite anzudeuten, je ein Beispiel für die beiden Extrempole; zunächst der triumphalistische.

Carl Georg Bruns, Jurist, 1840 in Tübingen habilitiert, dann nach Rostock, Halle, Tübingen berufen, 1861 nach Berlin. Bruns fragte das Auditorium in seiner Rede zum Antritt des Berliner Rektorats am 15. Oktober 1870, den Waffensieg von Sedan noch frisch vor Augen: Wie konnte dieses herrliche Geschehen erreicht werden? „Nun, meine Herren, der Schlüssel zu dem Räthsel, er liegt gewissermassen hier in diesem Saale, — in unserer Universität, in ihrer Gründung!" Er fügt aber hinzu: „Unsere Universität selber ist dabei freilich nur ein verschwindender Tropfen im Meere, aber der Gedanke, dass Wissenschaft und Geistesbildung auch die Grundlage der äusseren, und auch der militärischen Macht sein müssen, wie wunderbar hat der sich bewährt!" Auf dem Schlachtfeld hat, so der Rektor, mit der „gebildeten Armee" auch die deutsche Universität gesiegt über die französische Wissenschaftsorganisation. Und die deutsche Universität ist in Berlin erschaffen worden.

Diese Verbindung von Universitätsbildung und der Bereitschaft, für die Nation zu kämpfen, wird nicht nur in Kriegszeiten in den Rektoratsreden hergestellt. Doch nur in den Berliner Reden wird sie in die preußisch-deutsche Nationalerzählung eingefügt, auch in dem zweiten Beispiel: die Fachrede als der andere Pol.

1913, Max Planck tritt sein Rektorat am 15. Oktober an mit der Rede „Neue Bahnen der physikalischen Erkenntnis". Als neuer Rektor erläuterte er, wie unerwartete Ergebnisse der experimentellen Physik zu neuen Theorien zwingen. Er tat das an drei „allgemeinen Prinzipien der Physik", die nicht mehr haltbar sind: „die Unveränderlichkeit der chemischen Atome, die gegenseitige Unabhängigkeit von Raum und Zeit, die Stetigkeit aller dynamischen Wirkungen". Er erläuterte Experimente, die zu dem Zweifel am bislang gültigen Wissen geführt haben, und die Ansätze zu neuen theoretischen Erklärungen. Man sei keineswegs in einer „unerquicklichen Periode ziellosen Umhertastens", aber Planck stellte keine Rückkehr zur alten Sicherheit in Aussicht: „Man wähne nicht, daß es möglich sei, selbst in der exaktesten aller Naturwissenschaften, ganz ohne Weltanschauung, das will sagen ganz ohne unbeweisbare Hypothesen vorwärtszukommen."

Selbst diese Berliner Fachrede ruft zu Beginn und am Schluss die preußisch-deutsche Nationalerzählung auf. Der Rektor erinnert an die Feste des Jahres 1913: „Das Beste, was wir von den Gedenkfesten des vergangenen Jahres in das neue hinübernehmen, ist der brennende Wunsch, daß unsere Nachfahren dereinst in ähnlicher Weise zu uns emporblicken möchten, wie wir es jetzt zu den Männern tun, welche vor hundert Jahren in Wort und Tat für das Vaterland gekämpft und gelitten haben." In diesem Nationalpathos darf man keinen Vorklang auf die professoralen Kriegsreden sehen, die bald einsetzen sollten. Das „kommende Semester" werde, „aller menschlichen Voraussicht nach … lediglich der regelmäßigen Arbeit gewidmet sein". Von der „Wahrhaftigkeit", zu der die Wissenschaft im Alltag erziehe, zog Max Planck eine

Linie zu der „Wahrhaftigkeit", mit der die „Helden ... vor hundert Jahren" ihre „Liebe zum Vaterland mit ihrem Herzblut besiegelten".

So dezent haben wenige Rektoren die Universität mit den nationalen Großereignissen des 19. Jahrhunderts verknüpft. Die Berliner Besonderheit in dieser Arbeit am Nationalmythos liegt darin, dass der Gründungsakt der Berliner Universität als eine preußisch-nationale Rettungstat erzählt werden konnte. Nur wenige der Berliner Rektoren verzichteten darauf. Diese Nationalerzählung von der Berliner Universitätsgründung münzten ihre Rektoren in den ersten Jahrzehnten vorrangig auf Preußen. Nach der Jahrhundertmitte verwandelte sie sich in eine deutsche Nationalerzählung unter preußischer Dominanz. Aber selbst in Berlin wurde im 19. Jahrhundert diese Nationalerzählung nicht überführt in eine Universitätserzählung als Wissenschaftsgeschichte. Es ging immer um die vermeintliche Bedeutung der Berliner Universitätsgründung für die Errettung Preußens und damit Deutschlands aus Fremdherrschaft und Ohnmacht. Nicht aber ging es um die Geburtsstunde der modernen Reformuniversität als Ort freier Forschung und freier Lehre, also das, was schon die Zeitgenossen als das deutsche Universitätsmodell verstanden.

Die Umschreibung der Berliner Gründung aus der Nationalgeschichte in die Universitätsgeschichte ist ein Werk des späteren 20. Jahrhunderts. Was heute als Tatsachenbeschreibung auftritt, wäre im 19. Jahrhundert nicht möglich gewesen. Jedenfalls nicht an der Universität. Auch nicht in Berlin. Denn die Rektoren kannten die Entwicklung der deutschen Universitäten. Wenn sie in einer Rektoratsrede aktuelle Fragen ihres Faches vorstellten, dann wäre es unmöglich gewesen, dies als Berliner Erfolgsgeschichte zu erzählen. Ebenso wenig konnten sie die Organisationsgeschichte der deutschen Universitäten als eine Berliner Ursprungsgeschichte erzählen. Das war sie nicht, und jeder Rektor wusste das, seine Kollegen auch, und vermutlich auch die meisten, die im Auditorium zuhörten. Von einem solchem Umfeld wäre die Umschreibung nicht angenommen worden.

Sie wurde erst möglich, als die Erinnerung der Zeitzeugen durch andere Erfahrungen überschrieben worden war und das, was sie innerhalb der Universität mitgestaltet und in ihren öffentlichen Reden über sie modelliert hatten, in ein anderes Bedeutungsfeld gerückt werden konnte. Ein radikaler Perspektivenwechsel. Die Berliner Ursprungserzählung war nun keine preußische und keine nationaldeutsche mehr. Vor allem verband man sie jetzt nicht mehr mit dem mühsamen, von konkurrierenden Vorstellungen deutscher Nation durchzogenen, schließlich durch Kriege entschiedenen Weg zum deutschen Nationalstaat.

Diese Berliner Ursprungserzählung war als ein Baustein in der preußisch-deutschen Nationalmythologie entstanden: Preußen – der Bauherr der deutschen Nation, wirtschaftlich, militärisch und geistig, geführt von ihren Königen. Theodor Mommsen hat diese Geschichtserzählung 1875 zupackend instrumentalisiert, als er in seiner Rektoratsrede die Berliner Universitätsgründung als Fundament der deutschen Nationaleinheit pries:

Man gedenke in dieser Feier für König Friedrich Wilhelm dem „Gedächtnis des Mannes, der den Mut hatte eine verlorene Schlacht mit der Errichtung einer deutschen Hochschule zu beantworten". Das ist eine stets wiederkehrende Formel in den Berliner Rektoratsreden. „Die Frage, welche Universität die erste Deutschlands sei, ist nicht besser berechtigt als die nach dem größten deutschen Gelehrten; wir wissen nichts davon und fragen nicht danach. Das aber wissen wir und das ist keine Frage, daß in der Großartigkeit der Begründung, in dem herrlichen Anfangssegen keine Hochschule Deutschlands der unsrigen sich vergleichen kann. Die meisten deutschen Universitäten hat die verständige Überlegung oder die Gunst des Glückes, manche die Herrenlaune oder der Zufalle ins Leben gerufen; unsere Anstalt ist entsprungen dem Kampfe des Volkes auf Leben und Tode und der Genialität der höchsten nationalen Gefahr."

Arbeit am Mythos aus dem Munde des großen Historikers. Die Rektoren der Universitäten anderer deutscher Länder erzählten eine andere Nationalgeschichte, die föderative, in der ihre Universität auch der deutschen Nation diente, aber nicht auf dem preußischen Weg, sondern im Dienste ihres Staates.

Diese nationalpolitische Erzählung der deutschen Universität in beiderlei Gestalt, der Berliner und der föderalen, musste erst radikal getilgt werden, bevor das Humboldtsche Universitätsmodell, erschaffen im kühnen Berliner Gründungsakt, kreiert werden konnte: entnationalisiert und entmonarchisiert, befreit von der Bürde, der deutschen Nationalgeschichte eine preußische Mission einzustiften.

Dieses Entmythologisierungswerk steckt im Topos *Humboldtsches Universitätsmodell*, erkauft durch eine Erzählung, welche die Geschichte erneut umschreibt: Die Berliner Universität als ideelles und als wissenschaftsorganisatorisches Vorbild, nach dem die moderne deutsche Universität als Weltmodell erbaut worden sei. Diese Erfindung gebührt ganz dem späteren 20. Jahrhundert. Heute ist sie ein fester Bestandteil von Festreden und Feiern.

Dieter Langewiesche, Dr., Prof. em. für Neuere Geschichte, Eberhard-Karls-Universität Tübingen

Wie alles begann …
… und was daraus wurde

... und was daraus wurde
KALTER KRIEG UM HUMBOLDT
FORSCHUNG UND LEHRE NACH PLAN
SELBSTBEHAUPTUNG UND ERNEUERUNG
2010

Wie alles begann …
„Lex Gans“
Berufungen im Zeichen von Exzellenz und politischer Erwägung
Eine Gelehrtengalerie entsteht
Ausschluss
Triumph der Rationalität
Hort der nationalen Erhebung
Enttäuschte Hoffnungen
Der Riss durch die Universität
1810
1820
1830
1840
1850

… und was daraus wurde
SELBSTBEHAUPTUNG UND ERNEUERUNG
Demokratie wagen
HUMBOLDT UNIVERSITÄT
2010

Wie alles begann ... und was daraus wurde

Die Berliner Universität stand wie keine andere deutsche Universität in den 200 Jahren ihrer Geschichte im Zentrum der Macht und in der Nähe der jeweils Mächtigen – in der Hauptstadt Preußens, des Deutschen Reiches, der Weimarer Republik, der DDR und des vereinten Deutschlands. In den ersten 100 Jahren ihres Bestehens stieg sie zur führenden deutschen Universität auf. Diese erfolgreiche Entwicklung verband sich mit einer eindrucksvollen Meistererzählung, die die Berliner Universität zum „Modell der modernen Universität" erhob. Das Konzept, das Wilhelm von Humboldt vor der Gründung entwarf, wurde in dieser Erzählung zum Vorbild für Idee und Gestalt der deutschen Universität überhaupt.

Im 20. Jahrhundert erlitt die Erfolgsgeschichte tiefe Brüche: in den Katastrophen zweier Weltkriege und unter der Herrschaft zweier sehr verschiedener Diktaturen. Der „Mythos Humboldt" bestimmt dennoch bis heute die Diskussion zu universitären Visionen, Krisen und Reformen. Vor allem aber bestimmt er das Selbstbild der Berliner Universität, das in ihren Jubiläen seither immer wieder neu interpretiert wurde.

„Soll in Berlin eine Universität seyn?"

Diese Frage bewegte bereits 1784 die Berliner. Doch erst 1806, als Preußen Napoleon unterlag und die Universität in Halle verlor, begannen ernsthafte Anstrengungen, in Berlin eine „allgemeine Lehranstalt" zu gründen. Am 15. Oktober 1810 wurde die Berliner Universität schließlich eröffnet. Sie unterschied sich in ihrer Organisation wenig von den früheren Reformuniversitäten Göttingen und Halle. Wilhelm von Humboldt und seine Mitstreiter übernahmen die traditionelle Universitätsverfassung, die Gliederung in vier Fakultäten sowie die Garantie der Lehr- und Zensurfreiheit bei staatlichem Berufungsrecht. Auch dafür, das Prinzip Forschung als leitenden Imperativ zu setzen sowie Forschung und Lehre zu verknüpfen – eine Neuerung, die später oft der Berliner Universität zugeschrieben wurde –, gab es bereits Vorbilder.

Neu an der Berliner Universität war jedoch, dass sie bewusst in einer Groß- und Hauptstadt gegründet wurde. Neu war auch, dass die naturwissenschaftlichen Fächer in der Philosophischen Fakultät zusammengefasst und insbesondere bestehende wissenschaftliche Institute und Sammlungen in die Universität eingegliedert wurden. Als Glücksfall für die junge Universität sollten sich die frühen Berufungen erweisen. Wissenschaftler wie Schleiermacher, Savigny, Boeckh oder Hirt stellten ihre Disziplinen auf neue, moderne Grundlagen. Zusammen mit der Einbindung der wissenschaftlichen Institutionen und Sammlungen bildeten die erfolgreichen Berufungen der ersten Jahrzehnte den Humus, aus dem heraus die neue Universität rasch Sichtbarkeit und Attraktivität gewann.

„Das ist recht, das ist brav! Der Staat muss durch geistige Kräfte ersetzen, was er an physischen verloren hat." Friedrich Wilhelm III., 1807

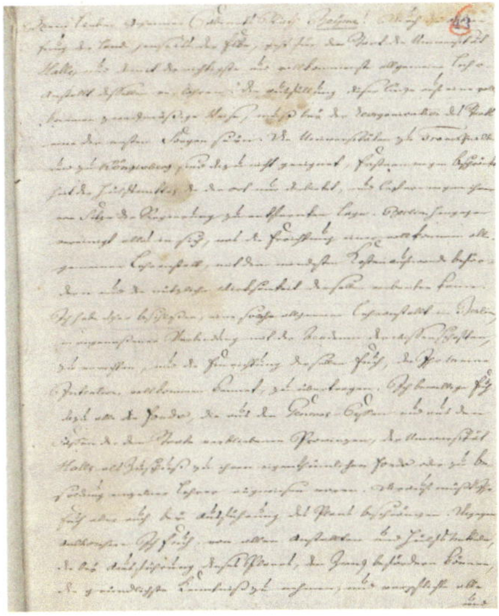

Brief Friedrich Wilhelms III. an Cabinetsrath Carl Friedrich Beyme, Königsberg, 4. September 1807

Geheimes Staatsarchiv Preußischer Kulturbesitz, Berlin

Im August 1807 besuchten Hallenser Professoren Friedrich Wilhelm III. Sie baten ihn, eine Lehranstalt in Berlin zu eröffnen. Kurz darauf verfügte er, dass eine „allgemeine Lehranstalt in angemeßener Verbindung mit der Academie der Wissenschaften" einzurichten sei.
Im August 1809 bewilligte er die Gründung der Berliner Universität.

Carl Friedrich Beyme (1765–1838)

Lithografie von E. Krafft nach einer Vorlage von F. Krüger | © Humboldt-Universität, Universitätsbibliothek, Porträtsammlung

Im Herbst 1807 forderte Carl Friedrich Beyme mehrere Gelehrte dazu auf, sich zu der Frage zu äußern, wie eine in Berlin zu errichtende „Lehranstalt" aussehen solle. Beyme, der kurz darauf von seinem Posten abgesetzt wurde, galt der Universität lange Zeit neben Wilhelm von Humboldt als einer ihrer Gründer. Beiden verlieh die Universität 1830 die Ehrendoktorwürde.

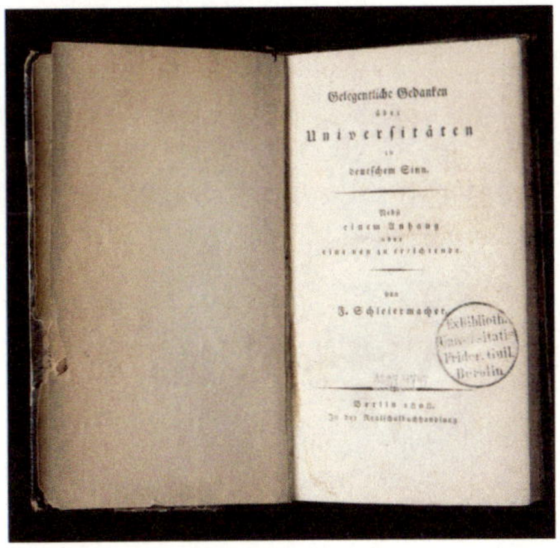
Gelegentliche Gedanken über Universitäten in deutschem Sinn. Nebst einem Anhang über eine neu zu errichtende. von F. Schleiermacher. Berlin 1808.

Friedrich Schleiermacher: Gelegentliche Gedanken über Universitäten im deutschen Sinn, nebst einem Anhang über eine neu zu errichtende, Berlin, 1808

Humboldt-Universität, Universitätsbibliothek, Historische Sammlungen

1807/08 arbeiteten mehrere Gelehrte Entwürfe für eine Lehranstalt in Berlin aus. Es waren neben dem Theologen Schleiermacher und den Philosophen Fichte, Engel und Steffens auch die Mediziner Hufeland und Reil, die ihre durchaus kontroversen Vorstellungen einbrachten. Friedrich Schleiermacher hat letztlich den größten Einfluss auf Humboldt und die spätere Gestalt der Berliner Universität gehabt.

Wilhelm von Humboldt (1767–1835)

Lithografie, 1814 | © ullstein bild, Berlin

Wilhelm von Humboldt wurde im Februar 1809 Direktor der Sektion für Kultus und geistliche Angelegenheiten. Er führte das von Beyme begonnene Universitätsprojekt weiter. Offenbar unzufrieden mit dem Fortgang der allgemeinen Reformen, bat er bereits im April 1810 um seine Entlassung. Als die Universität im Oktober öffnete, weilte er schon nicht mehr in Berlin.

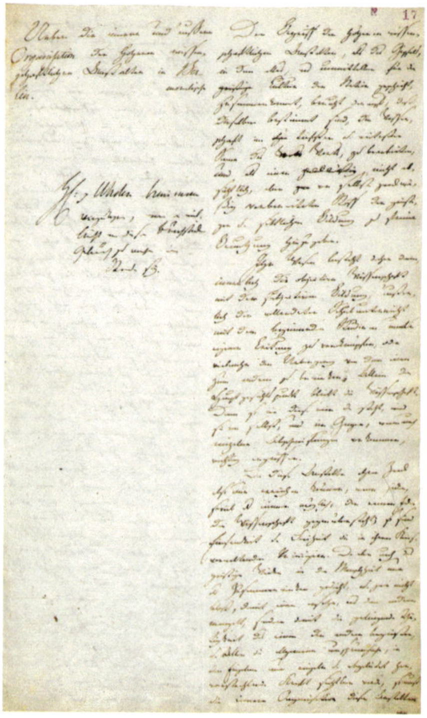

Wilhelm von Humboldt: Über die innere und äußere Organisation der höheren wissenschaftlichen Anstalten in Berlin, 1809/10

Archiv der Berlin-Brandenburgischen Akademie der Wissenschaften, Bestand PAW (1700-1811) I-I25a, Blatt 17

Seit ihrer Entdeckung Ende des 19. Jahrhunderts gilt Wilhelm von Humboldts Schrift als Gründungsmanifest der Berliner Universität und als Konzeption der modernen Forschungsuniversität. In ihr fasste er die maßgeblichen Ideen seiner Zeit zur Universitätsreform zusammen und goss sie in einprägsame Formeln wie die wohl berühmtesten von „Einsamkeit und Freiheit“ und der „Einheit von Forschung und Lehre“.

Anhänger der ehemaligen Amtskette des Rektors der Universität

Silber, vergoldet, Medailleure: J. L. Jachtmann und L. Posch, 1817 | Humboldt-Universität, Kustodie

Von der ursprünglichen Amtskette des Rektors der Berliner Universität, die der Universität am 20. Oktober 1817 verliehen wurde, ist heute nur noch der Anhänger erhalten, den das Brustbild des Universitätsstifters, Friedrich Wilhem III., ziert.

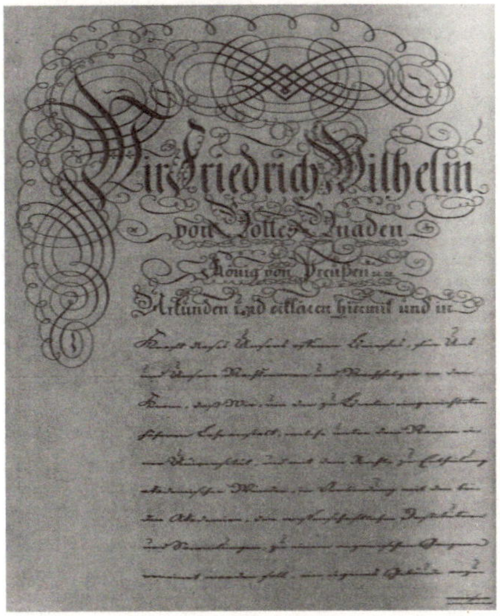
Wir Friedrich Wilhelm
von Gottes Gnaden
König von Preußen
Urkunden und erklären hiermit und in

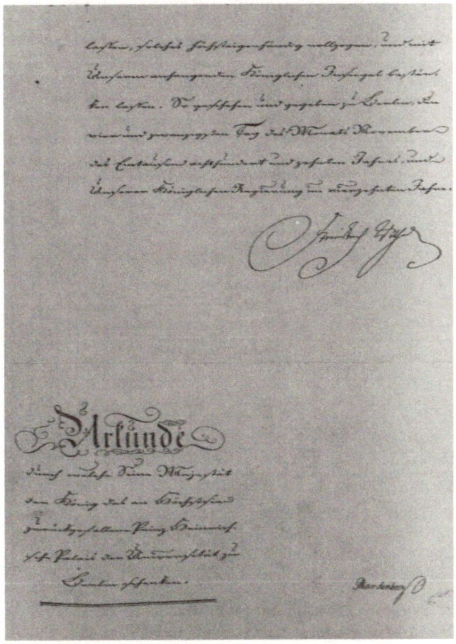
Urkunde

Schenkungsurkunde Friedrich Wilhelms III. für das Universitätsgebäude, Berlin, 24. November 1810

Humboldt-Universität, Kustodie

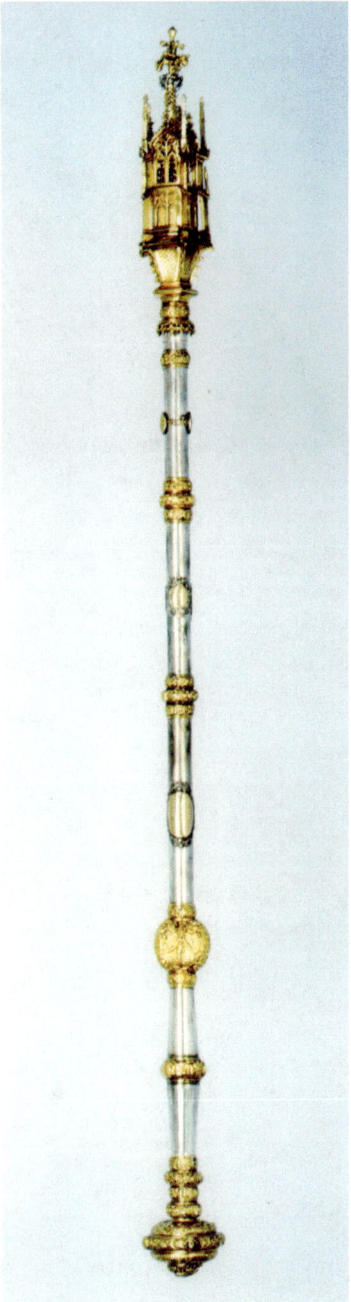

Zepter der Universität

Silber, teilweise vergoldet, Prager Parlerschule, Ende 14. Jh.

Humboldt-Universität, Kustodie

Die Zepter, die die Berliner Universität 1818 vom preußischen Staat erhielt, gehörten ursprünglich der 1816 geschlossenen Erfurter Universität. Ihre Übergabe erfolgte auf den Wunsch der Berliner Professoren, ihre Universität mit den traditionellen Universitätsinsignien auszustatten. Das zweite Zepter befindet sich als Dauerleihgabe der Humboldt-Universität im Erfurter Stadtmuseum.

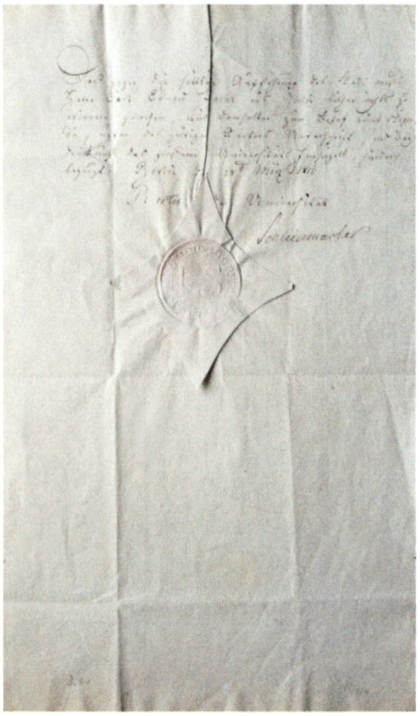

Testat Friedrich Schleiermachers, Berlin, 28. März 1816

Landesarchiv Berlin

Das Testat für einen Medizinstudenten stellte Schleiermacher aus, als er selbst das Amt des Rektors ausübte. Es trägt das erste Papierprägesiegel der Universität.

Universitätsstatuten, Berlin, 1816 | Humboldt-Universität, Präsidialamt

Vieles an der neu gegründeten Berliner Universität war anfangs noch unfertig und wurde erst im Laufe der Jahre endgültig geregelt. So verfügte die Universität in den ersten Jahren ihres Bestehens nur über provisorische Statuten, die erst sechs Jahre nach der Gründung ersetzt wurden.

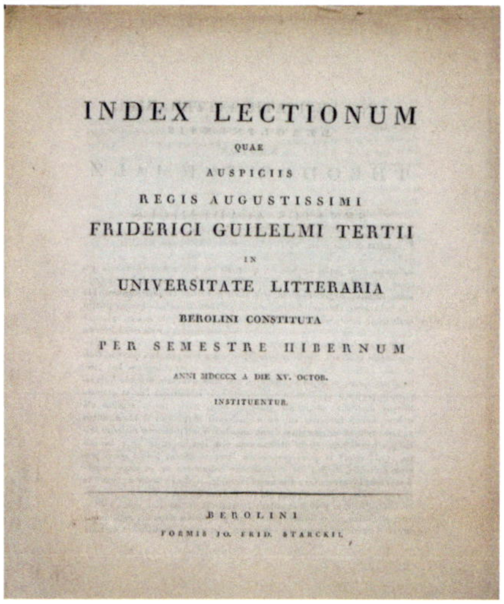

INDEX LECTIONUM
QUAE
AUSPICIIS
REGIS AUGUSTISSIMI
FRIDERICI GUILELMI TERTII
IN
UNIVERSITATE LITTERARIA
BEROLINI CONSTITUTA
PER SEMESTRE HIBERNUM
ANNI MDCCCX A DIE XV. OCTOB.
INSTITUENTUR.

BEROLINI
FORMIS IO. FRID. STARCKII.

Erstes Vorlesungsverzeichnis der Berliner Universität, Oktober 1810

Humboldt-Universität, Universitätsarchiv

Das erste Vorlesungsverzeichnis erschien auf Latein und Deutsch und wurde im Spätsommer des Jahres 1810 auch in den Berliner Tageszeitungen veröffentlicht.

Theodor Anton Heinrich Schmalz (1760–1831)
Erster Rektor der Berliner Universität

Lithografie von Christian Tangermann | Humboldt-Universität, Universitätsbibliothek, Porträtsammlung

Theodor Schmalz war mit Friedrich Schleiermacher unter den Hallenser Ordinarien gewesen, die den preußischen König 1807 aufgesucht hatten. Beide gehörten zu den ersten Berliner Professoren. Der Jurist Schmalz wurde 1810 zum ersten Rektor ernannt. Anfang 1811 führte er die erste Auseinandersetzung um die Rechte der Universität, die mit der Beschränkung der Zensurfreiheit auf rein wissenschaftliche Inhalte endete.

Johann Gottlieb Fichte (1762–1814)
Erster gewählter Rektor der Berliner Universität

Lithografie von F. Zimmermann, nach Heinrich Anton Daehling | Humboldt-Universität, Universitätsbibliothek, Porträtsammlung

Der Philosoph Fichte wurde im Juli 1811 zum Rektor gewählt. Seine Rektoratsrede hielt er drei Monate später über die einzig mögliche Störung der akademischen Freiheit. Diese sah er in den studentischen Korporationen und deren Ehrenhändeln, aber auch darin, dass Studenten oft mehr an einer Berufsausbildung als an der reinen Wissenschaft interessiert waren. Heftige Kontroversen in der Professorenschaft über einen Streit unter Studenten veranlassten ihn im Februar 1812 zum Rücktritt von seinem Rektorat.

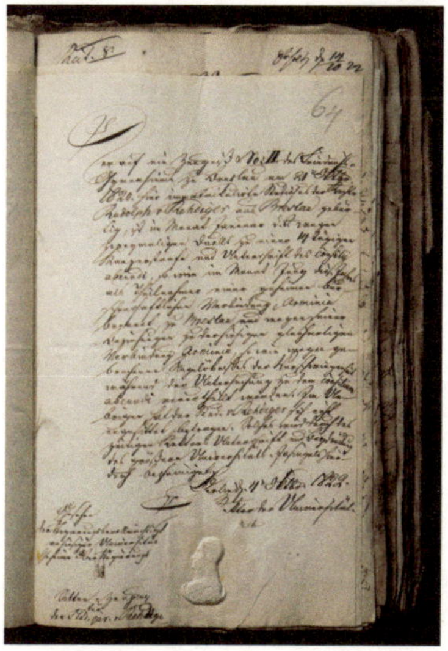

Abgangsurkunde der Juristischen Fakultät, Berlin, 27. August 1822

Humboldt-Universität, Universitätsarchiv

Das Abgangszeugnis für den Studenten Rudolph Rehdiger trägt das seit 1817 verwandte Papierprägesiegel der Universität mit dem Bild ihres Stifters.

Lageplan des Universitätsgrundstücks

Kolorierte Zeichnung von E. Mandel, 1811

Wilhelm von Humboldt schlug 1809 das Palais des 1802 verstorbenen Prinzen Heinrich für die Nutzung als Universitätsgebäude vor.
Das Palais beherbergte Bedienstete, Hofdamen und Beamte, die ihr Wohnrecht auch nach der Eröffnung der Universität verteidigten.
Die Königliche Stallverwaltung verblieb noch 26 Jahre im Haus.

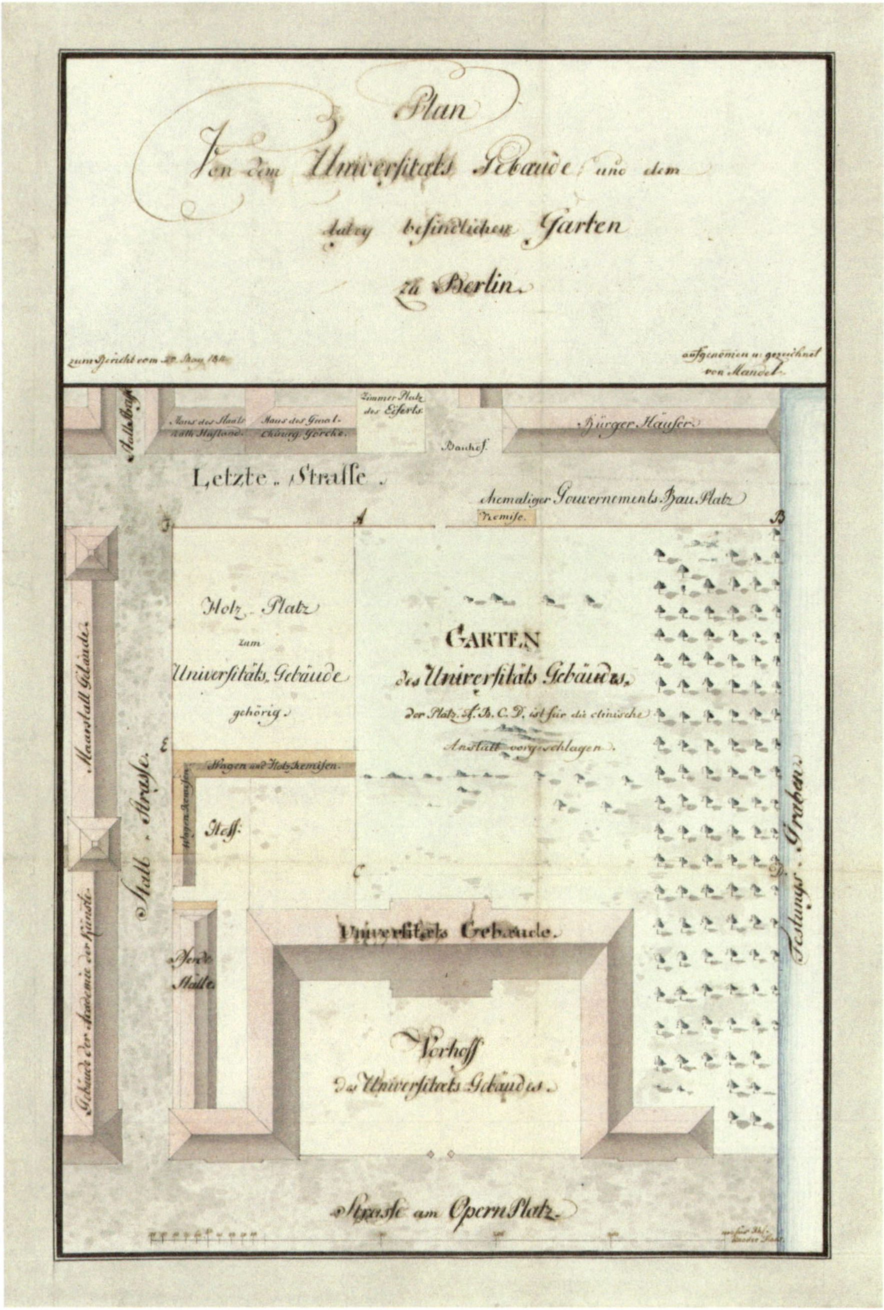

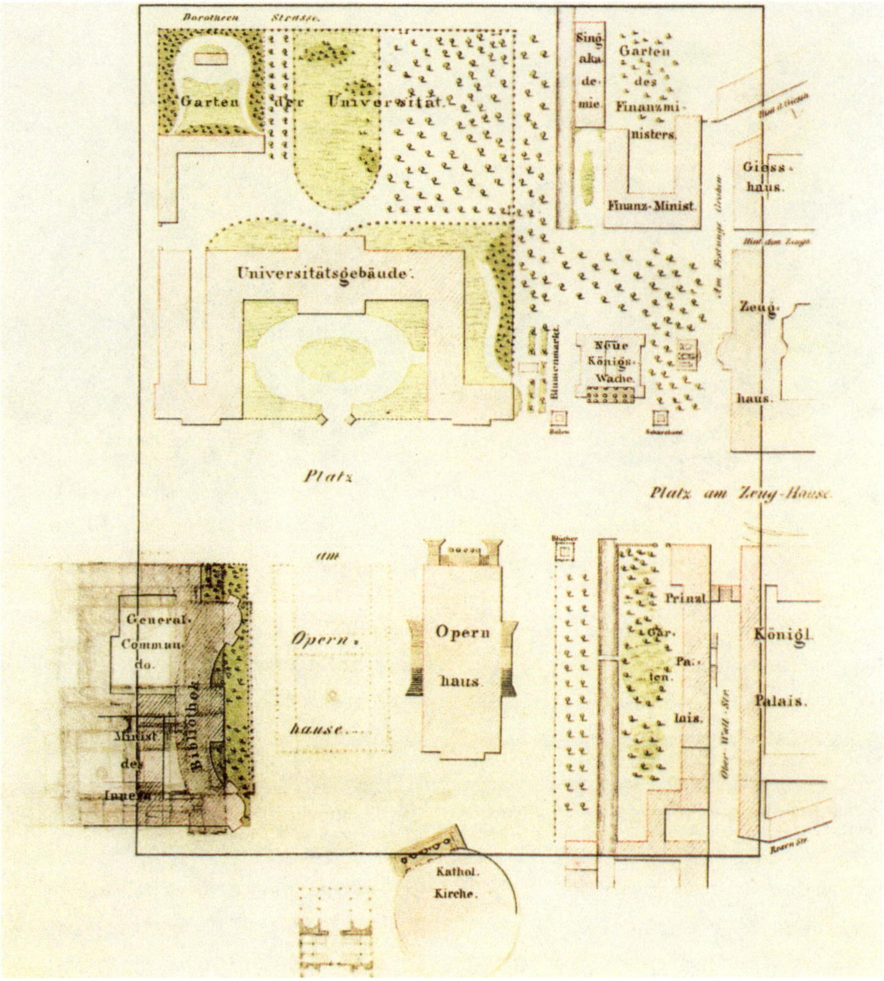

Plan des Forum Fridericianum

Lithografie, farbig laviert, Bleistifteinzeichnung von Friedrich Wilhelm IV., um 1840, SPSG, Planslg. Berlin | © Stiftung Preußische Schlösser und Gärten Berlin-Brandenburg

Von der ursprünglichen Planung Friedrichs II. für das Forum Fridericianum wurden neben der Oper die Bibliothek, die Hedwigskathedrale und das Heinrich'sche Palais verwirklicht. In engster Nachbarschaft der Universität lagen neben dem Schloss auch die Akademie der Künste und die Akademie der Wissenschaften sowie die Singakademie.

„Welch ein herrliches Gebäude! Von welch herrlichen Gebäuden umgeben! Es muss eine Lust sein, da zu lesen!"

Wilhelm de Wette, Theologe, 1810 bis 1819 Professor an der Berliner Universität

Das gelehrte Berlin I.

Lithografie von Julius Schoppe, Lithographisches Institut von L. Sachse & Co. | © Stiftung Stadtmuseum Berlin, Reproduktion: Oliver Ziebe, Berlin

Auf den vier Blättern, die im 19. Jahrhundert entstanden, sind stets mehrere Einzelporträts Berliner Gelehrter zusammengefasst.
Das Blatt Nr. 1 zeigt neben den Brüdern Humboldt die Professoren der Universität Georg Friedrich Hegel, Johann August Wilhelm Neander, Friedrich Schleiermacher, Karl Ritter und Christoph Wilhelm Hufeland.

Das gelehrte Berlin II.

Lithografie von K. Loillot de Mars, Verlag von Georg Gropius zu Berlin | © Humboldt-Universität, Universitätsbibliothek, Porträtsammlung

Das Gruppenporträt von Professoren der Universität zeigt Martin Hinrich Carl Lichtenstein, Heinrich Friedrich Linck, Christian Samuel Weiss, Friedrich Carl von Savigny, Paul Erman, Friedrich von Raumer und Philipp Konrad Marheineke.

Das gelehrte Berlin III.

Lithografie von Wilhelm Devrient und M. G. Hemlehner © Humboldt-Universität, Universitätsbibliothek, Porträtsammlung

Auf dem dritten Blatt zu den gelehrten Berlinern sind neben den Universitätsprofessoren Ernst Anton Ludwig Horn, Carl Ferdinand von Graefe, August Boeckh und Eilhard Mitscherlich auch der Professor an der Allgemeinen Kriegsschule Friedrich Theodor Poselger, der Arzt und Hygieniker Ernst Ludwig Heim sowie der Jurist und Verleger Julius Edmund Hitzig zu sehen.

Das gelehrte Berlin IV.

Lithografie von Wilhelm Devrient, Verlag von Georg Gropius zu Berlin | © Humboldt-Universität, Universitätsbibliothek, Porträtsammlung

Das vermutlich zuletzt entstandene Gruppenporträt zeigt die Professoren der Friedrich-Wilhelms-Universität Johann Nepomuk Rust, Johannes Müller, Johann Christian Jüngken, Dietrich Wilhelm Heinrich Busch und Johann Friedrich Dieffenbach sowie den Professor an der Medicinisch Chirurgischen Academie für das Militär Ludwig Ernst Könen.

Ein volles Haus

Im Universitätsgebäude war neben Wohn-, Lehr- und Verwaltungsräumen anfangs auch ein Teil der *Königlichen Kunstsammlungen* untergebracht. Außerdem hatten im ehemaligen Heinrich'schen Palais das Binden-Bandagen- und Maschinen-Cabinet sowie die Anatomisch-Zootomische, die Zoologische und die Mineralogische Sammlung ihren Platz. Sie dienten v. a. dem Unterricht, waren nach Anmeldung aber auch öffentlich zugänglich. Die Leiter der Sammlungen wohnten direkt neben den Ausstellungs- und Depoträumen.

Das Universitätsgebäude

Kolorierte Umrissradierung von L. Fincke nach H. Hintze | © Goethe-Museum Düsseldorf / Anton-und-Katharina-Kippenberg-Stiftung

Am 15. Oktober 1810 waren die wenigen Räume, die für den Universitätsbetrieb bereits umgestaltet waren, noch nicht bezugsfertig. Es fehlte an Vielem, selbst an genügend Bänken und Tischen, sodass der Vorlesungsbetrieb erst einige Wochen später beginnen konnte.

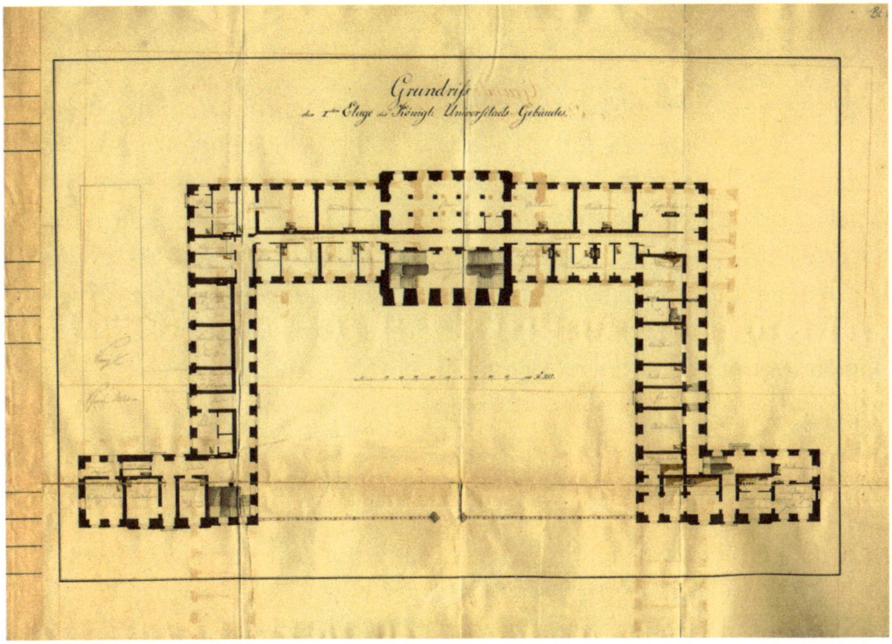

Grundriss der dritten Etage des Königlichen Universitätsgebäudes, 1819

© Humboldt-Universität zu Berlin, Universitätsarchiv

Zwei Harnblasensteine aus der Walter'schen Sammlung

Berliner Medizinhistorisches Museum der Charité

In 54 Jahren baute der Mediziner Johann Gottlieb Walter (1734–1818) eine anatomische Sammlung auf, die der preußische Staat 1803 für 100.000 Reichstaler erwarb. Die 3.263 Exponate bildeten den Grundstock des Anatomischen Museums der Berliner Universität.

Hort der nationalen Erhebung

Mit Beginn der Befreiungskriege schloss sich die Mehrheit der Studenten im Februar 1813 den Freikorps an. Viele der in Berlin bleibenden Professoren traten in den *Landsturm* ein. Unter ihnen auch der Philosoph Johann Gottlieb Fichte, dessen *Reden an die Nation*, 1807 in Berlin gehalten, die Erhebung maßgeblich vorbereitet hatten. Wie sehr sich die Universität mit dem nationalen Freiheitskampf identifizierte, zeigen die ersten Ehrenpromotionen, welche die Philosophische Fakultät an den Staatskanzler und die preußischen Generäle vergab.

Berufungen im Zeichen von Exzellenz und politischer Erwägung

Der liberale Theologe Friedrich Schleiermacher musste sich ab 1820 jeder politischen Äußerung enthalten. Wohl auch um ein Gegengewicht zu Schleiermacher zu schaffen, wurde 1818 Hegel nach Berlin berufen.

Entwurf zur Aufstellung von Beutewaffen

Federzeichnung in Grau von H. Schuberth, 1813

© bpk – Bildagentur für Kunst, Kultur und Geschichte, Berlin

Doch wie in diesem Fall war für den bis 1838 amtierenden Kultusminister von Altenstein über die politischen Argumente hinaus stets die fachliche Eignung entscheidend. Er holte viele junge, aufstrebende Wissenschaftler aller Fächer an die Berliner Universität. Die liberalen Brüder Grimm verdankten ihm, dass sie nach dem Verweis von der Göttinger Universität in die *Preußische Akademie der Wissenschaften* aufgenommen wurden, während an der Universität jede Solidaritätsbekundung für die „Göttinger Sieben" verboten war.

Georg Friedrich Wilhelm Hegel (1770–1831) | © bpk – Bildagentur für Kunst, Kultur und Geschichte, Berlin

Hegel äußerte sich stets staatstragend. Als Wilhelm de Wette 1819 trotz der Proteste von Senat und Fakultät entlassen wurde, sprach Hegel dem Staat ausdrücklich das Recht zu, einen missliebigen Lehrer zu entlassen, wenn er diesem nur das Gehalt zahle.

Enttäuschte Hoffnungen

Schon bald nach dem Sieg über Napoleon zeigte sich, dass sich die Hoffnungen auf die Einheit Deutschlands nicht erfüllten, die liberale Gelehrte und die Studentenschaft gehegt hatten. Die Restauration, die Abkehr von allen national-liberalen Bestrebungen, begann. Als Demagogen verunglimpft und bespitzelt, wurden Studenten, eben noch als Patrioten gefeiert, von der Universität verwiesen. Ein Exempel statuierte der preußische Staat 1819 an dem Theologen Wilhelm de Wette, den er – trotz massiver Solidaritätsbekundungen selbst konservativer Professoren – entließ.

„Der Denker-Club" – Karikatur auf Zensur und Unterdrückung des freien Wortes | Lithografie, um 1820

„Lex Gans"

1812 erließ Preußen ein *Emanzipationsedikt*, das Juden die Ausübung akademischer Lehrämter erlaubte. Als der Jurist Eduard Gans außerordentlicher Professor werden sollte, erwirkte der einflussreiche Staatsrechtler Friedrich Carl von Savigny 1822 eine teilweise Annulierung des Edikts, die als *Lex Gans* bekannt wurde. Savigny war nicht der einzige Berliner Professor, der die Emanzipation der Juden ablehnte. So gehörten etwa der 1811 gegründeten *Tischgesellschaft*, die sich Juden, ob getauft oder nicht, ausdrücklich verschloss, neben Savigny u.a. auch Schleiermacher und Fichte an. Der Jurist Gans konvertierte 1825 und wurde wenig später gegen Savignys heftigen Widerstand an die Universität berufen.

Eduard Gans (1798–1839)
Lithografie von Julius Sebbers
© Humboldt-Universität, Universitätsbibliothek, Porträtsammlung

Friedrich Carl von Savigny (1779–1861), 1815
Lithografie von Ludwig Emil Grimm
© Humboldt-Universität, Universitätsbibliothek, Porträtsammlung

Alte Aula der Universität, Zustand um 1909
© Humboldt-Universität, Universitätsarchiv

Eine Gelehrtengalerie entsteht

1833 beantragten Rektor und Akademischer Senat der Universität beim Kultusministerium die Aufstellung einer Büste des Professors für Medizin und Pathologie, Christian Wilhelm Hufeland. Dem Antrag wurde wohlwollend stattgegeben. Die erste Gelehrtenbüste der Universität wurde noch zu Lebzeiten Hufelands aufgestellt. Alle weiteren Büsten wurden erst nach dem Tod des jeweils Porträtierten in der Aula, dem ehemaligen Fest- und Audienzsaal des Heinrich'schen Palais, aufgestellt. Heute besitzt die Humboldt-Universität die größte deutsche Sammlung von Wissenschaftlerbüsten.

Triumph der Rationalität

Mit dem Regierungsantritt Friedrich Wilhelms IV. im Jahr 1840 erhoffte man sich auch in der Berliner Universität nach mehr als 20 Jahren Zensur und Bespitzelung eine Lockerung der repressiven politischen und gesellschaftlichen Verhältnisse. Die nationalliberalen Ikonen Ernst Moritz Arndt und Friedrich Ludwig Jahn wurden rehabilitiert, zu weiteren Zugeständnissen kam es jedoch nicht. Die Berufung des Philosophen Friedrich Wilhelm von Schelling sollte 1841 eine neue „heilsame Entwicklung" in Theologie und Philosophie einleiten. Der Versuch, damit eine christliche Restauration einzuleiten, scheiterte jedoch.

Der Riss durch die Universität

In der 1848er-Revolution brach die Trennlinie zwischen den Ordinarien und den Extraordinarien sowie den Privatdozenten in einer öffentlich geführten Auseinandersetzung auf. Letztere bildeten in den Tagen der Revolution ein Komitee zur Verbesserung ihrer korporativen Rechte. Denn noch – und dies sollte sich bis ins 20. Jahrhundert nicht ändern – saßen allein die Lehrstuhlinhaber in den Fakultätsräten und im akademischen Senat. Die in ihrer Mehrheit konservativen Ordinarien verweigerten sich mithilfe des *Kultusministeriums* jedoch erfolgreich allen Mitbestimmungsforderungen.

Rudolf Virchow (1821–1902)

Lithografie von Georg Engelbach, Königlich Lithographisches Institut zu Berlin | © Humboldt-Universität, Universitätsbibliothek, Porträtsammlung

Der Privatdozent Virchow, der als Prosektor an der Charité arbeitete, beteiligte sich am 18. März 1848 an den Barrikadenkämpfen und war u.a. in der Reformbewegung der Berliner Ärzteschaft und der jungen Hochschullehrer aktiv. Im Frühling 1849 wurde er aufgrund seines politischen Engagements entlassen und schied 1850 auch aus der Universität aus.

Friedrich Wilhelm Joseph von Schelling (1775–1854)

Lithografie von Joseph Stieler

© Humboldt-Universität, Universitätsbibliothek, Porträtsammlung

Schelling war sich der Bedeutung seiner Berufung sehr bewusst. Sein Versuch, Glauben und Wissen miteinander zu versöhnen, klang in den Ohren seiner akademischen Zuhörer jedoch wie ein Rückfall hinter jede rationale Erkenntnis. Sie reagierten mit Befremden und Kritik und blieben schließlich aus.

Ausschluss

In Preußen blieb jüdischen Akademikern bis 1847 eine Hochschullaufbahn verwehrt. Erst dann wurde ihr Ausschluss von akademischen Lehrämtern aufgehoben. Die Zulassung war jedoch auf die medizinischen, mathematischen, naturwissenschaftlichen, geografischen und sprachwissenschaftlichen Fächer beschränkt. Von allen übrigen Lehrfächern, dem Akademischen Senat und allen Ämtern blieben Juden weiterhin ausgeschlossen.
Anlass zu der Kabinettsorder gab das Habilitationsgesuch des Mediziners Robert Remak, der 1847 als erster Jude an einer preußischen Universität habilitiert wurde.

Robert Remak (1815–1865)

Lithografie von Georg Engelbach

Dass sein Habilitationsgesuch angenommen wurde, hatte Robert Remak dem Einfluss Alexander von Humboldts zu verdanken. Humboldt, Kammerherr des preußischen Königs, ist wohl bis heute der erfolgreichste Berufungsvermittler in der Geschichte der Berliner Naturwissenschaften.

Leopold Kronecker (1823–1891)

Daguerrotypie

Der Mathematiker Leopold Kronecker wurde 1861 zum Mitglied der Akademie der Wissenschaften gewählt und hielt seitdem auch Vorlesungen an der Universität. Ab 1881 war er außerordentlicher Professor. 1883 wurde er als erster Jude auf einen Lehrstuhl berufen.

Schmuckblatt „Zum Jubiläum der Friedrich-Wilhelms-Universität zu Berlin“

Lithografie, 1860

© Geheimes Staatsarchiv Preußischer Kulturbesitz, Berlin

Das Blatt zeigt im Mittelteil den Stifter, den amtierenden König Friedrich Wilhelm IV. und den Prinzregenten Wilhelm I. sowie eine allegorische Darstellung der Universität und der Wissenschaft unter dem Schutz Preußens. Rechts und links sind die Porträts der 36 bis dato amtierenden Rektoren angeordnet.

1860

ERSTE UNIVERSITÄT PREUSSENS

1860 feierte die Friedrich-Wilhelms-Universität, wie sie seit 1828 offiziell hieß, mit einer öffentlichen Feier den 50. Jahrestag ihrer Gründung. Die Studentenzahlen waren auf fast 2.500 gestiegen. Zu den insgesamt 159 Hochschullehrern, davon 52 ordentliche Professoren, gehörten namhafte Wissenschaftler wie Leopold von Ranke, Theodor Mommsen und Rudolf Virchow. Seit 1810 war die Berliner Universität zur führenden wissenschaftlichen Einrichtung Preußens aufgestiegen. Grußadressen vieler Universitäten bestätigten ihren Rang, wenn auch die Feier vergleichsweise bescheiden ausfiel.

Dies lag vor allem daran, dass der preußische König schwer krank war und nur zögernd die Erlaubnis erteilt wurde, das Jubiläum feierlich zu begehen. Der Festredner, der Philologe August Boeckh, war neben Friedrich Carl von Savigny der letzte Vertreter der Gründergeneration. Stolz präsentierte die Universität sich als ein Ort, der ein neues Ideal und Ethos hervorgebracht hatte: Bildung durch Wissenschaft. Boeckh interpretierte zugleich, wie auch seine Zuhörer, die Gründung von 1810 als „Bollwerk" gegen die französische Fremdherrschaft. Den Aufstieg der Universität und den von ihr beförderten wissenschaftlichen Fortschritt sah er deshalb auch als Ausweis des preußischen Führungsanspruchs in Deutschland.

Jubiläumsanhänger zum 50. Jubiläum der Friedrich-Wilhelms-Universität

Bronze, 1860 | Humboldt-Universität, Kustodie

Neben dem Anhänger wurde auch eine Medaille geprägt, die ebenfalls den Stifter der Universität, Friedrich Wilhem III., und auf ihrer Rückseite eine Athene vor dem Universitätsgebäude zeigt. Die Kosten für die Prägung von Anhänger und Medaille sowie für das ganze Jubiläum übernahm der preußische Staat. Sie beliefen sich auf 12.000 Taler. Die Abrechnung listete 2.592 Taler für Wein und 1.860 Taler für 620 Gedecke beim Festessen auf. Für den Ball waren 900 Tanzkarten gedruckt worden. Beim Festessen gingen 14 Gläser und ein Stuhl für 3,5 Taler zu Bruch. Die Rechnung für den sog. Studenten-Kommers listete allein für kaputte Biergläser 46,25 Taler auf.

Jubiläumsalbum der 50-Jahrfeier der Friedrich-Wilhelms-Universität

Eigenhändige Eintragungen von 2.771 Studenten, Professoren und Ehemaligen, Oktober 1860

Humboldt-Universität, Universitätsarchiv

Das Album lag, wie es das studentische Festkomitee Anfang Oktober 1860 in der *Vossischen Zeitung* annoncierte, zur Einzeichnung im Universitätsgericht aus, wo auch die Karten für die verschiedenen Festlichkeiten erhältlich waren.

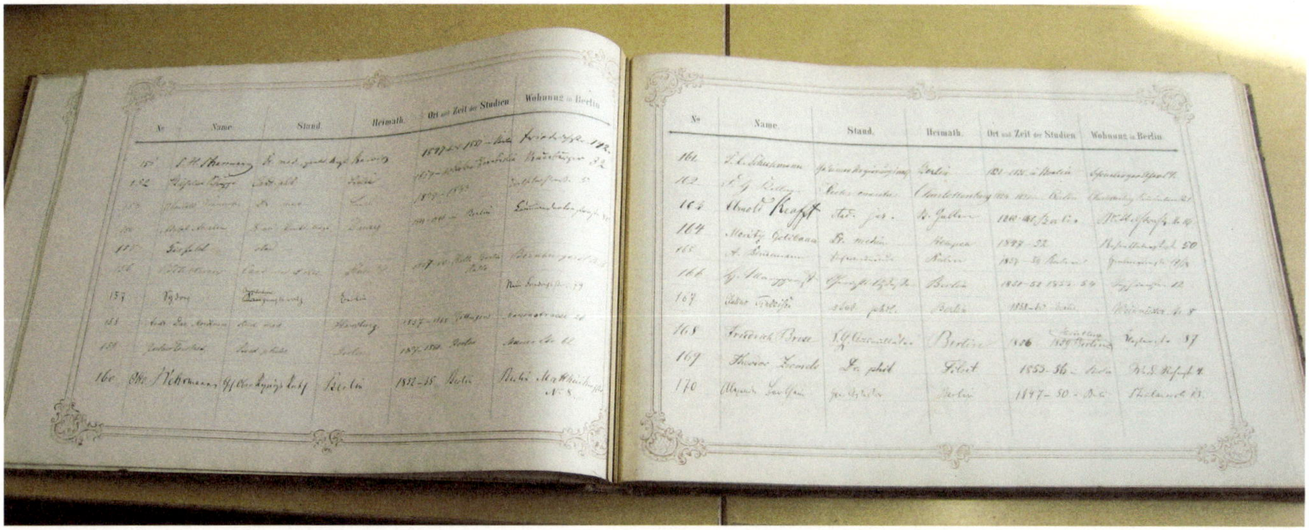

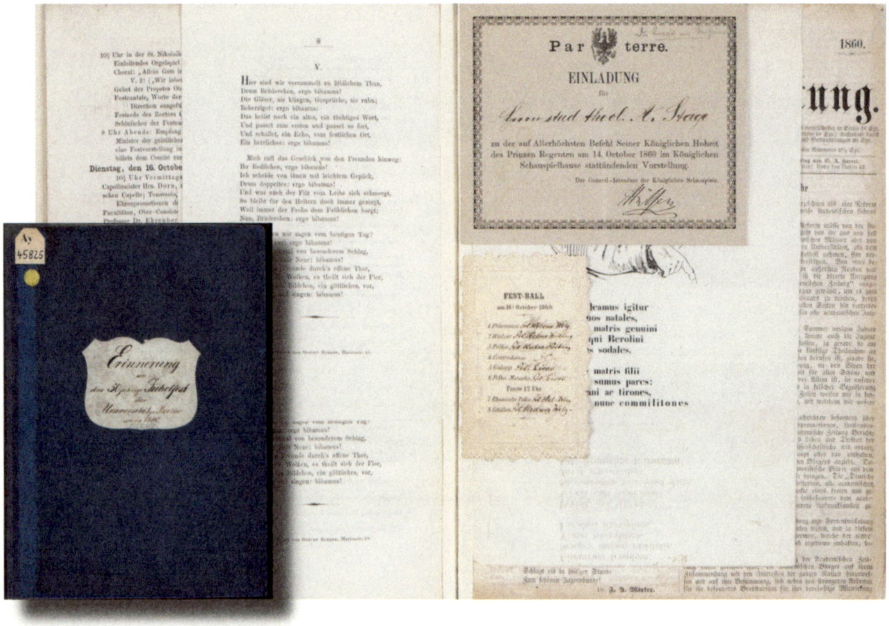

Sammelband zur Erinnerung an das 50-jährige Jubelfest der Universität zu Berlin anno 1860

Humboldt-Universität, Universitätsbibliothek, Historische Sammlungen

Vor der kirchlichen Feier ließ der Rektor in der Presse die Kleiderordnung anzeigen. Die Universitätslehrer hatten in Amtstracht zu erscheinen, „die zum Tragen von Uniformen berechtigten Herren in Gala-Uniform und weißen Beinkleidern". Der Festzug führte von der Universität zur Nikolaikirche.

Roter Adler-Orden II. Klasse mit Eichenlaub, 1860er-Jahre

Stiftung Stadtmuseum Berlin

Aus Anlass des Jubiläums vergab Prinzregent Wilhelm den Roten Adler-Orden II. Klasse mit Eichenlaub an die Professoren Homeyer, Langenbeck, Bopp, Rose und Trendelenburg.

Politischer Gestaltungswille

Der Physiologe Emil Du Bois-Reymond sprach als Rektor im August 1870 nach Ausbruch des Deutsch-Französischen Krieges von der Berliner Universität als dem „geistigen Leibregiment der Hohenzollern".

Dieses Zitat beschreibt das Selbstverständnis der Mehrheit des Lehrkörpers am Vorabend der nationalen Einigung. Während sich Mediziner und Naturwissenschaftler jedoch aus dem öffentlichen Diskurs heraushielten, waren etwa die Professoren der Juristischen Fakultät bis 1878 durchweg im Reichstag präsent und maßgeblich an der Vereinheitlichung der deutschen Gesetzgebung beteiligt.

Emil Du Bois-Reymond (1818–1896)

Heliogravüre nach einer Lithografie von Georg Engelbach | © Humboldt-Universität, Universitätsbibliothek, Porträtsammlung

„Die Berliner Universität, dem Palaste des Königs gegenüber einquartiert, ist durch die Stiftungsurkunde das geistige Leibregiment der Hohenzollern." Emil Du Bois-Reymond, 1870

Öffentlicher Streit

1879 stigmatisierte der Historiker Heinrich von Treitschke Juden als Gegner der nationalen Einigung. Als Studenten 1880 die Aufhebung der Gleichstellung jüdischer Bürger forderten, verurteilte Theodor Mommsen die antijüdische Bewegung und warf Treitschke vor, diese wissenschaftlich zu legitimieren. Entschieden wurde der Streit, der die Titelblätter der Zeitungen beherrschte, durch die sich hinter Mommsen stellende Berliner Professorenschaft. Dennoch machten Treitschkes Äußerungen den rassischen Antisemitismus langfristig salonfähig.

Theodor Mommsen (1817–1903)

© Humboldt-Universität, Universitätsbibliothek, Porträtsammlung

Heinrich von Treitschke (1834–1896)

Photographische Gesellschaft Berlin

© Humboldt-Universität, Universitätsbibliothek, Porträtsammlung

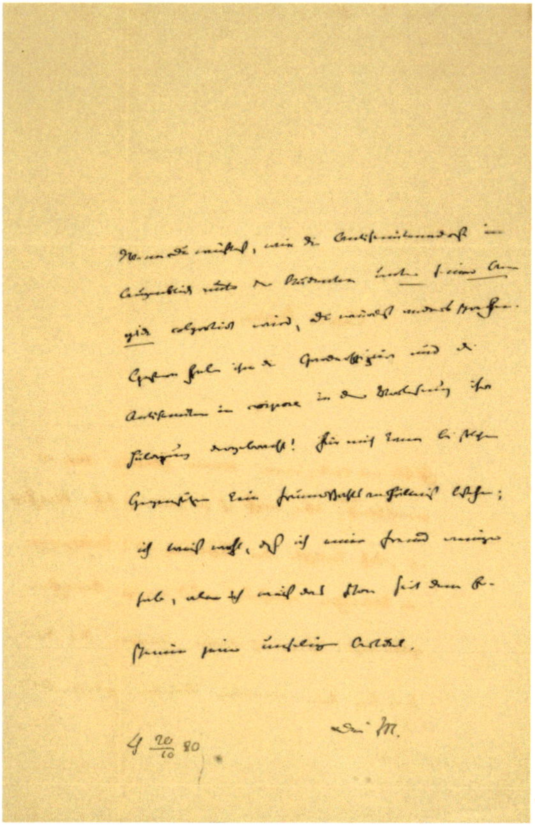

Brief Theodor Mommsens an den Verleger Georg Ernst Reimer Berlin, 20. Oktober 1880

Staatsbibliothek zu Berlin – Preußischer Kulturbesitz, Handschriftenabteilung, Depositum Verlag Walter de Gruyter

Lieber Reimer,

Es thut mir leid, wenn meine Erklärung von Dir gemißbilligt wird; aber wahr ist sie nur zu sehr. Was hilft es, daß Treitschke der ‚Reaction des Volksgefühls' ein Mäntelchen umgehängt und einige Ausnahmen gelten läßt! Ist er es darum weniger, der dem Hepp Hepp seine gewaltige Stimme geliehen hat? Wenn Du wüßtest, wie die Antisemitenadreße im Augenblick unter den Studenten unter seiner Aegide colportiert wird, Du würdest anders sprechen. Gestern haben ihm die Gardeoffiziere und die Antisemiten in corpore in der Vorlesung ihre Huldigung dargebracht! Für mich kann bei solchen Gegensätzen kein Freundschaftsverhältniß bestehen; ich weiß wohl, daß ich einen Freund weniger hab, aber ich weiß das schon seit dem Erscheinen seiner unseligen Artikel.

Ch[arlottenburg] $^{20}/_{10}$.[18]80
Dein M.w

Transkript Brief Theodor Mommsens an den Verleger Georg Ernst Reimer

Berlin, 20. Oktober 1880

Die Denkmäler für Wilhelm und Alexander von Humboldt

Marmor, nach Entwürfen von M. P. Otto und R. Begas, 1883

© Landesdenkmalamt Berlin

1869 regten Professoren ein Denkmal für Alexander von Humboldt an. Akademischer Senat und Wilhelm I. willigten unter der Bedingung ein, dass auch ein Denkmal für Wilhelm von Humboldt entstünde. 1883 wurden beide Plastiken enthüllt. In den folgenden Jahren erhielten weitere Gelehrte Standbilder, die neben der geehrten Person stets auch das korporative Selbstbewusstsein der Berliner Hochschullehrer repräsentierten.

Martin Leo Arons (1860–1919)

Aus: Jahrbuch der Berliner Morgenzeitung, Kalender für das Jahr 1901

Die „Lex Arons“

Leo Arons, der als Privatdozent an der Berliner Universität lehrte, unterstützte ideell und materiell die Sozialdemokratie. Wilhelm II. drängte daher auf die Entfernung Arons aus dem Lehramt. Die Philosophische Fakultät widersetzte sich dem Wunsch des Monarchen über Jahre und beharrte auf dem Prinzip der Freiheit der Wissenschaft in einem „unpolitischen“ Fachgebiet.
Als 1899 ein eigens erlassenes Ausnahmegesetz den Privatdozenten Arons dem Beamtenrecht unterwarf und dieser durch das Kultusministerium entlassen wurde, protestierte die Fakultät letztlich vergebens.

„Flottenprofessoren“

Ende des 19. Jahrhunderts verfügten namhafte Berliner Professoren über ausgezeichnete Beziehungen zum Kaiserhaus und zur deutschen Regierung. Das Zusammenspiel von Geist und Macht kam 1889 und 1900 in der Agitation für die sog. Flottenvorlagen zum Tragen, die auf die Verwirklichung des Traums von der deutschen Weltmacht zielten. Wortführer dieser Kampagnen waren u.a. der Nationalökonom Gustav Schmoller und der Historiker Hans Delbrück.

Grußpostkarte – Schlachtschiff I. Klasse Kaiser Friedrich III.

Chromolithografie, 1890er-Jahre

© Deutsches Historisches Museum, Berlin

Festversammlung der Chemischen Gesellschaft im Chemischen Institut anlässlich der Verleihung des Nobelpreises an Emil Fischer, 16. Dezember 1902

© Geheimes Staatsarchiv Preußischer Kulturbesitz, Berlin

Die Denkmäler für Theodor Mommsen und Heinrich von Treitschke

Marmor, Adolf Brütt, 1907 / Bronze, Rudolf Siemering, 1909 | © Landesdenkmalamt Berlin

1909 wurden die Denkmäler der beiden Antipoden des Antisemitismusstreites im Vorhof der Universität aufgestellt. Bis 1935 standen sie dort einander direkt gegenüber. Nachdem die Mommsen-Plastik wie auch das Treitschke- und das Helmholtz-Denkmal 1935 in den Vorgarten an der Universitätsstraße versetzt worden war, kehrte sie 1991 an ihren alten Standort zurück.

Exzellenz

Um die Jahrhundertwende konnte sich v.a. in den Naturwissenschaften und der Medizin keine andere Universität mit dem wissenschaftlichen Output der Berliner Universität messen. Eindrucksvoll bewiesen dies die seit 1901 an hier lehrende und forschende Wissenschaftler vergebenen Nobelpreise.
Die Geisteswissenschaftler brillierten mit Großprojekten, die sie gemeinsam mit der Akademie der Wissenschaften betrieben. Im letzten Drittel des 19. Jahrhunderts war Berlin zudem zum vielfach ersehnten Karrierehöhepunkt aufgestiegen.

Empfang des Kaiserpaares durch den Rektor Emil Fischer zum ersten Festakt anlässlich des 100. Jubiläums, 11. Oktober 1910

An den Festakten nahmen neben den Berliner Ehrengästen der Lehrkörper der Universität und ausgesuchte Studenten teil. Zu den auswärtigen Ehrengästen gehörten die Rektoren der deutschen Universitäten und Technischen Hochschulen, die Rektoren von 86 internationalen Universitäten sowie die Vertreter von 18 nationalen und internationalen Akademien.

1910

ERSTE UNIVERSITÄT DEUTSCHLANDS

Zu Beginn des 20. Jahrhunderts stand die Berliner Universität an der Spitze der deutschen Universitäten und erlangte Weltgeltung. Keine andere konnte eine vergleichbare Leistung und Reputation vorweisen. Die Nähe zur politischen Macht im Kaiserreich führte zu vielfältigen Verzahnungen, sodass sich das Kaiserhaus der Unterstützung der Universität in nationalen Belangen sicher sein konnte. Mit 80.000 Mark beteiligte sich der Staat 1910 dann auch an den Feiern zum 100. Jubiläum. Die Festredner bezogen sich auf das wiederentdeckte Konzept Humboldts und interpretierten es als die zwingende Grundlage des Aufstiegs der Friedrich-Wilhelms-Universität und als das gültige Programm moderner Universitäten überhaupt.
Dennoch wurden bereits 1910 Brüche deutlich, die sich aus der Ausdifferenzierung der Wissenschaften, der rasanten wirtschaftlichen Entwicklung und ihren gesellschaftlichen Folgen ergaben. Die etablierten Hochschullehrer sahen sowohl ihre Privilegien als auch die Einheit von Wissenschaft und Bildung bedroht, nicht zuletzt aus der Universität selbst heraus. So war etwa Adolf von Harnack maßgeblich an der Schaffung der *Kaiser-Wilhelm-Gesellschaft* beteiligt, deren Gründung Wilhelm II. bei den Jubiläumsfeiern verkündete. Die Auslagerung von Forschung aus der Universität an privat finanzierte Wissenschaftseinrichtungen begann.

Jubiläumsmedaille zum 100. Jubiläum der Friedrich-Wilhelms-Universität

Bronze, Entwurf: Louis Tuaillon, 1910
Humboldt-Universität, Kustodie

Der lateinische Schriftzug auf der Rückseite der Medaille verweist darauf, dass diese zur Hundertjahrfeier der Friedrich-Wilhelms-Universität entstand. Den Ehrengästen wurde neben der Medaille u.a. eine Faksimileausgabe des ersten Vorlesungsverzeichnisses und die beiden fertigen Bände der von Max Lenz verfassten Festschrift überreicht.

Gedenkmünze 100 Jahre Universität Berlin

Silber, 1910 | Stiftung Stadtmuseum Berlin

Der sog. Jubiläumstaler konnte von den Angehörigen der Universität zum Nennwert erworben werden.

Die Juristische Fakultät der Berliner Universität von ihrer Gründung bis zur Gegenwart
Festgabe der Deutschen Juristen-Zeitung, Verlag Otto Liebmann, Berlin 1910

Humboldt-Universität, Universitätsbibliothek, Historische Sammlungen

Die aufwändige Festgabe enthält u.a. die Reproduktionen von 450 handschriftlichen Widmungen sowie 36 Bildtafeln. Sie enthält auch die Faksimiles der Urkunde vom August 1809, in der Friedrich Wilhelm III. die Gründung der Universität erklärt, sowie der Schenkungsurkunde für das Universitätsgebäude vom November 1810.

Berlin in Bildern 1810–1910
Album zur Erinnerung an das Universitätsjubiläum, 1910

Humboldt-Universität, Universitätsbibliothek, Historische Sammlungen

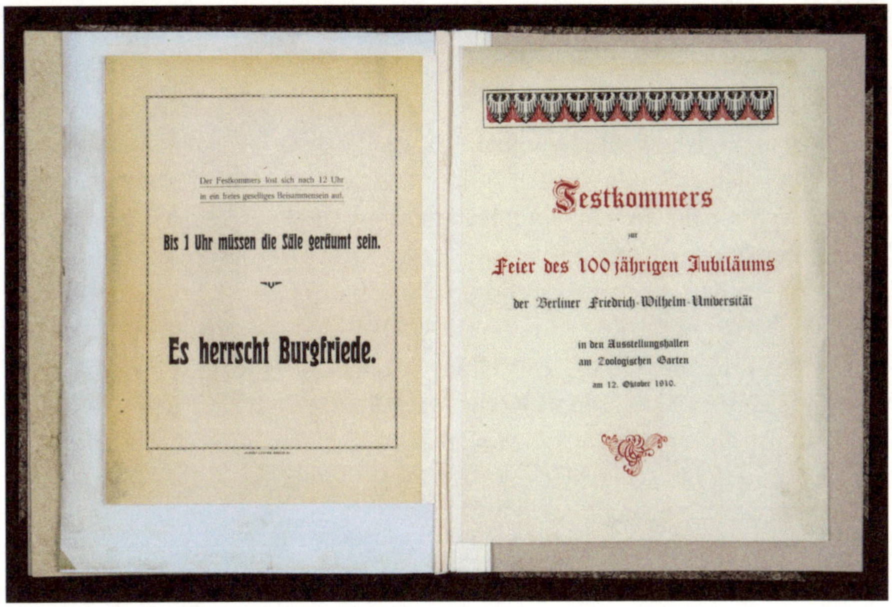

Sammelband mit Einladungen, Programmen, Menükarten und diversen Druckerzeugnissen zur 100-Jahrfeier der Friedrich-Wilhelms-Universität, 1910

Faksimile

Humboldt-Universität, Universitätsbibliothek, Historische Sammlungen

Postkarten zum 100. Jubiläum der Friedrich-Wilhelms-Universität, 1910

Humboldt-Universität, Universitätsbibliothek, Historische Sammlungen

Pokal, Geschenk der Berliner Kaufmannschaft an die Friedrich-Wilhelms-Universität aus Anlass ihres 100. Jubiläums

Silberlegierung, Oberflächenbehandlung ungeklärt, Figur: Messing, 1910

Humboldt-Universität, Universitätsarchiv

Die Höhepunkte der aufwändigen mehrtägigen Feiern bildeten neben dem Festgottesdienst und dem Fackelzug der Studentenschaft gleich zwei Festakte. Nach einer Vielzahl von Grußadressen und Festreden anlässlich mehrerer Festessen beendeten ein Gartenfest für die Damen und der traditionelle Studenten-Kommers die Jahrhundertfeier.

Kriegstaumel

Als der Erste Weltkrieg am 1. August 1914 ausbrach, zog die akademische Jugend begeistert in den Krieg. „Gewonnene Semester sind [...] die Kriegssemester“ schrieb der Theologe Adolf Deißmann. Der Physiker Max Planck, gerade Rektor der Universität, ermutigte die Studenten, ihre vaterländische Pflicht zu erfüllen. Noch am 1. Februar 1917 ließ der Germanist Gustav Roethe seine Vorlesung mit der Begründung ausfallen: „Ich bin zu aufgeregt. Ich kann ihnen aber die freudige Mitteilung machen, dass soeben der unbeschränkte U-Boot-Krieg erklärt worden ist.“ Bis Ende 1918 starben 997 Studenten, 57 Lehrende und eine unbekannte Zahl von Angestellten der Universität auf den Schlachtfeldern des Ersten Weltkrieges.

Jubelnde Studenten auf der Straße Unter den Linden, 1. August 1914

© Bundesarchiv, Bild 1983-B0527-0001-756

Unruhige Jahre

Im November 1918 gründeten 40 Studenten einen Revolutionsrat und besetzten die Universität. Im Frühling 1919 kämpfte eine Studentenwehr mit den Freikorps gegen den Spartakusbund. Während des Märzputsches 1920 sympathisierte ein Großteil der Studenten mit den Putschisten, denen Rektor Eduard Meyer die Universität als Stützpunkt zur Verfügung stellte. Zwar verurteilte die konservative Mehrheit der Professoren Gewalttaten, doch lehnte sie die neuen Verhältnisse ab und trat oft auch offen feindselig gegenüber der Republik auf. 1926 gründete sich ein Nationalsozialistischer Studentenverband, der großen Zulauf hatte und bei den Wahlen zur Studentenvertretung im Januar 1932 65 Prozent der Stimmen erhielt.

Putschierendes Militär biwakiert im Innenhof der Universität, März 1919

© Bundesarchiv, Bild 183-R92315

Ausschreitungen nach Rektorenwechsel, Oktober 1922

© Bundesarchiv, Bild 183-R26993

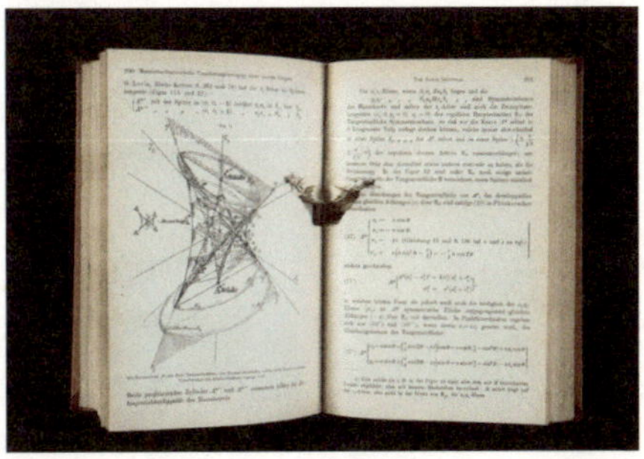

Zeitschriftenband aus der Universitätsbibliothek mit Einschusslöchern aus dem Jahr 1919 oder 1920

Zeitschrift für Mathematik und Physik, Bd. 55 / 1907 | Humboldt-Universität, Universitätsbibliothek, Zweigbibliothek Naturwissenschaften

Barett und Rektortalar

Samt, bestickt, 1920er-Jahre

Humboldt-Universität, Kustodie

Der Altphilologe Eduard Norden (1868–1941) im Ornat des Rektors, 1927

Foto: privat

Das Foto zeigt Eduard Norden mit seinem Vorgänger und nunmehrigen Prorektor, dem Juristen Ernst Triepel nach der Übergabe des Rektorats am 15. Oktober des Jahres 1927.

Nationalsozialismus

Festakt der 125-Jahrfeier der Friedrich-Wilhelms-Universität, Einzug von Rektor und Dekanen in die Aula

B.Z., 13. November 1935

1935

EINE UNIVERSITÄT VON DEUTSCHEM GEIST

Namhafte Vertreter der Universität stellten sich 1933 demonstrativ hinter Hitler. Im Gegensatz zur begeisterten Mehrheit der Studentenschaft nahmen die meisten Hochschullehrer die Machtergreifung der Nationalsozialisten im Januar 1933 jedoch reserviert auf. In den Jahren der Republik hatte die Berliner Professorenschaft ihre korporativen Rechte gegenüber allen demokratischen Änderungen verteidigt. Nun widersetzte sie sich weder der Gleichschaltung der Universität noch der Vertreibung von Juden und politisch unerwünschten Gelehrten. Mehr als ein Drittel des Lehrkörpers wurde schließlich entlassen. 1935, beim 125. Jubiläum, lobte Rektor Willy Krüger, dass *NS-Studenten- und Dozentenbund* die Universität „auf den rechten Weg der Wissenschaftsmoral zurückgeführt" hätten. Der konservative Historiker Willy Hoppe bettete die Zäsur von 1933 in die Traditionslinie der Universität ein. Er sprach vom „undeutschen Geist", der allzu lange im „liberalistischen Wissenschaftsideal" geherrscht habe, und sah jetzt wieder „in aller Wissenschaft [...] die große Schicksalslinie unseres Volkes aufleuchten". Eine umfassende Politisierung, Ideologisierung und Funktionalisierung von Forschung und Lehre folgte. Die beschworene „Schicksalslinie" erfüllte sich wenige Jahre später in der Katastrophe von Holocaust und Zweitem Weltkrieg.

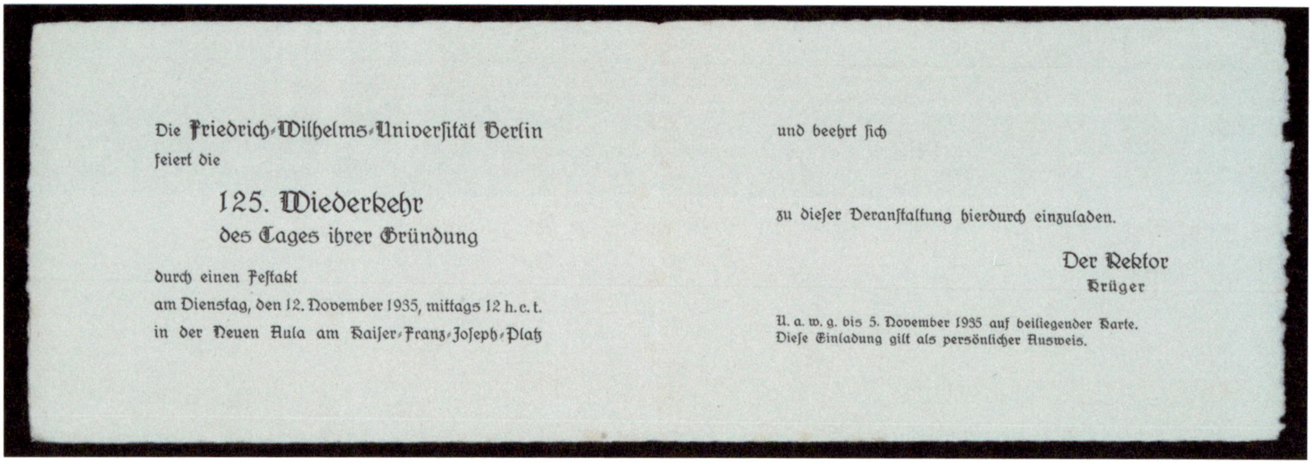

Die Friedrich-Wilhelms-Universität Berlin
feiert die
125. Wiederkehr
des Tages ihrer Gründung
durch einen Festakt
am Dienstag, den 12. November 1935, mittags 12 h. c. t.
in der Neuen Aula am Kaiser-Franz-Joseph-Platz

und beehrt sich

zu dieser Veranstaltung hierdurch einzuladen.

Der Rektor
Krüger

U. a. w. g. bis 5. November 1935 auf beiliegender Karte.
Diese Einladung gilt als persönlicher Ausweis.

Einladung zum Festakt der 125-Jahrfeier, 1935

Stiftung Stadtmuseum Berlin

Dem Festakt zum 125. Jubiläum der Universität am 12. November 1935 ging eine Feierstunde am Denkmal für die im Ersten Weltkrieg Gefallenen im Innenhof des Hauptgebäudes voran. Die Totenehrung, an der alle Angehörigen der Universität teilzunehmen hatten, ersetzte den traditionellen Festgottesdienst.

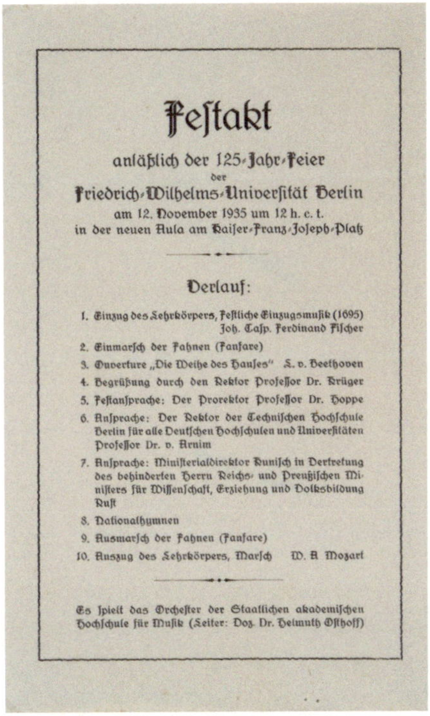

Festakt

anläßlich der 125-Jahr-Feier
der
Friedrich-Wilhelms-Universität Berlin
am 12. November 1935 um 12 h. c. t.
in der neuen Aula am Kaiser-Franz-Joseph-Platz

Verlauf:

1. Einzug des Lehrkörpers, Festliche Einzugsmusik (1695) Joh. Casp. Ferdinand Fischer
2. Einmarsch der Fahnen (Fanfare)
3. Ouverture „Die Weihe des Hauses" L. v. Beethoven
4. Begrüßung durch den Rektor Professor Dr. Krüger
5. Festansprache: Der Prorektor Professor Dr. Hoppe
6. Ansprache: Der Rektor der Technischen Hochschule Berlin für alle Deutschen Hochschulen und Universitäten Professor Dr. v. Arnim
7. Ansprache: Ministerialdirektor Kunisch in Vertretung des behinderten Herrn Reichs- und Preußischen Ministers für Wissenschaft, Erziehung und Volksbildung Rust
8. Nationalhymnen
9. Ausmarsch der Fahnen (Fanfare)
10. Auszug des Lehrkörpers, Marsch W. A Mozart

Es spielt das Orchester der Staatlichen akademischen Hochschule für Musik (Leiter: Doz. Dr. Helmuth Osthoff)

Programm des Festaktes der 125-Jahrfeier, 1935

Stiftung Stadtmuseum Berlin

Die 125-Jahrfeier der Berliner Universität war ein universitätsinternes Ereignis mit allenfalls lokaler Ausstrahlung. Nicht einmal alle Berliner Tageszeitungen berichteten von den Feierlichkeiten.

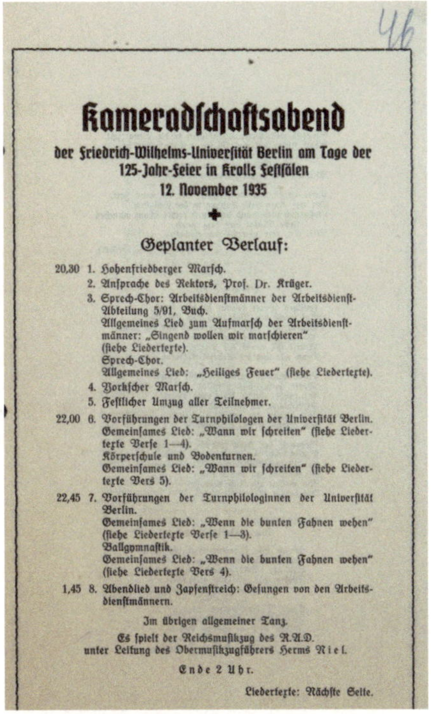

Kameradschaftsabend

der Friedrich-Wilhelms-Universität Berlin am Tage der 125-Jahr-Feier in Krolls Festsälen
12. November 1935

Geplanter Verlauf:

20,30 1. Hohenfriedberger Marsch.
2. Ansprache des Rektors, Prof. Dr. Krüger.
3. Sprech-Chor: Arbeitsdienstmänner der Arbeitsdienst-Abteilung 5/91, Buch.
Allgemeines Lied zum Aufmarsch der Arbeitsdienstmänner: „Singend wollen wir marschieren" (siehe Liedertexte).
Sprech-Chor.
Allgemeines Lied: „Heiliges Feuer" (siehe Liedertexte).
4. Yorkscher Marsch.
5. Festlicher Umzug aller Teilnehmer.

22,00 6. Vorführungen der Turnphilologen der Universität Berlin.
Gemeinsames Lied: „Wann wir schreiten" (siehe Liedertexte Verse 1—4).
Körperschule und Bodenturnen.
Gemeinsames Lied: „Wann wir schreiten" (siehe Liedertexte Vers 5).

22,45 7. Vorführungen der Turnphiologinnen der Universität Berlin.
Gemeinsames Lied: „Wenn die bunten Fahnen wehen" (siehe Liedertexte Verse 1—3).
Ballgymnastik.
Gemeinsames Lied: „Wenn die bunten Fahnen wehen" (siehe Liedertexte Vers 4).

1,45 8. Abendlied und Zapfenstreich: Gesungen von den Arbeitsdienstmännern.

Im übrigen allgemeiner Tanz.

Es spielt der Reichsmusikzug des R.A.D.
unter Leitung des Obermusikzugführers Herms Niel.

Ende 2 Uhr.

Liedertexte: Nächste Seite.

Programm des Kameradschaftsabends anlässlich des 125. Jubiläums, 1935

Humboldt-Universität, Universitätsarchiv

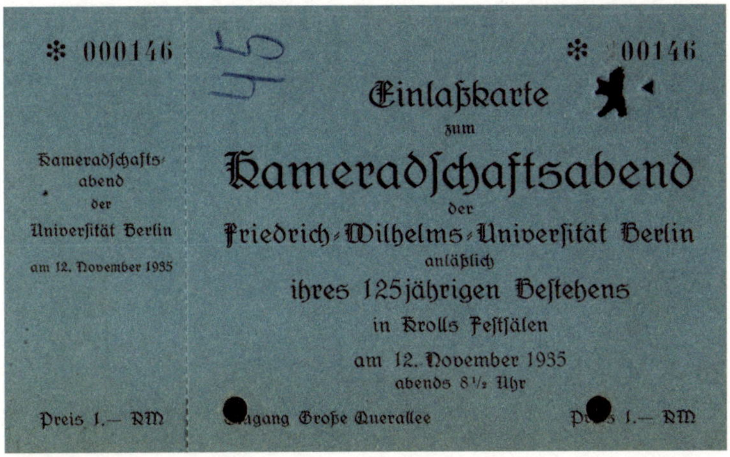

* 000146

Kameradschaftsabend der Universität Berlin am 12. November 1935

Preis 1.— RM

* 000146

Einlaßkarte
zum
Kameradschaftsabend
der
Friedrich-Wilhelms-Universität Berlin
anläßlich
ihres 125jährigen Bestehens
in Krolls Festsälen
am 12. November 1935
abends 8 1/2 Uhr

Eingang Große Querallee

Preis 1.— RM

Einladung zum Kameradschaftsabend anlässlich des 125. Jubiläums, 1935

Humboldt-Universität, Universitätsarchiv

Die zweitägige Feier zum 125. Jubiläum beschränkte sich neben der Totenehrung und dem offiziellen Festakt auf einen Kameradschaftsabend für die Angehörigen der Universität. Offizielle Festessen und der traditionelle Studentenkommers fanden nicht statt.

SBZ / DDR

Zerstörung und Neuanfang

Im Mai 1945 waren 50 Prozent aller Universitätsgebäude zerstört. In den Jahren zuvor hatten die NS-Machthaber die Universität gleichgeschaltet. Sie selbst hatte sich zutiefst korrumpiert. Nun suchten die Überlebenden einen Neuanfang, der mit Entnazifizierungsaktionen begann. Die *SMAD* unterstellte die Universität unter Bruch des Viermächteabkommens der Zentralverwaltung ihrer Besatzungszone. Noch im Herbst begann der Wiederaufbau des Hauptgebäudes. Große Teile des Ost- und Westflügels konnten ab Sommer 1948 wieder genutzt werden. Der Mitteltrakt mit dem Haupteingang und dem Senatssaal wurde bis 1953 wiederaufgebaut.

Plakat einer Vortragsreihe zur Oktoberrevolution, 1947

© Humboldt-Universität, Universitätsarchiv

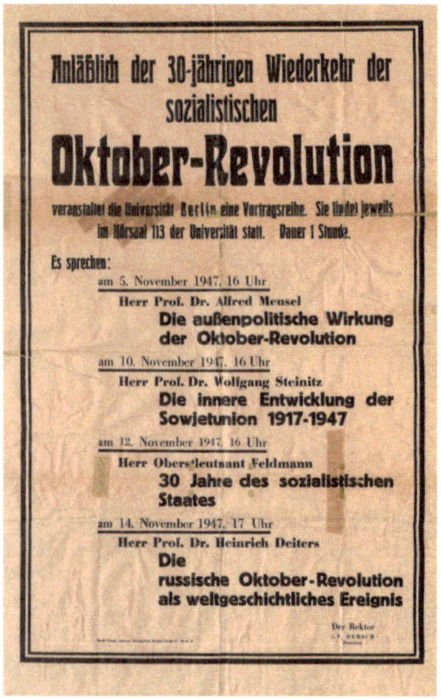

Figurenfragment aus dem Hauptgebäude

Sandstein

Humboldt-Universität, Kustodie

Das Hauptgebäude der Humboldt-Universität nach der Zerstörung im Zweiten Weltkrieg

© Humboldt-Universität, Universitätsarchiv

Jubiläumsfeierlichkeiten der Humboldt-Universität und der Charité, 1960

Im Sommer vor dem Jubiläum empfahl die Westdeutsche Rektorenkonferenz den Universitäten und Hochschulen der Bundesrepublik, die an sie ergangenen Einladungen abzulehnen. An den Feiern im November 1960 nahmen dennoch 770 Gäste aus 60 Staaten teil. Den Höhepunkt bildete ein Festakt in der Staatsoper. An den Abenden fanden Empfänge, ein Fackelzug und ein Studentenball statt. Zudem gab es eine Vielzahl von Symposien, Konferenzen und Gastvorlesungen.

1960

KALTER KRIEG UM HUMBOLDT

Im Januar 1946 bekannten sich Universitätsleitung, Lehrende und Studierende zum „antifaschistischen und demokratischen" Neuanfang. Als die *SED* begann, ihre Vorstellungen einer sozialistischen „Volksuniversität" mit Macht umzusetzen, gründeten mehrere Hundert Studenten und einzelne Lehrende Ende 1948 im Westteil der Stadt die *Freie Universität*.

Nun kämpfte man in Ost und West um die Durchsetzung und Legitimierung des je eigenen Wissenschaftsverständnisses. Ihren Anspruch auf das „wahre Erbe" demonstrierte die Ost-Berliner Universität Anfang 1949 mit der Benennung nach den Brüdern Humboldt. In den folgenden Jahren verband sich das Projekt einer Öffnung der Universität für Arbeiter- und Bauernkinder mit der Institutionalisierung der *SED*-Herrschaft und der Ideologisierung des Studiums.

Das 150. Universitätsjubiläum wurde 1960 zu einem Politikum ersten Ranges und zum Austragungsort des Ost-West-Konflikts. Beide Universitäten – die Humboldt-Universität zusammen mit der DDR-Staatsführung, die *Freie Universität* gemeinsam mit der *Westdeutschen Rektorenkonferenz* – feierten und präsentierten sich als jeweils wahre Nachfolgerin der Universität zu Berlin und zeitgemäße Bewahrerin des „Humboldt'schen Erbes".

Amtskette des Rektors

Anhänger: Silber, stark vergoldet, Entwurf: Georg Stapel, Modell: Herbert Schellbach, 1960 / Kette: Messing, vernickelt, 1960 | Humboldt-Universität, Kustodie

Aus Anlass der 150-Jahrfeier ließ die Universität sowohl einen neue Amtskette als auch ein neues Siegel entwerfen. Beide zeigen das Doppelporträt der Brüder Humboldt. Die Rückseite des Anhängers trägt zwischen zwei Lorbeerzweigen den Text „1810 ERÖFFNET / 1946 ZUM WIRKEN / DER WISSENSCHAFT FÜR / FORTSCHRITT UND FRIEDEN / AUS TRÜMMERN / NEU ERSTANDEN".

Jubiläumsmedaille 150-Jahrfeier der Humboldt-Universität

Bronze, Staatliche Münze Berlin, Entwurf: Georg Stapel, Modell: Herbert Schellbach, 1960 | Stiftung Stadtmuseum Berlin

Jubiläumsmedaille 150-Jahrfeier der Humboldt-Universität

Böttgersteinzeug, VEB Staatliche Porzellan-Manufaktur Meissen, Entwurf: Georg Stapel, Modell: Herbert Schellbach, 1960 | Hans-Joachim Huebscher, Berlin

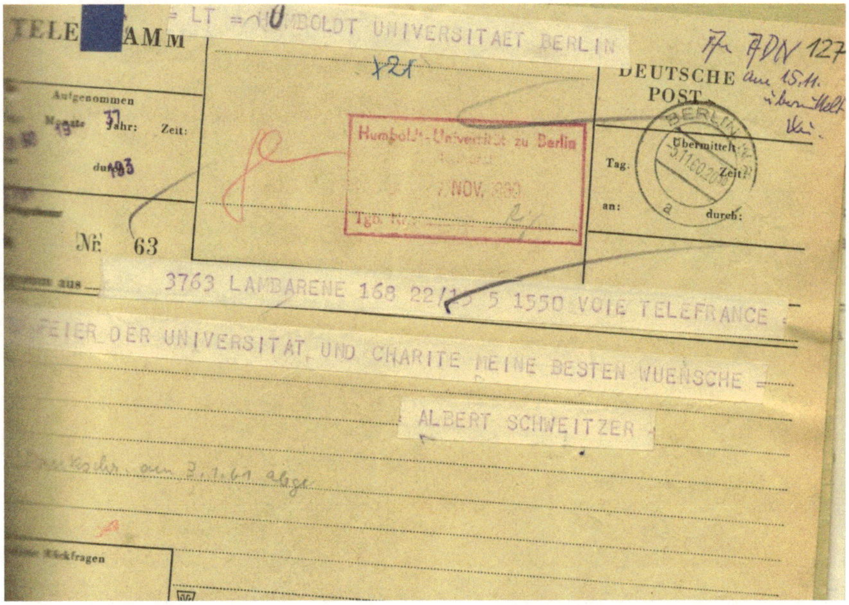
TELEGRAMM
LT = HUMBOLDT UNIVERSITAET BERLIN
DEUTSCHE POST
3763 LAMBARENE 168 22/15 5 1550 VOIE TELEFRANCE
FEIER DER UNIVERSITAT UND CHARITE MEINE BESTEN WUENSCHE
ALBERT SCHWEITZER

Grußtelegramm Albert Schweitzers zur 150-Jahrfeier der Humboldt-Universität | Lambarene, 5. November 1960
Humboldt-Universität, Universitätsarchiv

Jubiläumsmedaille 250-Jahrfeier der Charité

Bronze, Staatliche Münze Berlin, Entwurf: Fritz Schultz, 1960
Stiftung Stadtmuseum Berlin

1960 wurde erstmals ein Doppeljubiläum mit der Charité gefeiert, die seit 1951 offiziell zur Humboldt-Universität gehörte. Aus Anlass des 250. Jubiläums der Charité fand daher am 15. Oktober 1960 ein zweiter Festakt in der Staatsoper statt.

Eingemauerte Wissenschaft

Bis zum August 1961 arbeiteten noch viele West-Berliner an der Humboldt-Universität. Nach der Schließung der Grenze forderte die Universität sie auf, in die DDR überzusiedeln. Nur Wenigen, etwa der ersten Lehrstuhlinhaberin an der Theologischen Fakultät, Liselotte Richter, war es auch nach dem Mauerbau erlaubt, zwischen Ost- und West-Berlin zu pendeln.

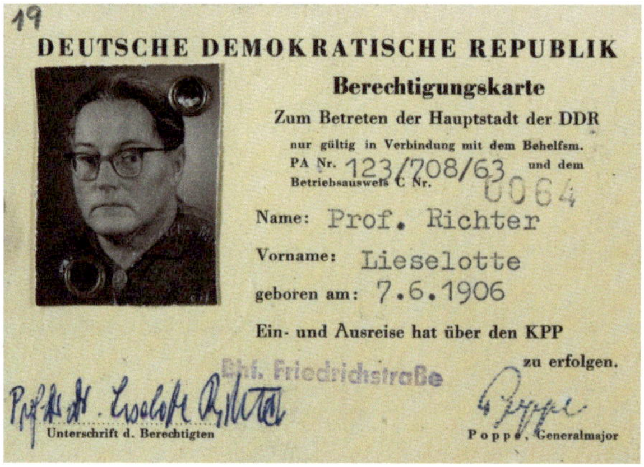

19
DEUTSCHE DEMOKRATISCHE REPUBLIK
Berechtigungskarte
Zum Betreten der Hauptstadt der DDR
nur gültig in Verbindung mit dem Behelfsm.
PA Nr. 123/708/63 und dem
Betriebsausweis C Nr. 0064
Name: Prof. Richter
Vorname: Lieselotte
geboren am: 7.6.1906
Ein- und Ausreise hat über den KPP
Bhf. Friedrichstraße zu erfolgen.
Unterschrift d. Berechtigten
Poppe, Generalmajor

Passierschein für den Bahnhof Friedrichstraße, 1960er-Jahre

Humboldt-Universität, Universitätsarchiv

„Die Wissenschaft erobern“

Fenster im Ostflügel des Hauptgebäudes,

Entwurf: Walter Womacka, 1962/63

Ideologie am Bau

1953 war im zentralen Treppenhaus die von Marx abgewandelte 11. Feuerbach'sche These angebracht worden. Im Vorraum des neuen Auditorium maximum im Hauptgebäude und im Lesesaal der Kommode wurden in den 1960er-Jahren Bildfenster eingebaut, die das Wissenschaftsverständnis der *SED* illustrieren sollten.

Berlin, 16. September 1968
Jahrgang 12
Preis 20 Pf
Artl.-Nr. 31 922
26

Humboldt Universität

ORGAN DER SED-KREISLEITUNG

Die Zeichen der Zeit richtig verstanden

- **Angehörige der Humboldt-Universität begrüßen Maßnahmen der sozialistischen Bruderländer in der CSSR**
- **Unser Klassenauftrag: aktive Verwirklichung der sozialistischen Hochschulreform**

Ein klares Bekenntnis zur Politik unserer Partei und Regierung gaben die Teilnehmer des FDJ-Aktivs der Humboldt-Universität ab. Sie verbanden es mit der Verpflichtung, alle Kraft bei der Verwirklichung der 3. Hochschulreform einzusetzen.
Unser Bild: Manfred Bethge (Biologie 5. Studienjahr) während der Diskussion.
Foto: HFB/Fisahn

„Wenn dich deine Feinde loben ..."

„Wenn dich deine Feinde loben, hast du einen Fehler begangen."

Dieses alte Bebel-Wort wurde von der Geschichte der internationalen Arbeiterbewegung vielfach bestätigt. Auch in jüngster Zeit war der imperialistische Gegner des Sozialismus des Lobes voll, als in der CSSR sich Tendenzen und Maßnahmen offenbarten, die den Beweis erbrachten, daß die Konterrevolution am Werk war. Aber welch ein Geschrei in Äther und Presse, als der sozialistische Internationalismus in Aktion trat und diese Pläne zunichte machte.

Die Bürger unserer Republik — einschließlich Angehörige unserer Humboldt-Universität — waren über die Maßnahme der fünf sozialistischen Bruderländer zur Sicherung des Sozialismus in unserem Nachbarland und damit zur Sicherung des Friedens in Europa erleichtert. Aber es gab und gibt auch einige, die diese Schritte nicht verstanden oder verstehen, weil sie die Grundfragen, die unsere Zeit bestimmen, noch nicht begriffen hatten oder haben.

Solche Probleme

— wie das Verstehen des Charakters unserer Epoche als der Epoche des **weltweiten** Übergangs vom Kapitalismus zum Sozialismus,

— wie die Erkenntnis über die historische Mission der Arbeiterklasse und die führende Rolle der revolutionären marxistisch-leninistischen Partei bei der Lösung dieser Mission in unserer Epoche

müssen jetzt in täglicher ideologischer Kleinarbeit mit **allen** Angehörigen unserer Universität überzeugend geklärt werden.

Das FDJ-Aktiv ging dabei beispielgebend voran. In einer einwöchigen intensiven Schulung erarbeitete es sich einen einheitlichen politisch-ideologischen Standpunkt für die kommende Arbeit im Jugendverband. Überzeugendster Beweis für den Erfolg der dort geführten Diskussionen war der Antrag von **Gabi Buchta, Roland Stolze, Uschi Ziegenhagen, Reimund Hätte, Bernd Schmidt und Elisabeth Zerna,** Kandidat unserer Sozialistischen Einheitspartei Deutschlands zu werden. Sie erklärten stellvertretend für die Aktiv-Mitglieder, daß die wirksamste Waffe auf unserem Gebiet gegen den imperialistischen Feind die erfolgreiche Verwirklichung der sozialistischen Hochschulreform ist.

Wie über alles, was unsere sozialistische Republik stärkt — so auch über euren Schritt, liebe Freunde, die ihr Kandidaten unserer Partei werden wollt — wird der Klassenfeind weiter geifern. Der Sozialismus läßt sich dadurch nicht aufhalten und, wie gesagt: „Wenn dich deine Feinde loben ..."

Dr. B. G.

FDJ-Aktiv: Sozialismus vor jedem Angriff schützen!

„Das FDJ-Aktiv der Humboldt-Universität zu Berlin unterstützt aus vollem Herzen die Maßnahmen der fünf sozialistischen Staaten und die zwischen der UdSSR und der ČSSR getroffenen Vereinbarungen zur Liquidierung der Konterrevolution in der ČSSR.

Unsere Epoche ist die Epoche der Verwirklichung der Ideen des Marxismus-Leninismus, des weltweiten Übergangs vom Kapitalismus zum Sozialismus. Nur der wird zu den Siegern in der Geschichte gehören und hat die Zeichen der Zeit verstanden, der alle Kräfte für den Sieg des Sozialismus und für den Kampf gegen die imperialistische Globalstrategie einsetzt.

Wir, das FDJ-Aktiv der Humboldt-Universität, stehen fest an der Seite der Partei der Arbeiterklasse. Wir begrüßen, daß in der Stunde höchster Gefahr für den Sozialismus in der ČSSR die fünf befreundeten Staaten, mit der Sowjetunion an der Spitze, den Klassenbrüdern in der Tschechoslowakei militärische Hilfe leisteten. Damit wurde der Konterrevolution energisch Einhalt geboten.

Wir unterstützen die Kräfte in der ČSSR, die jetzt, auf der Grundlage der Beschlüsse von Cierna nad Tisou, Bratislava und Moskau, die sozialistische Ordnung zielstrebig festigen.

Die Ereignisse in der ČSSR haben es klar bestätigt: Der Weg der Deutschen Demokratischen Republik an der Seite der UdSSR und der anderen sozialistischen Staaten ist der richtige.

Wir FDJ-Studenten geben unsere ganze Liebe und Kraft der allseitigen Stärkung und Verteidigung unseres sozialistischen Vaterlandes. Die 3. Hochschulreform ist ein wichtiger Bestandteil der Gestaltung des entwickelten gesellschaftlichen Systems des Sozialismus in der DDR. Unser Klassenauftrag ist die aktive Mitwirkung bei der sozialistischen Hochschulreform. Die schöpferische Aneignung des Marxismus-Leninismus und seine praktische Anwendung durch höchste Leistungen im Studium ist unsere wichtigste Aufgabe.

Revolutionär sein, heißt heute, den Sozialismus allseitig zu stärken und vor jedem Angriff zu schützen."

Es folgen die 450 Unterschriften der Teilnehmer des FDJ-Aktiv-Lagers „Hölzerner See"

Großer Verantwortung zur klassenmäßigen Erziehung bewußt

Wir begrüßen aus ganzem Herzen die Ergebnisse der Moskauer Verhandlungen. Wir sehen darin die konsequente Fortsetzung der Beschlüsse von Cierna nad Tisou, Bratislava und der Maßnahmen vom 21. August. Mit diesen Beschlüssen und Maßnahmen wurde durch die gemeinsame Kraft der sozialistischen Bruderländer mit der Sowjetunion an der Spitze den imperialistischen Globalstrategen ein schwerer Schlag versetzt. Unsere gemeinsamen politischen und militärischen Aktionen retteten den europäischen Frieden und den Sozialismus in der ČSSR vor den Anschlägen der äußeren und inneren Konterrevolution. Die Festlegungen von Moskau sind eine neue schwere Niederlage des Weltimperialismus. Wir sind fest überzeugt, daß es den klassenbewußten patriotischen und internationalistischen Kräften in der CSSR mit Hilfe ihrer Klassenbrüder gelingen wird, die sozialistische Staatsmacht zu festigen, die führende Rolle der Arbeiterklasse und der Kommunistischen Partei allseitig zu entwickeln, die Verbundenheit und Zusammenarbeit der ČSSR mit der Sowjetunion und der ganzen sozialistischen Staatengemeinschaft zu vertiefen und die konterrevolutionären Kräfte zu entlarven und zu zerschlagen. Wir versichern unserer Partei und Regierung, daß wir uns der großen Verantwortung für die Erziehung unserer Studenten zu standhaften sozialistischen Persönlichkeiten voll bewußt sind. Wir werden unsere ganze Kraft einsetzen, um die Beschlüsse des VII. Parteitages zu verwirklichen, die 3. Hochschulreform durchzuführen und gemeinsam mit unseren Studenten durch vorbildliche Ergebnisse in der Entwicklung des produktiven Studiums und der schöpferischen Anwendung des Marxismus-Leninismus den 20. Jahrestag der Deutschen Demokratischen Republik würdig vorzubereiten.

Die Mitarbeiter des Instituts für Marxismus-Leninismus

Trügerische Ruhe

Im Westen wurden die Universitäten 1967/68 zu Brennpunkten der gesellschaftlichen Entwicklung. In Prag suchte man einen Sozialismus „mit menschlichem Antlitz" zu verwirklichen. An der Humboldt-Universität beschäftigte man sich mit der planmäßigen Durchführung der 3. Hochschulreform. Die Hoffnungen, die sich mit der „samtenen Revolution" in Prag verbanden, wurden im August 1968 schlagartig vernichtet. Mitarbeiter und Studenten mussten formelhafte Zustimmung zum Einmarsch in Prag leisten. Lehrende, die Kritik wagten, wurden mit Disziplinarmaßnahmen abgestraft. Kritische Studenten mussten die Universität verlassen und sich in der Industrie „bewähren".

Titelblatt der Zeitung „Humboldt-Universität" vom 16. September 1968

1985

Jubiläumsfeierlichkeiten der Humboldt-Universität und der Charité, 1985

Die Feierlichkeiten anlässlich des Doppeljubiläums 175 Jahre Humboldt-Universität und 275 Jahre Charité fielen wesentlich bescheidener aus als diejenigen des Jahres 1960. Nur noch zwei Konferenzen bildeten das wissenschaftliche Rahmenprogramm des Jubiläums. Der offizielle Festakt fand im Schauspielhaus am Gendarmenmarkt statt. Wie schon 1960 gab es eine eigene Festveranstaltung der Charité. Im Palast der Republik fand ein Universitätsball statt, während die Studentenschaft einen eigenen Ball veranstaltete.

FORSCHUNG UND LEHRE NACH PLAN

Mit der sogenannten 3. Hochschulreform wurden 1968 die alten Strukturen und die bis dato noch gepflegten Äußerlichkeiten traditioneller akademische Kultur aufgelöst. „Sektionen" wurden die zentralen Einheiten von Lehre und Forschung, das Studium wurde neu organisiert und weitestgehend verschult. Forschung und Lehre kooperierten mit Industrie- und Landwirtschaftsbetrieben, eingebunden in die 5-Jahres-Wirtschaftspläne der DDR. Zur 175-Jahrfeier im Jahr 1985 inszenierte sich die Humboldt-Universität als selbstbewusste und erfolgreiche sozialistische Universität. Die Nachkriegsentwicklung wurde in den Festreden zur erfolgreichsten Phase der Universitätsgeschichte verklärt.

Mehr und mehr hatte die Universität jedoch mit den Folgen des allgegenwärtigen Mangels zu kämpfen, es fehlten Ausstattungs- und Investitionsmittel. Zwar begann Anfang der 1980er-Jahre eine vorsichtige Öffnung nach Westen, doch konnten nur Wenige davon profitieren. Unbestreitbar gab es auch Spitzenleistungen in der Forschung, insbesondere in der Medizin und den Naturwissenschaften. In Philosophie oder Kulturwissenschaft entfaltete sich zaghaft kritisches Denken. Dennoch herrschte in der Universität bis 1989 vor allem Stagnation, politische Kontrolle und ideologische Gängelung.

Jubiläumsmedaille 275 Jahre Charité

Bronze, 1985

Humboldt-Universität, Referat Öffentlichkeitsarbeit

Jubiläumsmedaille 175 Jahre Humboldt-Universität

Stahl, vermessingt, VEB Münze der DDR, 1985

Humboldt-Universität, Kustodie

Die Vorderseite der Jubiläumsmedaille der 175-Jahrfeier der Humboldt-Universität entspricht derjenigen der Medaille von 1960. Bei der Gestaltung der Rückseite der neuen Medaille entschied man sich nun für das Profil des Hauptgebäudes der Universität, das von den Jahreszahlen 1810 und 1985 eingerahmt wird.

Gastgeschenk der Tokai University zum 175. Universitätsjubiläum

Silber | Humboldt-Universität, Kustodie

Die Universität begrüßte 46 Vertreter von 45 Partneruniversitäten aus 30 Ländern. Zu ihnen gehörte auch der Präsident der privaten *Tokai University* in Tokio. Er überreichte als Gastgeschenk zwei identische Silbertabletts.

Zehn-Mark-Münze zum 175. Jubiläum der Humboldt-Universität

Silber / Kupfer,

VEB Münze der DDR, 1985

Privatleihgeber, Berlin

Zehn-Mark-Münze zum 275. Jubiläum der Charité

Silber / Kupfer,

VEB Münze der DDR, 1986

Privatleihgeber, Berlin

Ersttagsbrief zum Doppeljubiläum von Humboldt-Universität und Charité

Deutsche Post der DDR, 22. Oktober 1985 | Privatleihgeber, Berlin

Anstecker zum 175. Jubiläum der Humboldt-Universität

Silber, 1985 | Humboldt-Universität, Referat Öffentlichkeitsarbeit

Den Anstecker in der Silberausführung erhielten 1985 die Humboldt-Preisträger. Der *Humboldt-Preis* wurde von der Humboldt-Universität für ausgezeichnete wissenschaftliche Arbeiten von Studierenden und Nachwuchswissenschaftlern vergeben. Seit 1997 wird er nach neuen Richtlinien jedes Jahr für eine herausragende Magisterarbeit und fünf Dissertationen verliehen.

Plakette der Staatsbank der DDR zum 175. Universitätsjubiläum

Gips, 1985 | Humboldt-Universität, Kustodie

Demokratie wagen

Ein Jahr nach der friedlichen Revolution war an der Humboldt-Universität nichts mehr beim Alten. Es war v.a. die Studentenschaft, die seit dem Herbst 1989 Demokratie wagte und sie in die Universität trug. Die Wahl des Theologen Heinrich Fink zum Rektor erfolgte mit großer Mehrheit.
Sie war der Ausdruck des Wunsches nach einer selbstbestimmten Erneuerung der Universität, die jedoch von den allgemeinen politischen Ereignissen überrollt wurde.

Studentendemo am 17. November 1989

Foto: Joachim Fisahn, Berlin

BRD

Studentische Besetzung der Humboldt-Universität, 19. Dezember 1990

© Humboldt-Universität, Universitätsarchiv, Foto: Waltraut Harre, Berlin

HUMBOLDT UNIVERSITÄT

DIE ZEITUNG DER ALMA MATER BEROLINENSIS

Ausgabe 11 – 1990/91
Jahrgang 35

HUMBOLDT-UNIVERSITÄT ZU BERLIN

6. Dezember 1990
Preis 0,40 DM

DISPUTE

Versuch der Vermittlung gescheitert?
Seite 5

Bürgerbewegungen befragten Parteien
Seite 4

Weiterhin in dieser Ausgabe:

BAFöG-Streit:
Studenten kontra Möllemann
Seite 3

Europa interessiert:
EG-Bildungsausschuß zu Gast
Seite 5

Einlage:
ANRA – Computer informiert Sie

Fotos: Jens Knacheel, Waltraud Harre (2)

UNI – ORT ÖFFENTLICHEN DIALOGS

Ausgabe der Zeitung „Humboldt Universität“ vom 6. Dezember 1990

Humboldt-Universität, Universitätsarchiv

Jubiläumsfeierlichkeiten der Humboldt-Universität, 2009/10

2010

SELBSTBEHAUPTUNG UND ERNEUERUNG

Die Humboldt-Universität wird heute von einem hauptamtlichen Präsidium geleitet, unterstützt von Kuratorium, Konzil und Akademischem Senat. Ihre Umgestaltung war zwischen 1990 und 1994 von einem erheblichen Personalwechsel begleitet. Forschung und Lehre wurden evaluiert und neu definiert – ein Wandel, den die Universität als „Labor der Einheit“ kooperativ bewältigte. Bisher hat sie auch alle weiteren Spar- und Kürzungsauflagen schmerzlich überlebt. In einem ständigen Reformprozess wurde die Lehre umstrukturiert und die Forschung im internationalen Kontext erfolgreich neu positioniert. Nach zwei Diktaturen und einer grundlegenden Erneuerung seit 1989/90 suchte die Universität bewusst die Auseinandersetzung mit ihrer Vergangenheit. Dabei hat sie die Prinzipien der Humboldt'schen Gründung neu bekräftigt, aber auch die Konsequenzen eingestanden, die sich aus den Koalitionen von Geist und Macht ergaben. Heute sieht sich die Universität in „kritischer Distanz zu politischer und gesellschaftlicher Macht“ und „wendet sich gegen Diskriminierung, Intoleranz und kulturelle Selbstüberhöhung“. Als *societas magistrorum et scholarium* bewahrt sie die akademische Freiheit, in der *universitas litterarum* stellt sie sich den Herausforderungen des Forschungs-imperativs und der Einheit von Forschung und Lehre.

Festkultur und Selbstinszenierung deutscher Universitäten

Sylvia Paletschek

Festkultur und Selbstinszenierung deutscher Universitäten

Am Anfang unserer Jubiläumskultur standen Kirche, Christentum und – etwas überraschend – die Universitäten. Heute ist es selbstverständlich, dass wir im privaten wie öffentlichen Leben Jahrestage feiern, dies ist aber keine anthropologische Konstante. Die Jubiläumstradition geht zunächst auf das Alte Testament sowie auf die Einführung des Heiligen Jahres durch Papst Bonifaz VIII. im Jahr 1300 zurück. Nach sieben Sabbatzyklen, d.h. nach dem 49. Jahr, sollten im darauffolgenden Jobeljahr die Schulden erlassen werden. Ähnlich galt das Heilige Jahr, das ursprünglich nur alle 100 Jahre ausgerufen wurde, als Zeit der Sündenvergebung. Diese Ablasspraxis fand solchen Zuspruch, dass der Turnus sukzessive verkürzt wurde und das Heilige Jahr seit 1475 alle 25 Jahre stattfand. Solange der Papst das Monopol auf den Zyklus besaß, war das Jubiläum für die profane Nutzung nicht verfügbar. Erinnern war noch nicht an ein historisches Ereignis oder an von Menschen vereinbarte, also nicht von Gott bestimmte Daten geknüpft.

Der Beginn der säkularen Jubiläumskultur – die Universität

Universitäten waren im Mittelalter und der Frühen Neuzeit eng mit der Kirche verbunden. Die wissenschaftliche Weltdeutung vollzog sich unangefochten in diesem Rahmen. Mit der Reformation war das päpstliche Deutungsmonopol gebrochen, mit weitreichenden Auswirkungen auf die deutsche Hochschullandschaft, die sich nun in katholische und protestantische Universitäten teilte.

Die ersten weltlichen Jubiläumsfeiern überhaupt finden wir an den protestantischen Universitäten, in Tübingen 1578 und Heidelberg 1587. Diese offiziellen Jahrhundertfeiern wurden von den protestantischen Professoren zu einer Reflexion des eigenen Selbstverständnisses und zu einer Kritik der katholischen Kirche genutzt. Die Vergegenwärtigung der eigenen Geschichte, verbunden mit einer Abgrenzung vom Katholizismus und dem Lob des jeweiligen Herrscherhauses, diente der religiösen und politischen Legitimation der Universität.

Dass die Universitäten sich selbst feierten und sich dafür das strukturierte Zeitraster des Heilige Jahres aneigneten, war etwas Neues. Damit wurde der Jubiläumszyklus aus dem religiös-kirchlichen Kontext gelöst und auf andere Institutionen und Gesellschaftsbereiche übertragen. Säkulare Jubiläumsfeiern wurden dann seit dem 17. Jahrhundert von anderen Institutionen, dem Staat und gesellschaftlichen Gruppen, allen voran dem städtischen Bürgertum, adaptiert und zur Identitätsstiftung und öffentlichen Selbstdarstellung genutzt. Im 19. Jahrhundert schließlich finden wir das Jubiläum nahezu in allen öffentlichen wie privaten Lebensbereichen: Jahrestage von Dichtern, Schlachten, Vereinsgründungen, aber auch Hochzeitstage oder Amtseinsetzungen wurden gefeiert, nicht mehr nur an ‚runden' Jahrestagen, sondern nun auch schon in Zehnerschritten.

Die Beschäftigung mit der Vergangenheit war für die bürgerliche Gesellschaft des 19. Jahrhunderts ein wichtiges Moment der kollektiven wie individuellen Identitätsstiftung. Die Revolutionierung staatlicher Ordnung mit der französischen Revolution, die fortschreitende Industrialisierung, Urbanisierung und Säkularisierung ließen alte Gewissheiten hinfällig werden. Über die Beschäftigung mit der Vergangenheit sollte die Gegenwart verstehbar gemacht und Orientierung für die Zukunft gewonnen werden. Auf dem Weg zur modernen Erinnerungskultur nahmen Universitäten als ‚Jubiläumsmultiplikatoren' eine Schlüsselrolle ein.

Universitätsjubiläen: Formationen und Ritualisierungen

Für die im 16./17. Jahrhundert noch ungewohnte Form des Erinnerns historischer Ereignisse musste erst eine Form gefunden werden. Bereits in den ersten Universitätsjubiläen entwickelten sich Elemente einer Jubiläumskultur, die sich bis heute tradierten. So gingen bereits in der Frühen Neuzeit Jubiläum und historischer Rückblick Hand in Hand. Bereits damals erschienen umfangreiche universitätsgeschichtliche Festschriften, die eigene, je zeittypische Traditionslinien konstruierten. Die Aneignung von Geschichte erfolgte aber nicht nur über Reden oder dickleibige Universitätsgeschichten, sondern ebenso über performative Geschichtsinszenierungen. In einer ‚Verewigungsstrategie' wurde der Eindruck einer lange zurückreichenden, quasi unveränderten Tradition erzeugt. Mittelalterliche Insignien wie das Universitätszepter wurden zur Schau gestellt, Professoren traten in dem im universitären Alltag nicht mehr üblichen Ornat auf, Studenten stellten im Festzug in historischer Kostümierung ‚lebende' Bilder aus der Universitätsgeschichte nach und es wurden mittelalterlich anmutende, verschnörkelte Glückwunschadressen überreicht. Die Ritualisierung überblendete den Wandel der Institution und suggerierte die Wiederkehr des ewig Gleichen.

Im Laufe des 19. Jahrhunderts verfestigte sich diese universitäre Jubiläumskultur. Ein Kanon der meist mehrtägigen Feierlichkeiten bildete sich heraus, angefangen mit dem Gedenkgottesdienst über Festansprachen, Empfang der Festdeputationen anderer Universitäten, Ehrenpromotionen, dem akademischen Festzug durch die Stadt, diversen Festdiners sowie Fackelzügen, Feuerwerk, Salutschüssen und Festcommers, d.h. großen Trinkveranstaltungen von Professoren, Studenten und geladenen Gästen. Die Universitätsjubiläen erhielten im 19. Jahrhundert Volksfestcharakter. Die Umzüge waren ein

Spektakel und brachten für den Moment des Festes die ansonsten abgeschottete Universität mit breiteren Bevölkerungskreisen in Kontakt. Einladungen ergingen an deutsche, europäische und außereuropäische Universitäten, selbstverständlich an das Herrscherhaus, an die regionale und nationale politische Elite und die Honoratioren der Stadt. Die Gästeliste symbolisierte die Einbindung der Universität in den Kreis der nationalen und internationalen Wissenschaft, ihre Verflechtung mit Stadt, Region, Nation und insbesondere mit dem Herrscherhaus.

Dabei wurden die Jubiläumsfeiern immer aufwändiger, wie die viertägigen Feierlichkeiten anlässlich der 500-Jahrfeier der Universität Leipzig 1909 veranschaulichen: Ein eigens errichtetes Festzelt mit einem Fassungsvermögen für ca. 9.000 Personen, ca. 800 geladene, auswärtige Gäste, eine Denkmalsenthüllung, die Prägung einer Gedenkmünze, ein Festzug, an dem sich ca. 2.500 Studenten mit ‚lebenden', historischen Bildern beteiligten, eine breite Presseberichterstattung bis in die illustrierten Journale, zahlreiche Fest- und Jubiläumsschriften – später zum Teil kostenlos in aller Welt und bis hin nach Tokio verbreitet – setzten neue Maßstäbe. Berlin als wichtigste Konkurrentin, die 1910 feiern sollte, und auch Breslau, das 1911 sein 100-jähriges-Jubiläum beging, versuchten für ihre Feiern Informationen über Organisation und Kosten des Leipziger Jubiläums zu erhalten. Die Universitäten standen in scharfem Wettbewerb, versuchten sie doch alle, die Jubiläen in der Konkurrenz um Studenten, Professoren, finanzielle Ressourcen und öffentliche Aufmerksamkeit zu nutzen.

Ein Universitätsjubiläum ist nie nur ein Universitätsjubiläum, ein Universitätsjubiläum, ein Universitätsjubiläum ...

Universitätsjubiläen waren in der Neuzeit immer auch Jubiläen der Stadt und insbesondere der fürstlichen bzw. staatlichen ‚Erhalter' der Hochschule. Mit ihnen wurden nie nur memoriale, sondern immer auch ökonomische und politische Ziele verfolgt. Entsprechend dienten den Regierenden im 19. Jahrhundert die Universitätsjubiläen zur Selbstdarstellung und zur Legitimation der monarchischen Herrschaftsform. Sie gerierten sich als uneigennützige Förderer der Kultur und nutzten die nationale und internationale Gästeschar, um für ihr Staatswesen und seine Leistungsfähigkeit, symbolisiert durch Universität und Wissenschaft, zu werben.

Universitätsjubiläen waren im 19. Jahrhundert nicht nur Werbeveranstaltungen für den jeweiligen Einzelstaat, also für Sachsen, Baden, Bayern oder Preußen, sondern auch für die Universität und die Stadt. Die Universität Erlangen überlegte 1793, ob sie nicht, wie zuvor Göttingen, abweichend von der sonstigen Gepflogenheit der Hundertjahrfeier, bereits ihr anstehendes 50-jähriges Jubiläum feiern sollte, bestehe doch der „vorzügliche Nutzen... in der grossen Anzahl der Studirenden, die sich bey dieser Gelegenheit einfinden". Entsprechend führten die Zeitgenossen den Frequenzzuwachs der Universitäten Leipzig und Berlin auf die großen Jubiläumsfeiern von 1909 und 1910 zurück. Bereits um 1900 finden wir an den Universitäten, etwa bei der Jenaer 350-Jahrfeier 1908, eine gezielte Pressearbeit, wobei die Festumzüge beliebte Fotostrecken lieferten, die sich später noch als Postkarten vermarkten ließen. Mehr Studenten bedeuteten höhere Einnahmen, nicht nur für die Universität wegen der Studiengebühren, sondern auch für die Stadt. Kleinere wie größere Universitätsstädte spekulierten auf den Werbeeffekt der Universitätsjubiläen, weshalb sie sich, wie auch die Unternehmen der Region, an den anfallenden Kosten beteiligten.

Zäsuren und Brüche im 20. Jahrhundert: exilierte, ‚unübliche' und gebrochene Jubiläen

Das Jubiläum bediente in seiner einheits- und orientierungsstiftenden Funktion das Bedürfnis nach einer harmonischen Feier und einer auf die Gegenwart bezogenen und in die Erinnerungskultur konsensual eingebetteten Universitätsgeschichte. Jubiläen überziehen die Vergangenheit mit einem ordnungsstiftenden Zeitraster, doch sind sie, angesichts des nicht-linearen, kontingenten Geschichtsverlaufs, letztlich zufällige Daten. Was passiert, wenn die Jubiläen in Krisenzeiten fallen? Blicken wir auf das 20. Jahrhundert, so zeigt sich eine große Variationsbreite: Jubiläen werden verhalten oder gebrochen gefeiert – die richtige Geschichte, die erzählt werden soll, ist angesichts der unsicheren Fluchtlinie noch nicht gefunden; Jubiläen können zu Protestveranstaltungen mutieren oder die eifrige Anpassung der Institution an das neue System vor Augen führen.

Der Übergang von der konstitutionellen Monarchie zur Republik nach 1918 wirkte sich auch auf die Universitätsjubiläen aus. Die abwehrende Haltung der in ihrer Mehrzahl konservativ-national gesinnten Professoren gegenüber der Republik zeigte sich beispielsweise im Münchener Jubiläum von 1922. Es wurde nicht nur wegen der wirtschaftlichen Not im kleinen Rahmen abgehalten, sondern auch, weil in den Augen des national-konservativen Rektors die Jubiläumsfeier nicht zur Legitimation der Republik dienen sollte. 1927, in der Phase der Konsolidierung der Republik und mit einem nun republikanischen Rektor, demonstrierte das Jubiläum dagegen die demokratische Gesinnung der Universität. München war im Feiern der Jubiläumsdaten übrigens recht flexibel, konnten doch das Jahr 1827, die Gründung der Universität durch die Zusammenlegung der alten Universitäten Ingolstadt (1472) und Landshut (1800), wie auch die jeweiligen Gründungsdaten der Vorläuferinstitutionen gefeiert werden. Diese Flexibilität nutzte der nationalsozialistische Führerrektor, um 1942 eine 470-Jahrfeier vorzubereiten, die die Kriegswichtigkeit der Universität unter Beweis stellen und ihre Schließung verhindern sollte.

Politische Systemwechsel wurden, meist mit einer gewissen Verzögerung und nach einer Phase des unsicheren Tastens, mit der Konstruktion einer neuen historischen Tradition beantwortet. Im ersten großen Universitätsjubiläum der Nachkriegszeit, der 500-Jahrfeier der Universität Freiburg 1957, beschworen die westdeutschen Universitäten die Traditionslinie der humanistischen, christlich-abendländischen Universität, die gegen die Barbarei der Diktaturen immunisieren sollte. Sie grenzten sich damit gegenüber dem Nationalsozialismus wie auch gegenüber der DDR ab.

Die ostdeutschen Universitäten standen nach 1945 in ihrer Jubiläumsgestaltung vor der Herausforderung, eine neue sozialistische Traditionslinie zu konstruieren, die gleichzeitig anschlussfähig an die hergebrachte akademische Kultur sein sollte. Diese Neuorientierung mündete in ‚gebrochene'

Jubiläen und eine anfängliche Unsicherheit in der historischen Traditionskonstruktion, musste diese doch mit der Geschichtspolitik der DDR in Übereinstimmung gebracht werden. So fand z.B. die Leipziger 550-Jahrfeier 1959 noch als ‚Jubiläum ohne Geschichte' statt.

Der Ost-West-Konflikt und die deutsche Teilung waren bestimmende Momente der Universitätsjubiläen in den 1950er- und 1960er-Jahren. Die Einladung zu Jubiläen im jeweils anderen deutschen Staat war ein Politikum ersten Ranges und wurde in den Außenministerien und von den Rektorenkonferenzen diskutiert. Der politische Systemkonflikt führte zu einem Streit um das wahre Erbe. Als Gegenveranstaltungen wurden Jubiläen im Exil geplant, etwa von ehemaligen Leipziger Professoren und Studenten in der BRD 1959. In Tübingen fand 1960 eine ‚exilierte' Gedenkfeier zur 150-jährigen Gründung der Friedrich-Wilhelms-Universität Berlin statt. In Berlin verstanden sich sowohl die 1948 gegründete FU als auch die 1949 nach den Gebrüdern Humboldt umbenannte Universität als wahre Nachfolger der 1810 gegründeten Institution. Beide feierten 1960 das 150-jährige Jubiläum und beanspruchten für sich, in der ‚wahren' Tradition Wilhelm von Humboldts zu stehen.

Mit den politischen Umbrüchen war zwar eine ideologische Anpassung verbunden, doch der aus dem 19. Jahrhundert übernommene Formenschatz der Jubiläen veränderte sich wenig. Erst in den 1960er-Jahren scheint sich eine Zäsur abzuzeichnen: In der DDR, indem nun eine sozialistische Traditionslinie gefunden war, die sich z.B. auch symbolisch in der Einbindung von Betrieben und Parteigruppierungen in die Festinszenierung zeigte. In der BRD gerieten die Universitätsfeiern jedoch in eine Krise. Sie wurden seit der Studentenbewegung gestört und in ihrer tradierten Form radikal infrage gestellt, galten sie doch als Symbol einer verkrusteten, undemokratischen und unzeitgemäßen Institution. Die Universitätsfestzüge verschwanden und mit ihnen nicht nur die Professoren im Talar, sondern auch die Studentenverbindungen in Farben und Wichs. Ihre offizielle Teilnahme an Universitätsfeiern wurde schon in den 1950er-Jahren heftig kritisiert bzw. verboten, nach 1968 erschien sie ganz unmöglich, standen die Verbindungen doch für eine reaktionäre Gesellschaftsordnung. Die westdeutschen Universitäten waren von den späten 1960er-Jahren bis zu den 1980er-Jahren durch eine eher zurückhaltende Feierkultur geprägt. Typisch wurden in der alten BRD die sogenannten ,Gegenfestschriften', meist von Studierenden und/oder MittelbauvertreterInnen herausgegeben. Sie wollten eine andere, kritische Universitätsgeschichte schreiben und die bislang ausgeblendete Zeit des Nationalsozialismus aufarbeiten - ein Unterfangen, das an vielen Universitäten wegen der zu befürchtenden Konflikte und der Proteste der Ehemaligen erst seit Ende der 1980er-Jahre möglich wurde.

Blickt man auf die im letzten Jahrzehnt veranstalteten Universitätsfeiern, so scheint sich ein neuer Konsens in der Jubiläumskultur herauszubilden: Die Jubiläen werden (wieder) groß gefeiert, sie werden (wieder und intensiver noch) als PR-Veranstaltungen und zur Erzeugung einer *corporate identity* genutzt. Dass die Universitätsgeschichte im Nationalsozialismus aufgearbeitet wird, dass in Gedenkplaketten an die vertriebenen, verfolgten und ermordeten Universitätsangehörigen erinnert wird, wurde zu einem zentralen Bestandteil der universitären Gedenkkultur, ebenso wie die Auseinandersetzung der ostdeutschen Universitäten mit den politischen Umbrüchen des 20. Jahrhunderts. Hier zeigt sich wieder die enge Verzahnung der universitären mit der kollektiven Erinnerungskultur.

Universitätsjubiläen haben nie nur eine erinnerungskulturelle Dimension, sondern dienen stets politischen und ökonomischen Interessen und bringen für den Moment Universität und Öffentlichkeit in einen engeren Kontakt. Universitätsjubiläen verlangen rituell nach einer Reflexion des Selbstverständnisses. Diese trägt zwar meist affirmativ-legitimatorische Züge, ermöglicht aber in der Auseinandersetzung mit der eigenen Geschichte bei aller Betriebsamkeit vielleicht doch ein kurzes Innehalten und ein Nachdenken über Aufgaben und Funktion von Universität und Wissenschaft.

Sylvia Paletschek, Dr., Professorin für Neuere und Neueste Geschichte, Albert-Ludwigs-Universität Freiburg i.Br.

Von Freiheit und Nutzen der Wissenschaft

Von Freiheit und Nutzen der Wissenschaft
NH2
H2N
1820
1830
1840
1850

Kontaktfelder
Studium im Staatsdienst
Fußball trifft Wissenschaft
und Technik

Von Freiheit und Nutzen der Wissenschaft

Wissenschaftliche Arbeit folgt nicht allein innerer Logik, sie wird auch durch das Umfeld bestimmt, in dem die Universität lebt. Es sind politische und ökonomische Interessen ebenso wie Akzeptanz oder Ablehnung innerhalb gesellschaftlicher Kreise, die Forschung und Lehre befördern oder beschränken.
Durch ihre Lage in Berlin – in 200 Jahren das Zentrum sechs verschiedener politischer Systeme – trat an der hiesigen Universität das Wechselspiel zwischen freier Wissenschaft und ihren politischen, finanziellen und gesellschaftlichen Bedingtheiten besonders deutlich zutage.
Hauptstadt-Universität zu sein, bedeutete zugleich aber auch, an einem inspirierenden Netzwerk potenter Wissenschaftseinrichtungen teilzuhaben, das eine Vielzahl bedeutender Forschungsleistungen begünstigt oder erst ermöglicht hat.

Zeit sprung

Quelle 1810: Erstes Vorlesungsverzeichnis der Universität von 1810/11

Quelle 2010: Hochschulstrukturplan der Humboldt-Universität zu Berlin vom Juni 2004 (Ausrichtung 2009)

- Theologische Fakultät
- Juristische Fakultät
- Medizinische Fakultät
- Philosophische Fakultät I bis IV
- Mathematisch-Naturwissenschaftliche Fakultät I und II
- Landwirtschaftlich-Gärtnerische Fakultät
- Wirtschaftswissenschaftliche Fakultät
- Zentralinstitut Großbritannien-Zentrum

Oktober 1810

Im Oktober 1810 begann an der neu eröffneten Berliner Universität der Vorlesungsbetrieb. Seinerzeit zählten die naturwissenschaftlichen Fächer noch zur Philosophischen Fakultät und Latein war eine gebräuchliche Wissenschaftssprache, in der auch Dissertationen verfasst und Prüfungen abgehalten wurden.

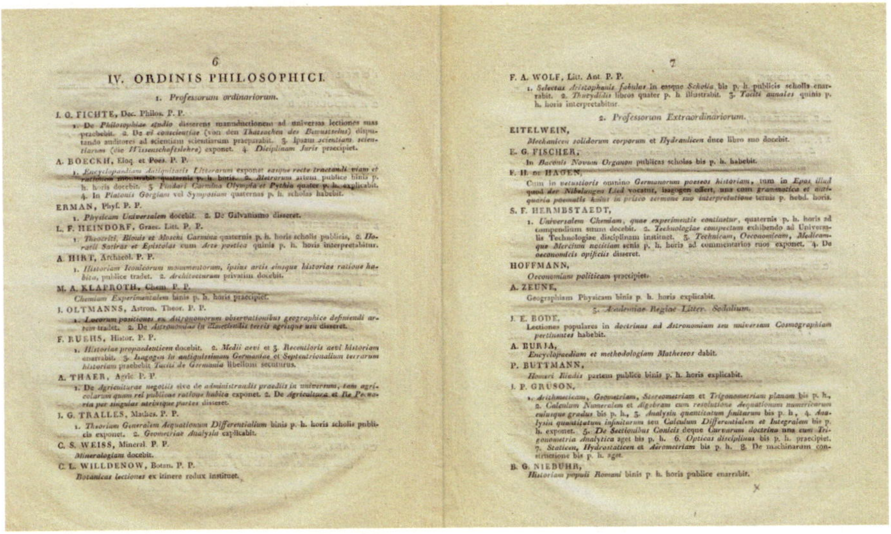

6

IV. ORDINIS PHILOSOPHICI.

1. *Professorum ordinariorum.*

I. G. FICHTE, Doc. Philos. P. P.
1. De *Philosophiae studio* disserens manuductionem ad universas lectiones suas praebebit. 2. De *vi conscientiae* (von den *Thatsachen des Bewusstseins*) disputando auditores ad scientiam scientiarum praeparabit. 3. Ipsam *scientiam scientiarum* (die *Wissenschaftslehre*) exponet. 4. *Disciplinam Juris* praecipiet.

A. BOECKH, Eloq. et Poes. P. P.
1. *Encyclopaediam Antiquitatis Litterarum* exponet *easque recte tractandi viam et rationem monstrabit* quaternis p. h. horis. 2. *Metrorum* artem publice binis p. h. horis docebit. 3. *Pindari Carmina Olympia et Pythia* quater p. h. explicabit. 4. In *Platonis Gorgiam* vel *Symposium* quaternas p. h. scholas habebit.

ERMAN, Phys. P. P.
1. *Physicam Universalem* docebit. 2. De Galvanismo disseret.

L. F. HEINDORF, Graec. Litt. P. P.
1. *Theocriti, Bionis et Moschi Carmina* quaternis p. h. horis scholis publicis, 2. *Horatii Satiras et Epistolas* cum *Arte poetica* quinis p. h. horis interpretabitur.

A. HIRT, Archaeol. P. P.
1. *Historiam Iconicorum monumentorum, ipsius artis eiusque historiae ratione habita,* publice tradet. 2. *Architecturam* privatim docebit.

M. A. KLAPROTH, Chem. P. P.
Chemiam Experimentalem binis p. h. horis praecipiet.

J. OLTMANNS, Astron. Theor. P. P.
1. *Locorum positiones ex Astronomorum observationibus geographice definiendi artem* tradet. 2. De *Astronomiae in dimetiendis terris agrisque usu* disseret.

F. RUEHS, Histor. P. P.
1. *Historiae propaedeuticen* docebit. 2. *Medii aevi* et 3. *Recentioris aevi historiam* enarrabit. 3. *Isagogen in antiquissimam Germaniae* et *Septentrionalium terrarum historiam* praebebit *Taciti de Germania* libellum secuturus.

A. THAER, Agric. P. P.
1. De *Agriculturae negotiis sive de administrandis praediis in universum, tam agricolarum quam rei publicae ratione habita* exponet. 2. De *Agricultura et Re Pecuaria per singulas utriusque partes* disseret.

J. G. TRALLES, Mathes. P. P.
1. *Theoriam Generalem Aequationum Differentialium* binis p. h. horis scholis publicis exponet. 2. *Geometriae Analysin* explicabit.

C. S. WEISS, Mineral. P. P.
Mineralogiam docebit.

C. L. WILLDENOW, Botan. P. P.
Botanicas lectiones ex itinere redux instituet.

7

F. A. WOLF, Litt. Ant. P. P.
1. *Selectas Aristophanis fabulas* in easque *Scholia* bis p. h. publicis scholis enarrabit. 2. *Thucydidis* libros quater p. h. illustrabit. 3. *Taciti annales* quinis p. h. horis interpretabitur.

2. *Professorum Extraordinariorum.*

EITELWEIN,
Mechanicen solidorum corporum et *Hydraulicen* duce libro suo docebit.

E. G. FISCHER,
In *Baconis Novum Organon* publicas scholas bis p. h. habebit.

F. H. DE HAGEN,
Cum in *vetustioris* omnino *Germanorum poeseos historiam*, tum in *Epos illud* quod *der Nibelungen Lied* vocatur, isagogen offert, una cum *grammatica et antiquaria poematis huius in prisco sermone suo interpretatione* ternis p. hebd. horis.

S. F. HERMBSTAEDT,
1. *Universalem Chemiam, quae experimentis continetur*, quaternis p. h. horis ad compendium suum docebit. 2. *Technologiae conspectum* exhibendo ad Universalis Technologiae disciplinam instituet. 3. *Technicam, Oeconomicam, Medicamque Mercium notitiam* senis p. h. horis ad commentarios suos exponet. 4. De *oeconomicis opificiis* disseret.

HOFFMANN,
Oeconomiam politicam praecipiet.

A. ZEUNE,
Geographiam Physicam binis p. h. horis explicabit.

3. *Academiae Regiae Litter. Sodalium.*

J. E. BODE,
Lectiones populares in *doctrinas ad Astronomiam seu universam Cosmographiam pertinentes* habebit.

A. BURJA,
Encyclopaediam et methodologiam Matheseos dabit.

P. BUTTMANN,
Homeri Iliadis partem publice binis p. h. horis explicabit.

J. P. GRUSON,
1. *Arithmeticam, Geometriam, Stereometriam* et *Trigonometriam planam* bis p. h., 2. *Calculum Numeralem* et *Algebram cum resolutione Aequationum numericarum cuiusque gradus* bis p. h., 3. *Analysin quantitatum finitarum* bis p. h., 4. *Analysin quantitatum infinitarum* seu *Calculum Differentialem et Integralem* bis p. h. exponet. 5. *De Sectionibus Conicis* deque *Curvarum doctrina una cum Trigonometria Analytica* aget bis p. h. 6. *Opticas disciplinas* bis p. h. praecipiet. 7. *Staticen, Hydrostaticen* et *Aërometriam* bis p. h. 8. De machinarum constructione bis p. h. aget.

B. G. NIEBUHR,
Historiam populi Romani binis p. h. horis publice enarrabit.

Erstes Vorlesungsverzeichnis vom Oktober 1810

© Humboldt-Universität, Universitätsarchiv

1818

1818 erhielt die Berliner Universität ihr erstes eigenes Klinikumgebäude in der Ziegelstraße – zuvor war man behelfsweise in Mietwohnungen ausgewichen. Die Berliner Charité war für den medizinischen Lehrbetrieb der Universität zu groß erschienen. Auch wenn sich zwischen Charité und Medizinischer Fakultät immer häufiger räumliche und personelle Überschneidungen ergaben, blieben die beiden Einrichtungen noch über 100 Jahre lang formal getrennt.

Die Königliche Bibliothek am Opernplatz (heute: August-Bebel-Platz), 1856

© Humboldt-Universität, Universitätsarchiv

21. Februar 1831

Anfangs hatten die Studenten die Königliche Bibliothek genutzt, die den Anforderungen des wachsenden Lehrbetriebs jedoch schon bald nicht mehr genügte. Am 21. Februar 1831 erhielt die Universität per Kabinettsorder Friedrich Wilhelms III. eine eigene Bibliothek. Räumlich und verwaltungstechnisch blieb diese noch lange mit der Königlichen Bibliothek verbunden.

1842

Zwar verfügte die Universität von Anfang an über zahlreiche Sammlungen, Laboratorien fehlten in den ersten Jahrzehnten jedoch ganz. Der Professor für Physik und Technologie Heinrich Gustav Magnus (1802–1870) richtete 1842 in seinem Privathaus kurzerhand ein physikalisches Laboratorium ein, in dem er forschte und das auch seinen Studenten offen stand.

Das Magnus-Haus am Kupfergraben, 1868

© Humboldt-Universität, Universitätsarchiv

1856

Rudolf Virchow (1821–1902), der eine moderne, naturwissenschaftlich fundierte Medizin vertrat, kehrte 1856 aus Würzburg nach Berlin zurück. Als Professor für Pathologische Anatomie und Allgemeine Pathologie an der Universität einerseits und Leiter des eigens für ihn errichteten Pathologischen Instituts an der Charité andererseits führte er die theoretische und die praktische Pathologie in Berlin erstmals zusammen.

1871

„Von Helmholtz braucht hier nur gesagt zu werden, daß er [...] von physiologischen Untersuchungen ausgehend, fast alle Gebiete experimenteller Naturforschung betreten hat, überall in die Tiefe gehend und überraschende Erfolge gewinnend ..." warb die Philosophische Fakultät 1870 gegenüber dem *Preußischen Kultusministerium* für eine Berufung des vielseitigen Physiologen und Physikers. Im Jahr darauf kam Helmholtz als Professor für experimentelle Physik tatsächlich nach Berlin.

Hermann L. F. von Helmholtz (1821–1894)

© Humboldt-Universität, Universitätsbibliothek, Porträtsammlung

2. Dezember 1889

Am 2. Dezember 1889 feierte das damals noch vor den Toren der Stadt gelegene Museum für Naturkunde seine Eröffnung. Der Neubau war notwendig geworden, weil die reichhaltigen naturwissenschaftlichen Sammlungen der Universität die vorhandenen Räumlichkeiten zunehmend blockierten. Die zoologische Sammlung, Teile der anatomisch-zootomischen Sammlung und die mineralogische Sammlung erhielten ein neues Domizil. Auch das Institut für Zoologie war nun direkt im Museum untergebracht.

Trockenpräparat eines Giebels aus der Sammlung von M. E. Bloch, 1782

© Humboldt-Universität / Museum für Naturkunde, Foto: Tobias Buddensieg, Berlin

Friedrich Althoff (1839–1908)

Um 1900

Als Ministerialdirektor im *Preußischen Ministerium der geistlichen, Unterrichts- und Medizinalangelegenheiten* gestaltete Friedrich Althoff um 1900 die universitären Belange offensiv mit. Eine Internationalisierung der Berliner Wissenschaft erreichte er durch die Gründung der *Internationalen Monatsschrift für Wissenschaft, Kunst und Technik* oder die Förderung des Austauschs von Professoren, vor allem mit den USA.

Jacobus Henricus van't Hoff (1852–1911)

1901

Bereits im ersten Jahr seiner Vergabe – 1901 – ging einer von fünf Nobelpreisen an die Berliner Universität. Der Honorarprofessor für Chemie van't Hoff erhielt die hohe wissenschaftliche Auszeichnung für seine Entdeckung der Gesetze des chemischen Gleichgewichts und des osmotischen Drucks in Lösungen. Es war der Beginn einer Erfolgsserie, in der noch häufiger mit der Universität verbundene Forscher zu Nobelpreisträgern werden sollten.

11. Januar 1911

Am 11. Januar 1911 war die *Kaiser-Wilhelm-Gesellschaft* (*KWG*, heute: *Max-Planck-Gesellschaft*) *zur Förderung von Wissenschaft und Forschung* gegründet worden. Hauptsächlich naturwissenschaftliche Forschung sollte an ihren extrauniversitären Instituten betrieben werden. Im *KWI für Chemie* und im *KWI für physikalische Chemie und Elektrochemie* konnte bereits im Herbst 1912 damit begonnen werden. Mit der Universität gab es von Anfang an einen regen wissenschaftlichen Austausch.

Kaiser Wilhelm II. und Adolf von Harnack (rechts außen) nach der Eröffnung der ersten beiden Kaiser-Wilhelm-Institute (KWI) am 23. Oktober 1912

Weimarer Republik

Theologische Fakultät
Juristische Fakultät
Medizinische Fakultät
Philosophische Fakultät

1920er-Jahre

Wie viele vor ihnen formten auch Kulturpolitiker der Weimarer Republik das wissenschaftliche Profil der Hochschule mit. Seit Beginn der 1920er-Jahre trat Carl Heinrich Becker – ab 1925 als amtierender Kultusminister – einer zunehmenden Spezialisierung der Fachbereiche durch die Stärkung integrativer Forschung, z.B. in der Soziologie oder der Politikwissenschaft entgegen. Den Erfordernissen seiner Zeit begegnete er mit der Förderung von Auslandsstudien oder der Errichtung eines Lehrstuhls für Sozialhygiene.

Carl Heinrich Becker (1876–1933)

© Humboldt-Universität, Universitätsbibliothek, Porträtsammlung

Um 1925

Mitte der 1920er-Jahre waren die am Ende des Ersten Weltkriegs einsetzenden Restriktionen überwunden. Jetzt entwickelte sich ein lebendiger internationaler Wissenschaftleraustausch, vor allem mit den USA, aber auch mit Forschungseinrichtungen der Sowjetunion.

7. April 1933

Von der Machtergreifung der Nationalsozialisten war auch die Universität deutlich spürbar betroffen. Infolge des Gesetzes zur Wiederherstellung des Berufsbeamtentums vom 7. April 1933 verloren mehr als 250 Lehrende und Angestellte ihre Lehrbefugnis oder Anstellung, weil sie Juden oder politisch unerwünscht waren. Die Universität verlor auf diese Weise – weitestgehend ohne vernehmbaren Widerstand – viele ihrer besten Wissenschaftlerinnen und Wissenschaftler.

Die Villa in der Tiergartenstraße 4 – Zentrale der „Aktion T4“

© Charité – Universitätsmedizin Berlin, Institut für Geschichte der Medizin, Bildarchiv

1939–1941

Max de Crinis zählte zu den Hochschullehrern, die den nationalsozialistischen Terror gezielt unterstützten. Der Professor für Neurologie und Psychiatrie war zwischen 1939 und 1941 maßgeblich an der „Aktion T4“ beteiligt – der organisierten Ermordung von mehr als 70.000 behinderten oder psychisch kranken Menschen.
Die Mehrzahl der Professoren unterstützte die NS-Verbrechen indirekt, indem sie die herrschende Ideologie auf Gebieten wie der Rassenhygiene, der politischen Pädagogik oder der Raumplanung wissenschaftlich zu untermauern versuchte.

Max de Crinis (1889–1945)

© Charité – Universitätsmedizin Berlin, Institut für Geschichte der Medizin, Bildarchiv

SBZ / DDR

Theologische Fakultät
Juristische Fakultät
Medizinische Fakultät
Philosophische Fakultät
Naturwissenschaftliche Fakultät
Landwirtschaftlich-Gärtnerische Fakultät
Forstwissenschaftliche Fakultät
Veterinärmedizinische Fakultät
Wirtschaftswissenschaftliche Fakultät
Pädagogische Fakultät
Arbeiter- und Bauern-Fakultät
(zuvor: Vorstudienanstalt)

1946

Die Hochschullehrerschaft der 1946 wiedereröffneten Universität war heterogen. Unbelastete ehemalige Professoren stellten die kleinste Gruppe, in der Mehrzahl waren neu rekrutierte und rasch qualifizierte, politisch zuverlässige junge Gelehrte. Hinzu kamen Rückkehrer aus der Emigration, auch aus westlichen Staaten. Hierzu zählten der bis 1990 DDR-weit einflussreiche Wirtschaftswissenschaftler Jürgen Kuczynsky oder der überaus wirksame Historiker Alfred Meusel.

Jürgen Kuczynski (1904–1997)

Alfred Meusel (1896–1960)

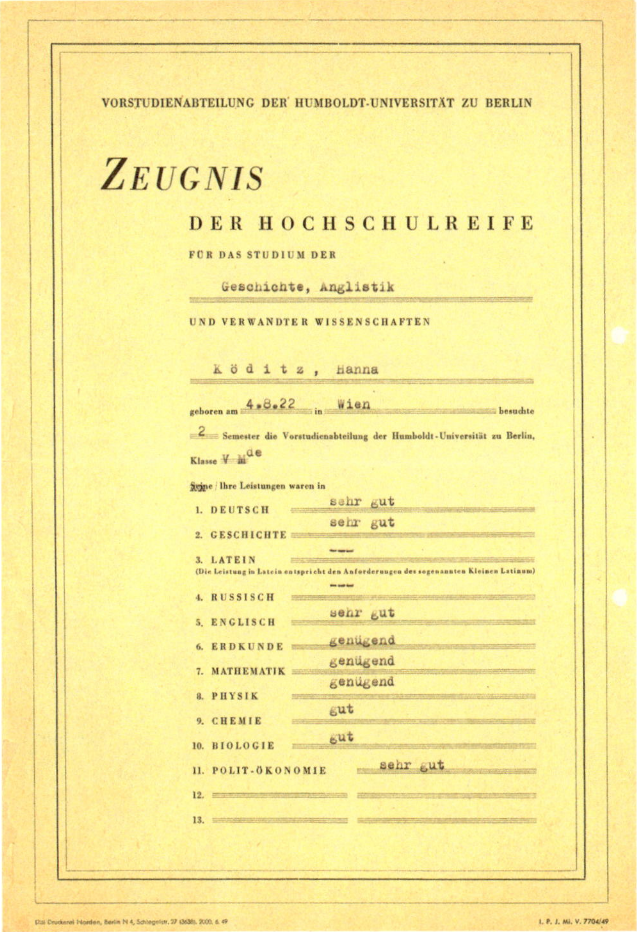

VORSTUDIENABTEILUNG DER HUMBOLDT-UNIVERSITÄT ZU BERLIN

ZEUGNIS

DER HOCHSCHULREIFE

FÜR DAS STUDIUM DER

Geschichte, Anglistik

UND VERWANDTER WISSENSCHAFTEN

K ö d i t z , Hanna

geboren am 4.8.22 in Wien besuchte

2 Semester die Vorstudienabteilung der Humboldt-Universität zu Berlin,

Klasse V de

Seine / Ihre Leistungen waren in

1. DEUTSCH	sehr gut
2. GESCHICHTE	sehr gut
3. LATEIN (Die Leistung in Latein entspricht den Anforderungen des sogenannten Kleinen Latinum)	---
4. RUSSISCH	---
5. ENGLISCH	sehr gut
6. ERDKUNDE	genügend
7. MATHEMATIK	genügend
8. PHYSIK	genügend
9. CHEMIE	gut
10. BIOLOGIE	gut
11. POLIT-ÖKONOMIE	sehr gut
12.	
13.	

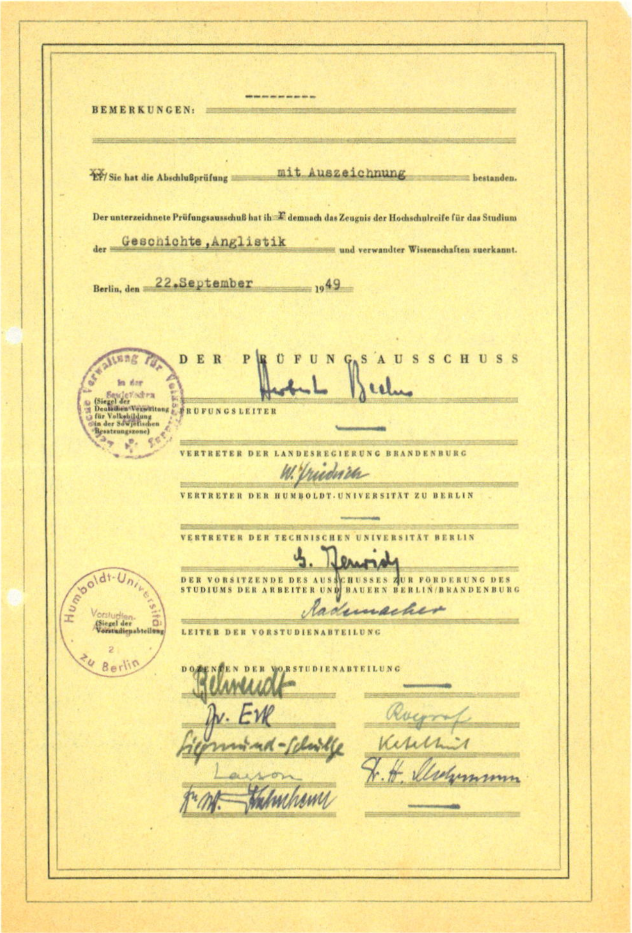

BEMERKUNGEN: ---------

Sie hat die Abschlußprüfung mit Auszeichnung bestanden.

Der unterzeichnete Prüfungsausschuß hat ihr demnach das Zeugnis der Hochschulreife für das Studium der Geschichte, Anglistik und verwandter Wissenschaften zuerkannt.

Berlin, den 22.September 1949

DER PRÜFUNGSAUSSCHUSS

(Siegel der Deutschen Verwaltung für Volksbildung in der Sowjetischen Besatzungszone)

PRÜFUNGSLEITER

VERTRETER DER LANDESREGIERUNG BRANDENBURG

VERTRETER DER HUMBOLDT-UNIVERSITÄT ZU BERLIN

VERTRETER DER TECHNISCHEN UNIVERSITÄT BERLIN

DER VORSITZENDE DES AUSSCHUSSES ZUR FÖRDERUNG DES STUDIUMS DER ARBEITER UND BAUERN BERLIN/BRANDENBURG

(Siegel der Vorstudienabteilung)

LEITER DER VORSTUDIENABTEILUNG

DOZENTEN DER VORSTUDIENABTEILUNG

An der Vorstudienanstalt der Humboldt-Universität erworbenes Abschlusszeugnis, 1949

1946–1961

Zwischen 1946 und 1961 bot die Universität Verfolgten des NS-Regimes und Angehörigen bildungsferner Schichten die Möglichkeit, die Hochschulreife zu erwerben, um danach zu studieren. Zu diesem Zweck entstand 1946 die Vorstudienanstalt, die drei Jahre später als Arbeiter- und Bauernfakultät in die universitäre Fakultätsstruktur eingegliedert wurde.

1951

1951 erfolgte nach einem langen Prozess des Zusammenwachsens schließlich auch die offizielle Vereinigung von Universitätsklinikum und Charité zur Medizinischen Fakultät (Charité) der Humboldt-Universität.

Späte 1950er-Jahre

Um die internationale Isolierung zu überwinden, knüpfte die Universität gezielt wissenschaftliche Kontakte mit den Universitäten Osteuropas. Daraus resultierende Kooperationsverträge schloss sie in den späten 1950er-Jahren mit den Universitäten in Moskau, Prag und Warschau.

2. Januar 1964

Am 2. Januar 1964 entstand am II. Mathematischen Institut das Rechenzentrum der Universität. Im Jahr darauf erhielt es den ersten industriell hergestellten Rechner der DDR – den ZRA 1. Ab 1973 agierte es unter dem Namen „Organisations- und Rechenzentrum“ als eigenständige Institution.

Ab 1951

Die zweite Hochschulreform brachte den Studierenden ab 1951 neben dem zehnmonatigen Studienjahr auch manche Pflichtveranstaltung ein. Dazu zählten der Unterricht in den Grundlagen des Marxismus-Leninismus, der Sportunterricht sowie Russisch als erste Fremdsprache.

Lesesaal der Sektion Marxismus-Leninismus, 1970
© Bundesarchiv, Bild 183-J0305-0301-001 / Fotograf: Horst Sturm

Ab 1967

1967 begann mit der dritten Hochschulreform die weitgehende Auflösung der Fakultäten-Struktur und die Bildung einer Vielzahl von Sektionen. Diese sollten in Forschung und Lehre eng mit den regionalen Betrieben kooperieren, um die Effizienz der Hochschule zu steigern und wirtschaftliche Prozesse planbarer zu machen. Neue Studienpläne orientierten die Ausbildung der Studierenden stärker am gesellschaftlichen Bedarf, der Marxismus-Leninismus-Unterricht blieb als Pflichtinhalt bestehen.

Medizinische Fakultät
Mathematisch-Naturwissenschaftliche Fakultät
Agrarwissenschaftliche Fakultät
Gesellschaftswissenschaftliche Fakultät
Sektion Marxismus-Leninismus
Sektion Marxistisch-Leninistische Philosophie
Sektion Wirtschaftswissenschaften
Sektion Wissenschaftstheorie und Wissenschaftsorganisation

Sektion Geschichte
Sektion Asienwissenschaften
Sektion Ästhetik / Kunstwissenschaften
Sektion Rechtswissenschaft
Sektion Kriminalistik
Sektion Psychologie
Sektion Pädagogik
Sektion Rehabilitationspädagogik und Kommunikationswissenschaft
Sektion Germanistik
Sektion Anglistik / Amerikanistik
Sektion Slawistik
Sektion Romanistik
Sektion Fremdsprachen
Sektion Sportwissenschaft
Sektion Mathematik
Sektion Physik
Sektion Elektronik
Sektion Chemie
Sektion Biologie
Sektion Nahrungsgüterwirtschaft / Lebensmitteltechnologie
Sektion Gartenbau
Sektion Pflanzenproduktion
Sektion Tierproduktion / Veterinärmedizin
Sektion Geografie
Sektion Theologie
Sektion Stomatologie

1980er-Jahre

Die Universität hatte ihre internationale wissenschaftliche Vernetzung zu Beginn der 1980er-Jahre stark ausgebaut. Kooperationsverträge existierten mit über 50 ausländischen Hochschuleinrichtungen, auch in den westlichen Ländern. Die Anzahl der Studierenden aus dem Ausland – insbesondere aus Asien, Afrika und Südamerika – stieg ebenfalls stetig an.

Um 1985

Seit Mitte der 1980er-Jahre wird in der Universität der Ruf nach Erneuerung vernehmbar. Es ist der Versuch einer Erneuerung von innen, mit der Durchsetzung wissenschaftlicher Standards und einer wirklich akademischen, freien Lehre – im Geiste eines „demokratischen Sozialismus" und zugleich in der Tradition Humboldts. Der Versuch scheitert – an seinen inneren Problemen, am politischen Kontext, aber auch an der fehlenden Basis in der Universität.

Ab 1989

Die Wende katapultierte die Humboldt-Universität ab 1989 in einen turbulenten, hin und wieder schmerzhaften Umbruchprozess. Neben internen personellen und strukturellen Veränderungen galt es, das Studienangebot mit den drei weiteren Hauptstadt-Universitäten zu koordinieren. Fächer, Institute oder ganze Fakultäten gingen verloren, andere dagegen entstanden neu. Aus einer 1990 gebildeten Fachbereichsstruktur ging drei Jahre später das heutige System mit elf Fakultäten hervor.

BRD

Theologische Fakultät
Juristische Fakultät
Charité – Universitätsmedizin Berlin (seit 2003 gemeinsame Medizinische Fakultät von Humboldt-Universität und Freier Universität)
Philosophische Fakultät I
Philosophische Fakultät II
Philosophische Fakultät III
Philosophische Fakultät IV
Mathematisch-Naturwissenschaftliche Fakultät I
Mathematisch-Naturwissenschaftliche Fakultät II
Landwirtschaftlich-Gärtnerische Fakultät
Wirtschaftswissenschaftliche Fakultät

1996–2003

Die Informatiker machten 1996 den Anfang. Bis 2003 zogen auch die anderen naturwissenschaftlichen Institute – mit Ausnahme der Biologie – auf den Campus Adlershof im Süden Berlins. Hier bilden sie – inmitten von elf außeruniversitären Forschungseinrichtungen und etwa 400 wissenschaftsnahen Unternehmen – das pulsierende Zentrum der „Stadt für Wissenschaft, Wirtschaft und Medien".

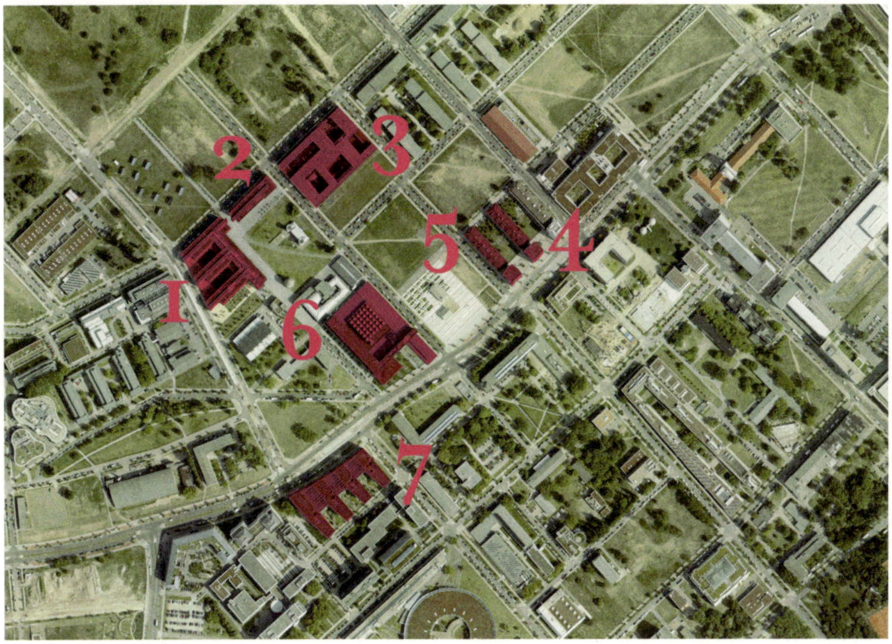

1 Institut für Chemie
2 Lehrraumgebäude Chemie / Physik
3 Institut für Physik
4 Geografisches Institut
5 Institut für Psychologie
6 Erwin-Schrödinger-Zentrum (Bibliothek)
7 Institute für Informatik und Mathematik

Luftbild Adlershof, 2009 (modifiziert)

Ab 2005

An der 2005 von Bund und Ländern ins Leben gerufenen Exzellenzinitiative hat die Humboldt-Universität mit sichtbarem Erfolg teilgenommen. Vier Graduiertenschulen (die Promovierenden eine Promotion innerhalb strukturierter Programme ermöglichen) und drei Exzellenzcluster (in denen Wissenschaftlerinnen und Wissenschaftler interdisziplinär zusammenarbeiten), die teilweise gemeinsam mit der *Freien* und der *Technischen Universität* eingereicht wurden, sind erfolgreich daraus hervorgegangen.

2009

2009 öffnete das Jacob-und-Wilhelm-Grimm-Zentrum – die neue zentrale Universitätsbibliothek – für Lehrende, Studierende und interessierte Besucher seine Pforten.

Exzellenzcluster und Graduiertenschulen an der Humboldt-Universität zu Berlin (Stand 2010)

Eindrucksvolle Entdeckungen und willensstarke Wegbereiter

In 200 Jahren wurde an der ersten Berliner Universität in vielen Disziplinen Bemerkenswertes geleistet. Manches erfuhr die Wertschätzung des eigenen Fachgebietes, anderes erregte Aufsehen über die disziplinären oder gar akademischen Grenzen hinaus. Meist waren es einzelne Forscherpersönlichkeiten, die durch die Zeiten hindurch ins Licht der Öffentlichkeit traten, sei es, dass ihre Erkenntnisse das Fach revolutionierten oder überhaupt erst etablieren halfen. Herausragende Leistungen finden sich gleichermaßen in den Geistes- wie in den Naturwissenschaften. Sie begründeten und begründen noch heute den guten Ruf der ältesten Alma Mater Berolinensis.

Die Geschichtsschreibung auf neue Füße stellen

Was heute allgemeine Gültigkeit besitzt, nämlich die historiografische Forschung auf die Analyse von Quellen zu gründen, nahm vor 200 Jahren an der Berliner Universität mit Barthold Georg Niebuhr seinen Anfang. „Die freye und immer rege Prüfung die allen Wissenschaften allein das Leben erhalten kann, darf der Geschichte nicht fehlen“, formulierte der Begründer der „quellenkritischen Methode“ 1812, nachdem er an der Zuverlässigkeit der antiken Schriftsteller zu zweifeln begann.

Niebuhr wandte seine Methode auf die ältere römische Geschichte an. Einschlägige Vorlesungen hielt er an der Universität nicht als berufener Ordinarius, sondern als „lesendes Mitglied“ der *Königlich Preußischen Akademie der Wissenschaften*. Hieraus entstanden die ersten beiden Bände seiner berühmten *Römischen Geschichte*. Auch wenn ihn sein Quellenstudium nicht selten zu Fehlschlüssen verleitete, die nachfolgende Historiker zu berichtigen wussten, ist es ihm zweifellos gelungen, die Geschichtsschreibung zu revolutionieren und in der Geschichtswissenschaft Schule zu machen.

Barthold Georg Niebuhr (1776–1831)

Stich von L. Sichling nach einer Vorlage von C. Schnorr | © Humboldt-Universität, Universitätsbibliothek, Porträtsammlung

Niebuhr wechselte zwischen akademischen und politischen Funktionen, er war Gelehrter und Staatsmann zugleich. 1816 verließ er Berlin und ging als preußischer Gesandter nach Rom.

„Italien nach den Staaten um das Jahr Roms 417“

Aus: B. G. Niebuhr: Römische Geschichte, Teil 2, Berlin 1812. © Humboldt-Universität, Universitätsbibliothek, Zweigbibliothek Klassische Archäologie

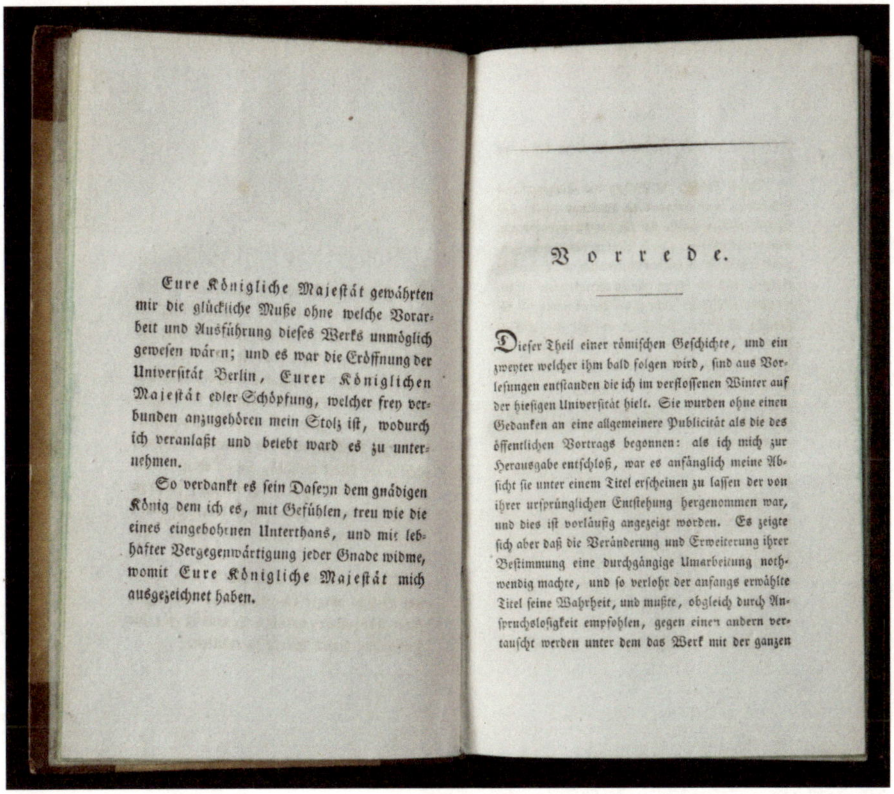

Eure Königliche Majestät gewährten mir die glückliche Muße ohne welche Vorarbeit und Ausführung dieses Werks unmöglich gewesen wären; und es war die Eröffnung der Universität Berlin, Eurer Königlichen Majestät edler Schöpfung, welcher frey verbunden anzugehören mein Stolz ist, wodurch ich veranlaßt und belebt ward es zu unternehmen.

So verdankt es sein Daseyn dem gnädigen König dem ich es, mit Gefühlen, treu wie die eines eingebohrnen Unterthans, und mit lebhafter Vergegenwärtigung jeder Gnade widme, womit Eure Königliche Majestät mich ausgezeichnet haben.

Vorrede.

Dieser Theil einer römischen Geschichte, und ein zweyter welcher ihm bald folgen wird, sind aus Vorlesungen entstanden die ich im verflossenen Winter auf der hiesigen Universität hielt. Sie wurden ohne einen Gedanken an eine allgemeinere Publicität als die des öffentlichen Vortrags begonnen: als ich mich zur Herausgabe entschloß, war es anfänglich meine Absicht sie unter einem Titel erscheinen zu lassen der von ihrer ursprünglichen Entstehung hergenommen war, und dies ist vorläufig angezeigt worden. Es zeigte sich aber daß die Veränderung und Erweiterung ihrer Bestimmung eine durchgängige Umarbeitung nothwendig machte, und so verlohr der anfangs erwählte Titel seine Wahrheit, und mußte, obgleich durch Anspruchslosigkeit empfohlen, gegen einen andern vertauscht werden unter dem das Werk mit der ganzen

B. G. Niebuhr: Römische Geschichte, Teil 1 und 2, Realschulbuchhandlung, Berlin 1811–1812

Humboldt-Universität, Universitätsbibliothek, Zweigbibliothek Klassische Archäologie

„Dieser Theil einer römischen Geschichte, und ein zweyter welcher ihm bald folgen wird, sind aus Vorlesungen entstanden die ich im verflossenen Winter auf der hiesigen Universität hielt", schrieb Niebuhr 1811 in seiner Vorrede zum ersten Band seiner Römischen Geschichte. Ein dritter Band erschien posthum 1832.

„… die Historiker alle ohne Ausnahme, soweit sie des Namens werth sind, [sind] die Schüler Niebuhr's …"

Theodor Mommsen

Friedrich Carl von Savigny (1779–1861)

Lithografie von Ludwig Emil Grimm, 1815

Die Inkarnation der Historischen Rechtsschule

Seit 1810 Professor für römisches Recht an der Berliner Universität nahm Friedrich Carl von Savigny 32 Jahre lang machtbewusst Einfluss auf die Geschicke der Juristischen Fakultät – und weit darüber hinaus.

Savigny ging davon aus, dass das Recht kein willkürlich festgelegtes Regelsystem ist, sondern sich aus dem Zusammenleben einer Kultur allmählich herausbildet und somit historisch aus dem „Volksgeist" verstanden werden muss. Diese wissenschaftliche Arbeit war ihm vorrangig gegenüber den Bestrebungen seiner Zeit nach der Schaffung eines nationalen bürgerlichen Gesetzbuches. Gemeinsam mit Karl Friedrich Eichhorn, dem Professor für germanisches Recht an der Berliner Universität, begründete Savigny die Historische Rechtsschule – ihr System und ihre Methode –, in der bald die Orientierung am römischen Recht dominierte. Seine auf die römischen Rechtsquellen zentrierte Lehre war für ihn auch der Schlüssel für das Verständnis des deutschen Rechts. Sie erschien manchem seiner Kritiker zu limitiert, ihrer Wirkung tat dies hingegen keinen Abbruch.

1842 beendete Savigny seine akademische Karriere und trat als Minister für Gesetzgebung in den preußischen Staatsdienst ein.

F. C. von Savigny: Geschichte des römischen Rechts im Mittelalter, 2. Ausg., Bd. 1-7, Mohr, Heidelberg 1834-1851

Humboldt-Universität, Universitätsbibliothek

In seinem umfassenden Werk beschrieb Savigny die Tradition des römischen Rechts. Er begann seine Analyse im 5. Jahrhundert – mit der Sammlung der römischen Rechtstexte im *Corpus Iuris Civilis* – und ließ sie in der frühen Neuzeit enden.

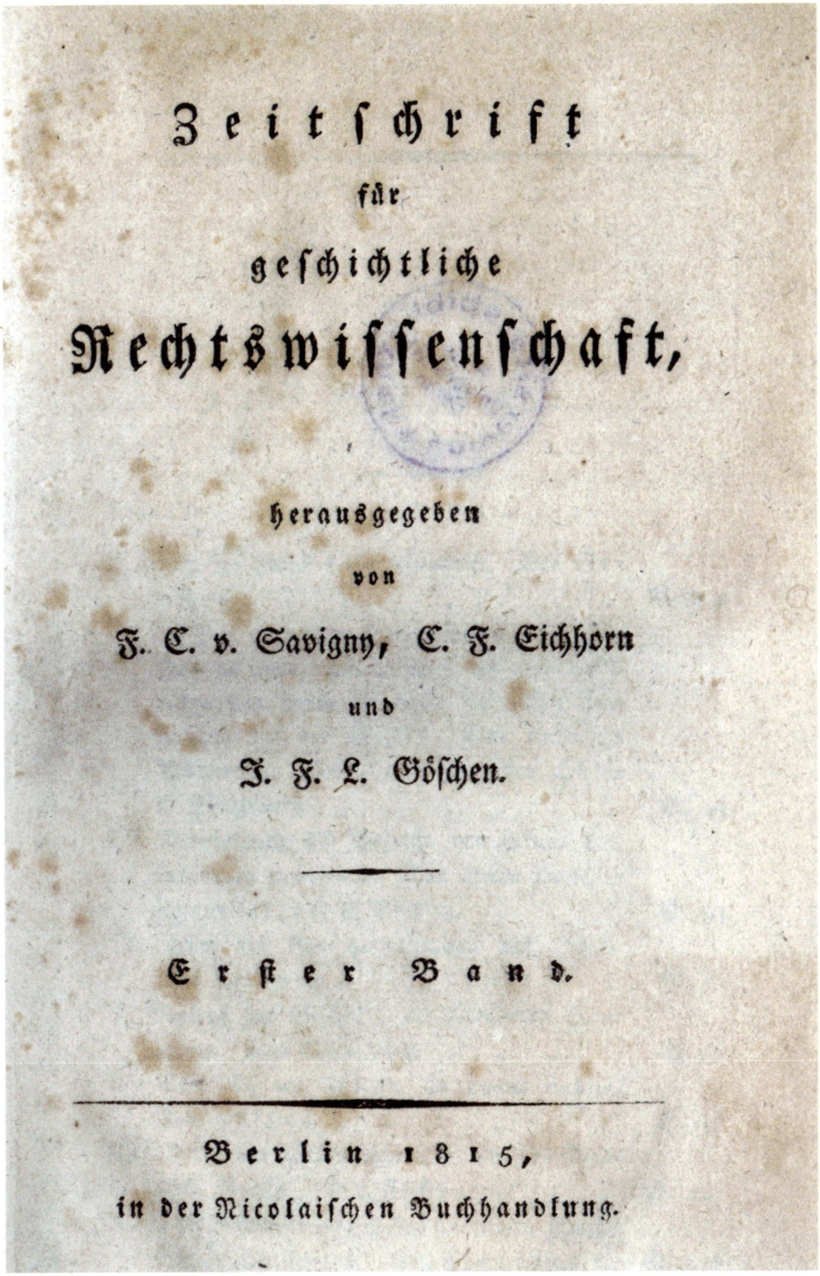

Zeitschrift

für

geschichtliche

Rechtswissenschaft,

herausgegeben

von

F. C. v. Savigny, C. F. Eichhorn

und

J. F. L. Göschen.

Erster Band.

Berlin 1815,

in der Nicolaischen Buchhandlung.

Zeitschrift für geschichtliche Rechtswissenschaft, Band 1, Nicolaische Buchhandlung, Berlin 1815

Die von Savigny mit seinen Fakultätskollegen, dem Professor für germanisches Recht Karl Friedrich Eichhorn und dem Romanisten Johann Friedrich Göschen, 1815 gegründete Zeitschrift verhalf den Positionen der Historischen Rechtsschule zu weiter Verbreitung.

August Boeckh (1785–1867)

Boeckh war ein liberaler Geist, stets nahm er die Freiheit der Wissenschaft gegen staatliche Bevormundung in Schutz. An der Universität genoss er hohes Ansehen, sechsmal war er Dekan der Philosophischen Fakultät, fünfmal wurde er zum Rektor gewählt.

Weit über Beredsamkeit und Poesie hinaus

„... daß ich nirgends lieber zu leben und in der akademischen Laufbahn zu wirken wünsche, als in Berlin ...“ beantwortete der 25-jährige August Boeckh im September 1810 sein Berufungsschreiben zum Professor für Philologie. Tatsächlich sollte der bedeutende Sprach- und Literaturwissenschaftler die Entwicklung der klassischen Altertumswissenschaft an der Berliner Universität über 50 Jahre lang prägen.

Schon 1812 begründete er hier ein Novum, das philologische Seminar, in dem Studenten in kleinen Gruppen über die Texte antiker Autoren debattieren sollten. Als prominenter Vertreter der „Sachphilologie“ galt sein Interesse nicht allein der antiken Literatur, sondern der gesamten Lebenswelt der Antike. Folgerichtig begründete er an der *Preußischen Akademie der Wissenschaften* die Arbeit an einem Corpus der griechischen Inschriften – als notwendige Quellengrundlage – und publizierte Werke wie *Die Staatshaushaltung der Athener*.

In seinem Nebenamt als Professor der Beredsamkeit und Poesie war er jahrzehntelang als Festredner bei offiziellen Feierlichkeiten der Universität zu hören – bis 1847 auf Lateinisch.

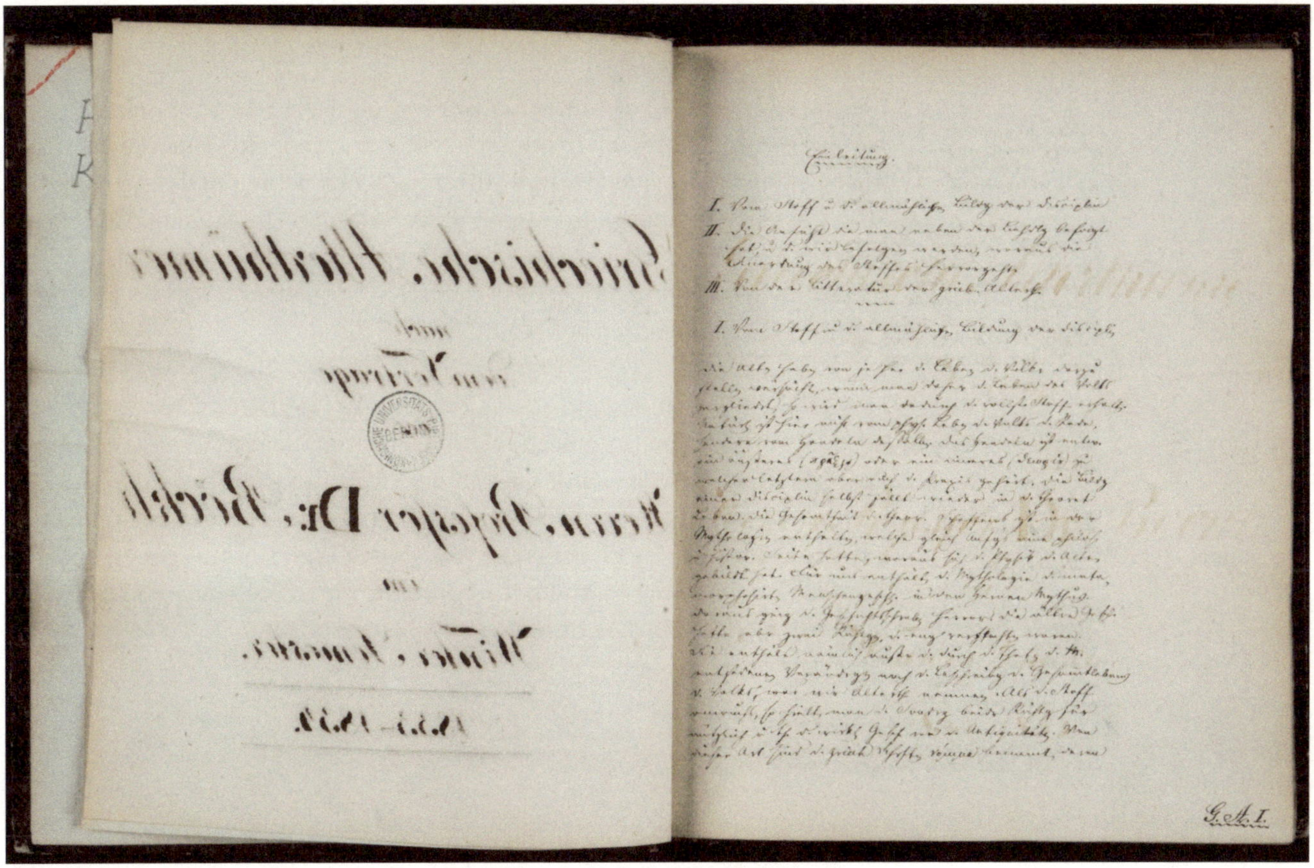

„Griechische Alterthümer nach dem Vortrage des Herrn Professor Dr. Böckh im Wintersemester 1833–1834", nachgeschrieben von Heinrich Jahncke, 1834

Humboldt-Universität, Universitätsbibliothek, Historische Sammlungen

Zwischen 1811 und 1867 hatte Boeckh unzählige Vorlesungen gehalten. Einige der studentischen Mitschriften haben sich in den Historischen Sammlungen der Universitätsbibliothek erhalten.

Triumvirat der Mathematik

Gleich zwei bedeutende Mathematiker kamen 1855 in die Stadt. Ernst Kummer wurde Professor an der Universität und Leopold Kronecker kam als finanziell unabhängiger Privatgelehrter nach Berlin. Im Jahr darauf holte Kummer, mit Alexander von Humboldt als Verbündetem, zudem den scharfsinnigen Karl Weierstraß an die Alma Mater. Nun war das erfolgreiche Trio, das Berlin in den kommenden drei Jahrzehnten zu einem mathematischen Zentrum Europas werden ließ, komplett.

Eine produktive Zeit begann, in der sich Kummer und Kronecker überwiegend arithmetischen Untersuchungen, Weierstraß der Weiterentwicklung der Funktionentheorie widmeten. Mit der Einrichtung des ersten rein mathematischen Seminars in Deutschland, in dem die Studenten aktuelle Forschungsergebnisse diskutierten, und einem Vorlesungsangebot, das sämtliche Gebiete der Mathematik berücksichtigte, hatte die Friedrich-Wilhelms-Universität auch in der Lehre eine Spitzenposition und die Zahl der Hörer vervielfachte sich.

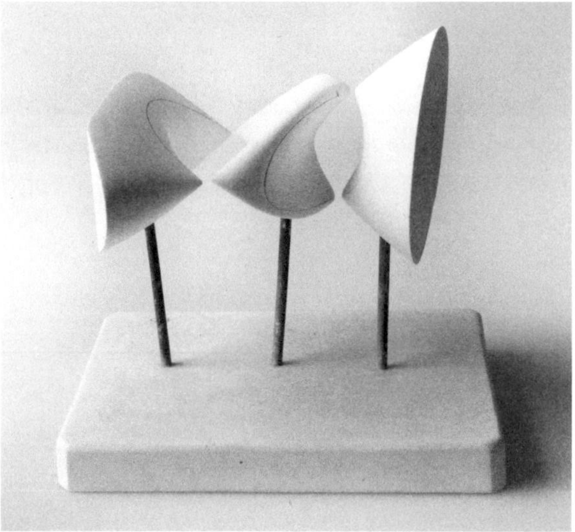

Mathematisches Modell: Kummerfläche mit 4 reellen Doppelpunkten

Abguss, zwischen 1890 und 1920

Universität Göttingen, Mathematisches Institut, Sammlung Mathematischer Modelle

Wie in den *Monatsberichten der Königlich Preußischen Akademie der Wissenschaften zu Berlin* zu lesen steht, brachte Ernst Kummer zur Veranschaulichung seiner Forschungsergebnisse hin und wieder selbst gefertigte Gipsmodelle mit. Abgüsse seiner und anderer mathematischer Modelle fanden ab den 1870er-Jahren auch als Lehrmittel rasche Verbreitung.

Leopold Kronecker (1823–1891)

Fotografie von J. C. Schaarwächter, 1890

© Humboldt-Universität, Universitätsbibliothek, Porträtsammlung

Karl Weierstraß (1815–1897)

Fotografie von Ernst Milster

© Humboldt-Universität, Universitätsbibliothek, Porträtsammlung

Ernst Eduard Kummer (1810–1893)

© Humboldt-Universität, Universitätsbibliothek, Porträtsammlung

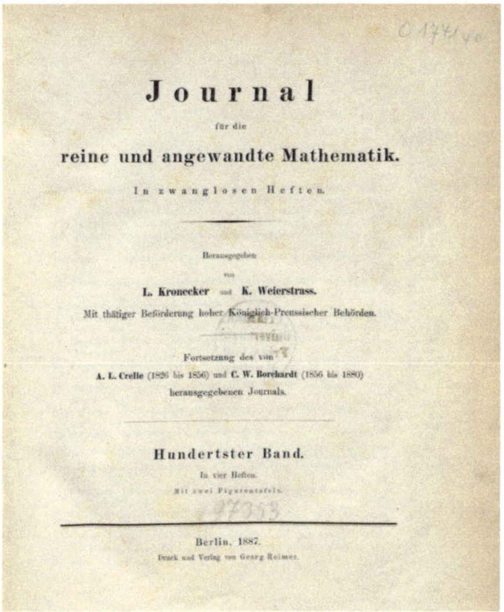

Journal

für die

reine und angewandte Mathematik.

In zwanglosen Heften.

Herausgegeben

von

L. Kronecker und K. Weierstrass.

Mit thätiger Beförderung hoher Königlich-Preussischer Behörden.

Fortsetzung des von

A. L. Crelle (1826 bis 1856) und C. W. Borchardt (1856 bis 1880)

herausgegebenen Journals.

Hundertster Band.

In vier Heften.

Mit zwei Figurentafeln.

Berlin, 1887.

Druck und Verlag von Georg Reimer.

Journal für die reine und angewandte Mathematik, Bd. 100, Verlag G. Reimer, Berlin 1887

© Humboldt-Universität, Universitätsbibliothek

Das 1826 von Leopold Crelle gegründete Periodikum, kurz Crelles Journal genannt, war lange Zeit das zentrale deutsche Publikationsorgan der Mathematik. Nach Crelles Tod 1855 übernahmen Professoren der Friedrich-Wilhelms-Universität die Herausgeberschaft, ein Jahrzehnt lang hatten Kummer und Weierstraß dieses Amt inne.

Aufbruch zu einer neuen Physik

Als Max Planck 1889 zum Professor für Theoretische Physik berufen wurde, ahnte niemand, dass er elf Jahre später mit seiner Quantentheorie die klassische Physik komplett auf den Kopf stellen würde.

Glückliche Umstände hatten seinen Befund ermöglicht. Denn nicht nur Planck, auch die Experimentalphysiker an der renommierten Berliner *Physikalisch-Technischen Reichsanstalt* beschäftigten sich mit dem Phänomen der Wärmestrahlung. Mit dem dort entwickelten Schwarzen Körper konnten das Wärmestrahlungsspektrum erstmals exakt gemessen und Abweichungen von den bis dahin geltenden Strahlungsgesetzen festgestellt werden.

Die Ableitung eines neuen Strahlungsgesetzes gelang Planck durch das Einführen einer Hypothese, die besagte, dass der Energieaustausch nicht kontinuierlich, sondern in Form kleinster Energiepakete – die heute Quanten heißen – vonstattenging. Für diese bahnbrechende Entdeckung die Gesetzmäßigkeiten der klassischen Physik in den Wind zu schlagen, war ihm schwergefallen. Die wissenschaftliche Gemeinschaft dankte es ihm 1918 mit dem Nobelpreis.

Max Planck (1858–1947) in seinem Arbeitszimmer an der Friedrich-Wilhelms-Universität, nach 1909

Das Institut für Theoretische Physik, dem Planck von 1889 bis 1926 als Direktor vorstand, befand sich im Westflügel des Hauptgebäudes Unter den Linden und bestand aus insgesamt drei Räumen. Da es an den meisten deutschen Universitäten seinerzeit nicht einmal einen Lehrstuhl für Theoretische Physik gab, war dies eine durchaus komfortable Ausstattung.

Versuchsaufbau des Schwarzen Körpers (A) im lichttechnischen Labor der Physikalisch-Technischen Reichsanstalt, um 1900

Aus: Müller-Pouillet's Lehrbuch der Physik und Meteorologie, Bd. 2: Die Lehre von der strahlenden Energie (Optik), Vieweg, Braunschweig 1909

Hier führten Heinrich Rubens und Ferdinand Kurlbaum die Präzisionsmessungen durch, die Planck zur Entwicklung seiner Quantentheorie veranlassten. Das Kernstück der Experimente, der Schwarze Körper, ist rechts außen zu sehen. Die von ihm ausgesandte Strahlung wurde mit verschiedenen Instrumenten gemessen.

Elektrisch geglühter Schwarzer Körper nach Lummer und Kurlbaum

Nachbau 1987

Physikalisch-Technische Bundesanstalt, Berlin

Der ideale Schwarze Körper ist ein theoretisches Modell. In den 1890er-Jahren entwickelten Physiker an der *Physikalisch-Technischen Reichsanstalt* hierzu eine experimentelle Umsetzung, die ausreichend gut funktionierte – ein auf hohe Temperaturen erhitzter Hohlzylinder, dessen Innenwände schwarz gestrichen waren. Die Schwarzkörperstrahlung trat aus einer kleinen Öffnung im Zylinder aus.

Robert Koch (1843–1910)

Fotografie von Carl Günther

Den Feind dingfest gemacht

Als Robert Koch 1885 Professor an der Berliner Universität wurde, war er in der Stadt bereits eine bekannte Größe. Seine Entdeckung, dass Bakterien die Ursache so gefürchteter Krankheiten wie Cholera oder Tuberkulose sind, erregte die Aufmerksamkeit weiter Gesellschaftskreise. Koch verstand es, die Erreger zu isolieren, anzuzüchten und mikrofotografisch sichtbar zu machen. Mit der Kenntnis ihrer Natur verband sich zugleich die Hoffnung ihrer gezielten Bekämpfung.

Der Lehrstuhl für Hygiene, der mit Koch so prominent besetzt wurde, war eben erst errichtet worden – auf Initiative des Ministerialdirektors Friedrich Althoff, der neben dem Gespür für den großen Wissenschaftler auch die hygienischen Probleme einer wachsenden Großstadt im Blick hatte, jedoch gegen den Widerstand der Medizinischen Fakultät, die die Hygiene (noch) nicht als eigene Disziplin gelten lassen wollte.

Sechs Jahre lang leitete Koch das Hygienische Institut. 1891 wechselte er – schon immer mehr Praktiker als Theoretiker – an das eigens für ihn errichtete *Königlich Preußische Institut für Infektionskrankheiten*, das heutige *Robert Koch-Institut*.

„Hygienisches Laboratorium Vorderansicht", um 1890

Aus: Fotoalbum für Robert Koch, 1891

Das Hygiene-Institut und das zugehörige Museum befanden sich in der Klosterstraße in den Räumen der ehemaligen Gewerbeakademie. Als Robert Koch 1891 Lehrstuhl und Institutsleitung aufgab, erhielt er „namens der Assistenten und sonstigen Angestellten" zum Abschied ein Album mit von ihnen selbst aufgenommenen Fotografien.

Dankschreiben Robert Kochs an Ernst von Bergmann vom 18.12.1905

Humboldt-Universität, Universitätsarchiv

Mit dieser Grußkarte bedankte sich Koch bei dem Berliner Professor für Chirurgie Ernst von Bergmann für dessen „freundlichen Glückwunsch zum Nobel-Preis". Robert Koch hatte die hohe wissenschaftliche Auszeichnung 1905 für seine Erfolge in der Tuberkuloseforschung erhalten.

Neues Tuberkulin Koch

Charité – Universitätsmedizin Berlin, Institut für Mikrobiologie und Hygiene, Robert-Koch-Museum

Das von Koch entwickelte Tuberkulin war auf dem X. Internationalen Medizinischen Kongress, der 1890 in Berlin stattfand, als vielversprechendes Heilmittel gegen die Tuberkulose angekündigt worden. Es geriet zu einem handfesten Wissenschaftsskandal, als sich schon bald seine Wirkungslosigkeit herausstellte.

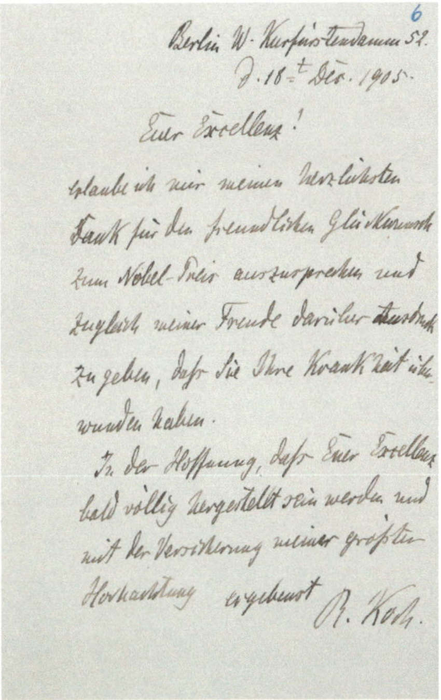

6

Berlin W. Kurfürstendamm 52.
d. 18.t Dec. 1905.

Euer Excellenz!

Erlaube ich mir meinen herzlichsten Dank für den freundlichen Glückwunsch zum Nobel-Preis auszusprechen und zugleich meiner Freude darüber Ausdruck zu geben, daß Sie Ihre Krankheit überwunden haben.

In der Hoffnung, daß Euer Excellenz bald völlig hergestellt sein werden und mit der Versicherung meiner größten Hochachtung ergebenst R. Koch.

„Museum Gewerbehygiene"

Aus: Fotoalbum für Robert Koch, 1891

© Robert Koch-Institut, Berlin

„Behring"

Aus: Fotoalbum für Robert Koch, 1891

© Robert Koch-Institut, Berlin

„Frau Künzel"

Aus: Fotoalbum für Robert Koch, 1891

© Robert Koch-Institut, Berlin

Georg Simmel (1858–1918)

Fotografie von J. C. Schaarwächter, 1901

Unerwünschter Genius

Auch Georg Simmel, einer der bedeutendsten Wegbereiter der Soziologie, steckte um 1900 – wie viele junge Gelehrte an der Berliner Universität – in der aussichtslosen Warteschleife einer „ewigen Privatdozentur". Als unbesoldeter Philosophie-Dozent gelang es Simmel durch die innovative Arbeit an zentralen Themen der Kultur, das neue Fach zu begründen und sich einen internationalen Ruf zu erwerben.

Seit den 1890er-Jahren richtete sich Simmels Forschungsinteresse auf soziale Beziehungen von Individuen in der sich immer weiter differenzierenden Gesellschaft. Seine 1908 vorgelegte *Soziologie* prägte zentrale Grundbegriffe der jungen Disziplin und beeinflusste das Fach weltweit. An der Berliner Universität nützte ihm dieser Erfolg jedoch nichts. Fast 30 Jahre blieb Simmel auf Nebentätigkeiten und die Gelder aus seinen Vorlesungen angewiesen. Antisemitische Ressentiments innerhalb der Philosophischen Fakultät erschwerten ihm zusätzlich den Aufstieg. Nach Jahrzehnten des Wartens nahm er 1914 schweren Herzens einen Ruf an die Universität Straßburg an.

„Es wäre leicht gewesen, mich zu halten – eine ganz bescheidene materielle Sicherung hätte dazu ausgereicht."

Georg Simmel an Adolf von Harnack, 1914

CONTENTS.

ARTICLES.

v

THE AMERICAN JOURNAL
OF
SOCIOLOGY

EDITOR
ALBION W. SMALL

ASSOCIATE EDITORS
CHARLES R. HENDERSON   MARION TALBOT
FREDERICK STARR   CHARLES ZUEBLIN
GEORGE E. VINCENT   WILLIAM I. THOMAS

VOL. 9
BI-MONTHLY
JULY, 1903—MAY, 1904

CHICAGO
The University of Chicago Press
1904

American Journal of Sociology, vol. 9 (1903/04)

Die Anerkennung, die Georg Simmel im Ausland zuteilwurde, beispielsweise als Mitherausgeber und Autor des American Journal of Sociology, blieb ihm an der Berliner Friedrich-Wilhelms-Universität zeitlebens verwehrt.

Max Herrmann (1865–1942)

Staatsbibliothek zu Berlin – Preußischer Kulturbesitz, Handschriftenabteilung

Von Wissenschaft und Schauspielkunst

Mit der Theaterwissenschaft wollte der Germanist Max Herrmann „eine lebendige Wissenschaft in das Staubige unserer Universitäten“ einziehen lassen. Mehr als 20 Jahre hatte sich der Privatdozent und spätere außerordentliche Professor für die wissenschaftliche Anerkennung der Theaterforschung eingesetzt. Er entwickelte eine eigene Theorie und Methodik für das als unwissenschaftlich geltende Fach und trat vehement für dessen Loslösung von der Germanistik ein.

1923 erreichte er mit der Gründung des weltweit ersten selbständigen theaterwissenschaftlichen Instituts an der Berliner Universität sein Ziel. Angehende Regisseure, Dramaturgen und Kritiker konnten nun erstmals ein speziell theaterwissenschaftliches Studium aufnehmen. Der Ruf des Instituts beeinflusste bald auch die Theaterszene. Schon 1929 bespöttelte der Theaterkritiker Herbert Ihering die wachsende Furcht der Intendanten und Regisseure, „nicht auf die Nachwelt zu kommen“, wenn sie nicht in Herrmanns Seminar behandelt würden.

1933 wurde Herrmann wegen seiner jüdischen Herkunft zwangspensioniert. Er starb 1942 im Konzentrationslager Theresienstadt.

Max Herrmann (links) mit seinem Freund, dem Professor für Psychologie Max Dessoir, 1920er-Jahre

Staatsbibliothek zu Berlin – Preußischer Kulturbesitz, Handschriftenabteilung

Max Herrmann mit seinen Assistenten Hans Knudsen und Bruno Th. Satori-Neumann auf einem Institutsausflug (von links nach rechts), 1924 | Staatsbibliothek zu Berlin – Preußischer Kulturbesitz, Handschriftenabteilung

Ein Österreicher in (Ost-)Berlin

Im Februar 1957 erhielt das Institut für Gerichtliche Medizin der Humboldt-Universität einen neuen Direktor. Drei Jahrzehnte lang war seitdem die Berliner Rechtsmedizin untrennbar mit dem Namen Otto Prokop verbunden, der sie zu großem, auch internationalem Ansehen führte. Es waren karrieretaktische Überlegungen, die den Rechtsmediziner aus Bonn an die angesehene Charité hatten wechseln lassen. Prokop war ein unorthodoxer Geist, auch gewährte ihm sein österreichischer Pass innerhalb des real existierenden Sozialismus größere Freiheiten als anderen. Dies machte sich in einem außergewöhnlichen Arbeitsklima und einer überdurchschnittlichen Ausstattung seiner Labore bemerkbar.

Von unermüdlichem Forschungseifer getrieben, leistete der vielfach Ausgezeichnete Bedeutendes auf zahlreichen Gebieten. Sein womöglich größter Coup gelang ihm 1965 mit der Entdeckung antikörperähnlicher Substanzen bei Schnecken, die sich einfach gewinnen und in der Blutgruppendiagnostik und Tumorzelltypisierung einsetzen ließen. Bei alledem kam die Lehre keineswegs zu kurz. Medizin-, Jura- und Kriminalistikstudierende verfolgten seine Vorträge ebenso gebannt wie das Berliner Publikum, das in seine überfüllten „Sonntagsvorlesungen" strömte.

Veröffentlichung über die Eigenschaften des Schnecken-Agglutinins

Aus: Nature, vol. 213, no. 5071 (1967), S. 76-77

Prokops wissenschaftlicher Tatendrang schlug sich in hunderten von Publikationen in in- und ausländischen Fachzeitschriften nieder, unter anderem in dem international hoch angesehenen Wissenschaftsmagazin Nature. Viele seiner Bücher wurden zu Standardwerken der Gerichtsmedizin sowie der Blutgruppenkunde und in zahlreiche Sprachen übersetzt.

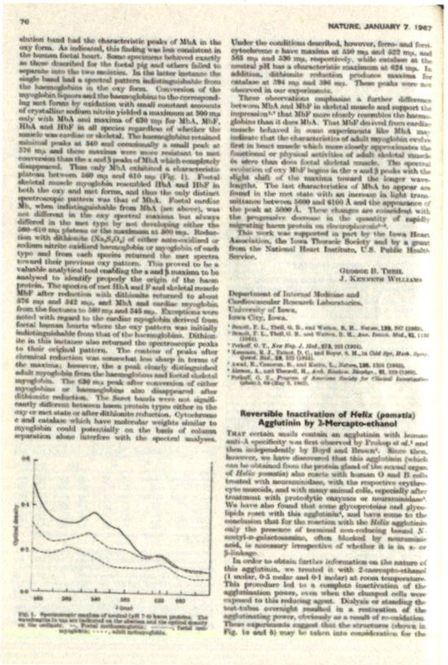

76 NATURE. JANUARY 7, 1967

Under the conditions described, however, ferro- and ferri-cytochrome c have maxima at 550 mμ and 522 mμ, and 565 mμ and 530 mμ, respectively, while catalase at the neutral pH has a characteristic maximum at 624 mμ. In addition, dithionite reduction produces maxima for catalase at 394 mμ and 396 mμ. These peaks were not observed in our experiments.

These observations emphasize a further difference between MbA and MbF in skeletal muscle and support the impression that MbF more closely resembles the haemoglobins than it does MbA. That MbF derived from cardiac muscle behaved in some experiments like MbA may indicate that the characteristics of adult myoglobin evolve first in heart muscle which more closely approximates the functional or physical activities of adult skeletal muscle in utero than does foetal skeletal muscle. The spectral evolution of oxy MbF begins in the α and β peaks with the slight shift of the maxima toward the longer wavelengths. The last characteristics of MbA to appear are found in the met state with an increase in light transmittance between 5600 and 6100 Å and the appearance of the peak at 5000 Å. These changes are coincident with the progressive decrease in the quantity of rapidly migrating haem protein on electrophoresis.

This work was supported in part by the Iowa Heart Association, the Iowa Thoracic Society and by a grant from the National Heart Institute, U.S. Public Health Service.

GEORGE B. THEIL
J. KENNETH WILLIAMS

Department of Internal Medicine and Cardiovascular Research Laboratories, University of Iowa, Iowa City, Iowa.

Reversible Inactivation of *Helix* (*pomatia*) Agglutinin by 2-Mercapto-ethanol

THAT certain snails contain an agglutinin with human anti-A specificity was first observed by Prokop et al.[1] and then independently by Boyd and Brown[2]. Since then, however, we have discovered that this agglutinin (which can be obtained from the protein gland of the sexual organ of *Helix pomatia*) also reacts with human O and B cells treated with neuraminidase, with the respective erythrocyte mucoids, and with many animal cells, especially after treatment with proteolytic enzymes or neuraminidase. We have also found that some glycoproteins and glycolipids react with this agglutinin, and have come to the conclusion that for the reaction with the *Helix* agglutinin only the presence of terminal non-reducing bound N-acetyl-D-galactosamine, often blocked by neuraminic acid, is necessary irrespective of whether it is in α- or β-linkage.

In order to obtain further information on the nature of this agglutinin, we treated it with 2-mercapto-ethanol (1 molar, 0·5 molar and 0·1 molar) at room temperature. This procedure led to a complete inactivation of the agglutination power, even when the clumped cells were exposed to this reducing agent. Dialysis or standing the test-tubes overnight resulted in a restoration of the agglutinating power, obviously as a result of re-oxidation. These experiments suggest that the structures (shown in Fig. 1a and b) may be taken into consideration for the

Teile der Prokop'schen Schneckensammlung

Charité – Universitätsmedizin Berlin, Institut für Rechtsmedizin und Forensische Wissenschaften

Die echten Schnecken wurden unter anderem auf der nahe gelegenen Institutswiese gesammelt. Die Vertreter seiner kuriosen Nippes-Sammlung erhielt Prokop dagegen als mit einem Augenzwinkern überreichte Mitbringsel von Kollegen und Kooperationspartnern.

Otto Prokop (1921–2009) im Institut für Gerichtliche Medizin, um 1975

© Gunther Geserick, Berlin

Ohne Fliege sah man Otto Prokop selten. Hier spricht der Gerichtsmediziner im Eiweiß-serologischen Labor seines Instituts in der Hannoverschen Straße mit dem Laborleiter Gunther Geserick und einer Laborassistentin.

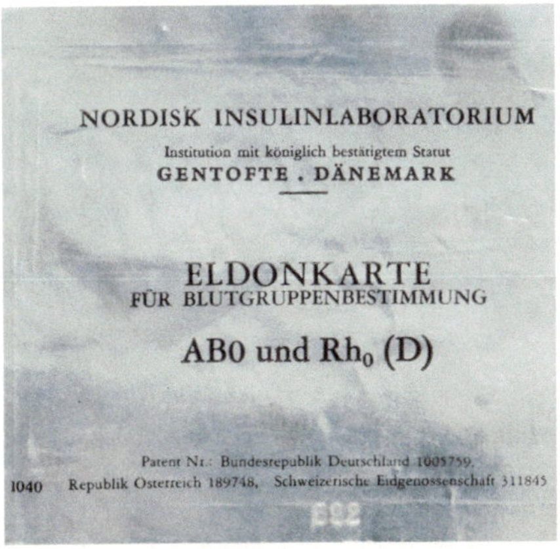

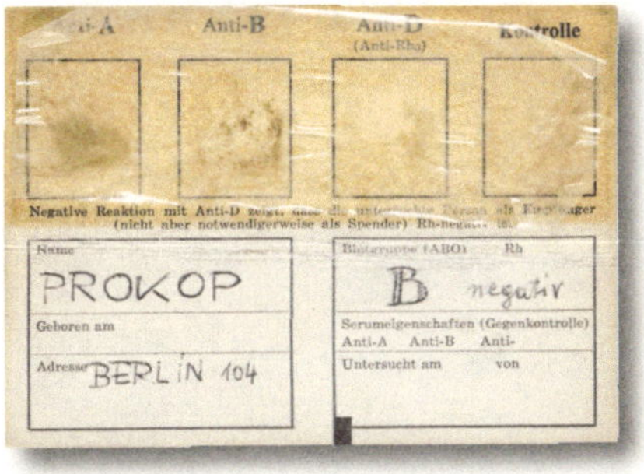

Eldon-Karte für die Blutgruppenbestimmung

Berliner Medizinhistorisches Museum der Charité

An den kostengünstigen Schneckenextrakten waren auch internationale Pharmafirmen interessiert, die daraus Schnelltests für die Blutgruppenbestimmung entwickelten. Das Blut wurde auf vorbehandelte Felder aufgebracht, das Ergebnis nach wenigen Minuten abgelesen. Prokop selbst hatte offenbar die Blutgruppe B und war Rhesus-negativ.

Studieren à la Humboldt

Wilhelm von Humboldt, der eine ganzheitliche Menschenbildung propagierte, hätte seine Freude gehabt an der in den Gender Studies selbstverständlichen transdisziplinären Arbeitsweise. Als die Humboldt-Universität 1997 den Magisterstudiengang eröffnete, war sie deutschlandweit die einzige, an der sich Gender Studies im Hauptfach belegen ließen.

Das „Zentrum für transdisziplinäre Geschlechterstudien", das den Studiengang koordiniert, besitzt seit 2003 einen institutsähnlichen Status, hat darüber aber nichts von seiner Flexibilität verloren. Die Gender Studies an der Humboldt-Universität verstehen sich nicht als Disziplin im traditionellen Sinn, sondern tragen ihre wissenschaftskritische Sicht auf Geschlecht – als nicht primär biologisch definiertes, sondern kulturell konstruiertes Phänomen – in die verschiedenen Fachgebiete hinein.

Mehr als 16 Fächer formen den abwechslungsreichen Studiengang mit, von der Rechtswissenschaft bis zur Theologie. Seit 2005 bereichert das Graduiertenkolleg *Geschlecht als Wissenskategorie* die Möglichkeiten, sich an der Humboldt-Universität intensiv mit den vielfältigen Fragestellungen der Gender Studies auseinanderzusetzen.

Plakat zur Eröffnung des Magisterstudiengangs Geschlechterstudien, 1997

Gestaltung: Ruth Tesmar | © Humboldt-Universität zu Berlin, Zentrum für transdiziplinäre Geschlechterstudien

Der Andrang in den neu eröffneten Studiengang war immens. 500 Studierende schrieben sich im Wintersemester 1997/98 ein, ein Drittel davon hatte man erwartet. Heute studieren an der Humboldt-Universität über 600 Personen in den Gender-Studiengängen, davon 353 im Bachelor- und 48 im Masterstudiengang.

„Meine Fragestellung für die Magistra-Arbeit ist: Welche Rolle spielt eigentlich Geschlecht innerhalb der Bibliothekswissenschaft? Ich werde da eine Diskursanalyse des wissenschaftlichen Materials durchführen. Und das Zweite ist der Film, und der ist eher gedacht als so eine Art eine Intervention ins Feld, also zu sagen, Geschlecht spielt eine Rolle und zwar auf vielen Ebenen. Und da habe ich das Glück gehabt, vier Interviewpartnerinnen zu finden, von denen eine z.B. in der Geschichte arbeitet und sich gefragt hat: Wie ist eigentlich die Bibliothek zu einem feminisierten Ort geworden und welche Auswirkungen hat das?“

Danilo Vetter, Magisterstudent im 14. Semester, Gender Studies und Bibliothekswissenschaften

„In meiner Bachelor-Arbeit ging es um die Darstellung von Migrantinnen im deutschen Kontext als unterdrückte Kopftuchträgerinnen und die Frage, wie sich Migrantinnen-Selbstorganisationen, Feministinnen und Politikerinnen zu dieser Haltung positionieren.“

Aila Wolff, Masterstudentin im 1. Semester, Gender Studies

„Gender Studies sind ein Weg, die Art der Wissensproduktion mit zu diskutieren. Man nimmt meist an, dass es bei der Wissensproduktion objektiv, eindeutig und ganz offen zugeht. Dabei werden viele geschlechterspezifische Aspekte ausgelassen. Gender Studies bringen diese Aspekte in die Forschung ein. Bei den Gender Studies geht es nicht darum, Männer und Frauen zu untersuchen. Es geht darum, Strukturen zu analysieren."

„Ich habe eine Untersuchung durchgeführt, die zeigt, dass der Kontext, im dem ein Experiment mit Personen durchgeführt wird, die Leistungen innerhalb des Experiments beeinflusst. Die Gender Studies ermöglichen es mir, die sozialen Aspekte zu berücksichtigen, die eine Auswirkung auf ‚objektive' Experimente haben."

Emily Ngubia Kuria, Promotionsstudentin im Graduierten-Kolleg „Geschlecht als Wissenskategorie" am Institut für Geschichte der Medizin

Kontaktfelder

In der 200-jährigen Geschichte der Universität gab es schon immer dichte und intensive Verbindungen zwischen ihrer Forschung und Lehre auf der einen und den vielfältigen gesellschaftlichen Interessen auf der anderen Seite – und zwar in allen Disziplinen. Wissenschaftlerinnen und Wissenschaftler begründeten fruchtbare Kooperationen mit der Industrie, sie handelten sich mit ihrer Unangepasstheit den Unmut der staatlichen oder kirchlichen Obrigkeit ein, wirkten mit ihren Lehren weit in Politik, Gesellschaft und Ökonomie hinein oder ließen sich in sechs politischen Systemen – mehr oder weniger bereitwillig – auch für die Ziele der jeweiligen Staaten vereinnahmen.

Patente Forschung

Nur der Neubau eines modern ausgestatteten chemischen Instituts – das erste an der hiesigen Universität – konnte August Wilhelm Hofmann 1865 überzeugen, als Professor für Allgemeine Organische Chemie von London nach Berlin zu wechseln. Sein internationaler Ruf eilte ihm voraus. Hofmann hatte entdeckt, dass sich aus Steinkohlenteer Farbstoffe gewinnen lassen – das bisher nicht verwertbare Anilin war so zur Basissubstanz synthetischer Farben geworden.

In den Laboratorien seines Instituts entstand ein Großforschungsbetrieb par excellence. Eine immense Zahl von Mitarbeitern arbeitete daran, jeweils alle denkbaren Verbindungen einer bestimmten Stoffklasse zu synthetisieren – ein Verfahren, dass die chemische Industrie von ihm übernahm. Zu vielen dieser neu entstehenden chemischen Betriebe – die *Badische Anilin- & Soda-Fabrik (BASF), Schering* und weitere der großen Chemieunternehmen befanden sich in der Gründungsphase – hatte Hofmann hervorragende Kontakte. Er stimmte seine Forschung auf ihre Produktpaletten ab und wurde selbst zum Erfinder wichtiger Farbstoffe. Wissenschaft und Industrie beflügelten sich gegenseitig und bildeten eine, von Hofmann explizit propagierte, starke Allianz.

„Rosanilin, essigsaures, dargestellt im Jahre 1865“ / „Triäthyl-Rosanilin, jodwasserstoffarmes, dargestellt im Jahre 1865“

Humboldt-Universität, Institut für Chemie

1858 entdeckte Hofmann Rosanilin – auch Anilinrot oder Fuchsin genannt –, die Stammverbindung vieler Teerfarbstoffe. Die beiden Glasampullen stammen aus seiner Hand. Man hat sie 1988 bei Bauarbeiten gefunden, in einer in die Grundmauern seines ehemaligen Chemischen Instituts eingelassenen Zinkblechkassette.

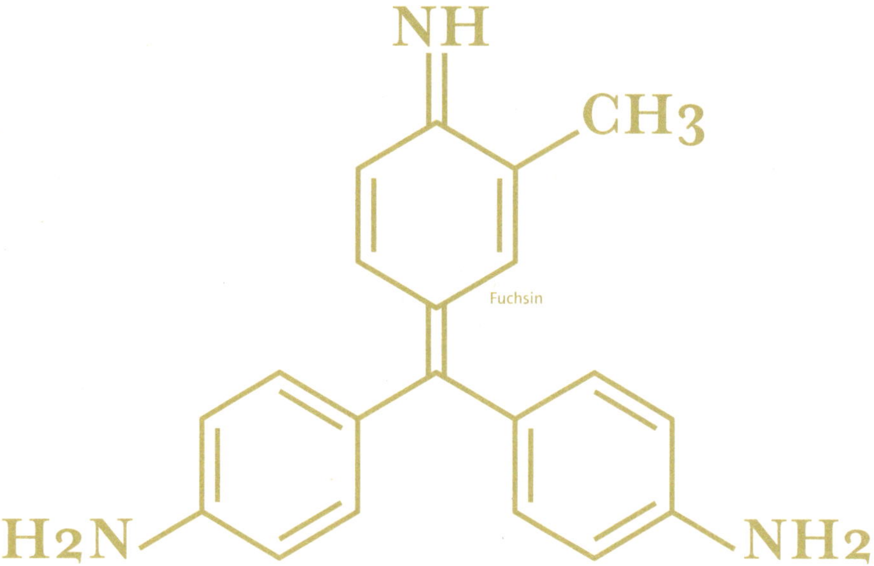

August Wilhelm von Hofmann (1818–1892)

Humboldt-Universität, Institut für Chemie

Hofmann war nicht nur ein überaus produktiver Chemiker, er trat auch wissenschaftspolitisch in Aktion. 1867 war er Gründungsmitglied der *Deutschen Chemischen Gesellschaft*, das 1877 erlassene Patentgesetz beeinflusste er dahingehend, dass auch die Erfindungen von Hochschullehrern patentierbar wurden.

Anilinfarben der Firma AGFA, 1905 und 1906

Klaus Kossmann, Bad Kreuznach

August Wilhelm von Hofmann war einer der Mitgründer der späteren *Actien-Gesellschaft für Anilin-Fabrication* (AGFA), die von seinem ehemaligen Mitarbeiter Carl Alexander von Martius geleitet wurde. Die produzierten Teerfarbstoffe besaßen große Bedeutung für die Färbung von Textilien.

Ernst Curtius (1814–1896)

Fotografie von J. C. Schaarwächter

„Friedenswerk" der deutschen Einheit

Nach den zwischen 1864 und 1871 erfolgreich geführten deutschen Einigungskriegen war dem neu gegründeten deutschen Kaiserreich daran gelegen, sich auch auf anderem als militärischem Gebiet hervorzutun. 1875 startete von Berlin aus eine vom Deutschen Reich finanzierte Grabungsexpedition nach Olympia, mit der sich dieses Ziel überaus erfolgreich verwirklichen ließ. Der seit 1868 an der Berliner Universität tätige Professor für klassische Archäologie Ernst Curtius leitete das als „Friedenswerk" stilisierte Unternehmen. Für ihn erfüllte sich mit der Ausgrabung des antiken Heiligtums ein seit Langem gehegter Wunsch.

Erstaunlich modern war der Grabungsvertrag, der zwischen Griechenland und dem Deutschen Reich geschlossen wurde. Danach verblieben alle Funde am Ort der Grabung, während die deutschen Wissenschaftler Duplikate davon anfertigen und in die deutsche Hauptstadt mitnehmen durften. Die im Laufe von sechs Grabungskampagnen geborgenen Schätze ließen die Berliner Museen in neuem Glanz erstrahlen, Kopien der Abgüsse waren in aller Welt begehrt.

Gelagertes Rind, Kesselschmuck aus Olympia, Bronze, Ende 7./Anfang 6. Jh. v. Chr.

Gipsabguss, 1880er-Jahre

Humboldt-Universität, Winckelmann-Institut

In Olympia fanden die Ausgräber zahlreiche, meist bronzene Weihegaben – überwiegend Tiere, die auf ein ländliches Umfeld verwiesen. Dieses Rind schmückte einen der Kessel, auf die man dort auch in großer Zahl stieß. Sie waren entweder selbst Weihegaben oder kamen bei Kulthandlungen zum Einsatz.

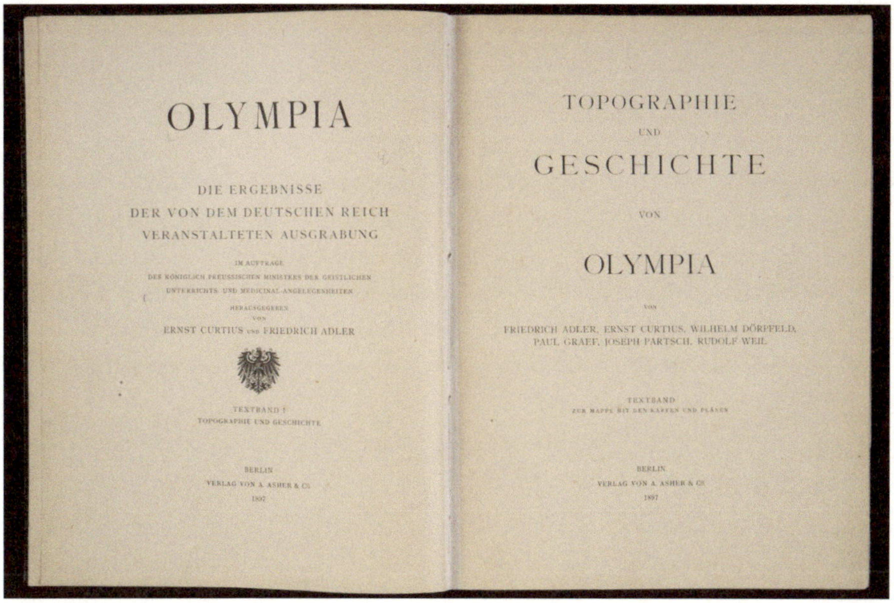

OLYMPIA

DIE ERGEBNISSE
DER VON DEM DEUTSCHEN REICH
VERANSTALTETEN AUSGRABUNG

IM AUFTRAGE
DES KÖNIGLICH PREUSSISCHEN MINISTERS DER GEISTLICHEN
UNTERRICHTS- UND MEDICINAL-ANGELEGENHEITEN
HERAUSGEGEBEN
VON
ERNST CURTIUS UND FRIEDRICH ADLER

TEXTBAND I
TOPOGRAPHIE UND GESCHICHTE

BERLIN
VERLAG VON A. ASHER & CO.
1897

TOPOGRAPHIE
UND
GESCHICHTE
VON
OLYMPIA

VON
FRIEDRICH ADLER, ERNST CURTIUS, WILHELM DÖRPFELD,
PAUL GRAEF, JOSEPH PARTSCH, RUDOLF WEIL

TEXTBAND
ZUR MAPPE MIT DEN KARTEN UND PLÄNEN

BERLIN
VERLAG VON A. ASHER & CO.
1897

Ernst Curtius und Friedrich Adler (Hg.): Olympia. Die Ergebnisse der von dem Deutschen Reich veranstalteten Ausgrabung, Textband 1, A. Asher & Co, Berlin 1897

Humboldt-Universität, Universitätsbibliothek, Zweigbibliothek Klassische Archäologie

Die zwischen 1875 und 1881 in Olympia erzielten Grabungsergebnisse wurden in einer mehrbändigen Publikation veröffentlicht, die aus Text- und Tafelbänden besteht. Bereits der Titel stellte den erwünschten Bezug zwischen der Gründung des deutschen Kaiserreichs und seinem „Friedenswerk“ her.

Fotografie des Olympia-Modells von Hans Schleif, 1936

Die Abbildung zeigt einen Teil des Kernbereichs von Olympia. Links im Hintergrund ist der Zeus-Tempel zu sehen, oben rechts die äußere Ecke des Stadions. Das Modell entstand 1936 für eine im Abguss-Museum der Universität gezeigte Olympia-Ausstellung anlässlich der Olympischen Sommerspiele in Berlin. Im Krieg ging das Modell verloren.

Carl Stumpf (1848–1936)

Fotografie von R. Dührkoop

Forschen für den Sieg

Wie viele seiner – vorrangig naturwissenschaftlichen – Kollegen an der Berliner Universität stellte auch der Philosophieprofessor und Experimentalpsychologe Carl Stumpf seine Forschung nach Ausbruch des Ersten Weltkrieges bedenkenlos in den Dienst der kaiserlichen Kriegsmaschinerie. Für eine Zusammenarbeit mit dem Kriegsministerium war sein Institut wegen des psychoakustischen Forschungsschwerpunkts geradezu prädestiniert, weil es galt, die Ortung feindlicher Artillerie über große Entfernungen hinweg zu optimieren.

Im Januar 1915 testete Stumpfs Assistent Hans Rupp auf dem Schießplatz der *Artillerie-Prüfungs-Commission* das menschliche Reaktionsvermögen. Er entwickelte Eignungstests, um die variierende Reaktionszeit bei den Mitgliedern der Schallmesstrupps als potentielle Fehlerquelle so gut wie möglich auszuschalten. Erich von Hornbostel und Max Wertheimer optimierten das menschliche Hörvermögen dagegen mit Hilfe eines Horchgeräts, dem Richtungshörer.

Die praxisorientierte „Militär-Psychologie" betrieben sie als Angestellte und mit der experimentellen Ausrüstung des Psychologischen Instituts. Auch dessen Räumlichkeiten stellte Carl Stumpf in jener Zeit für Projekte des Kriegsministeriums zur Verfügung.

„Ich selbst hätte ungläubig den Kopf geschüttelt, wenn man mir gesagt hätte, was für Dinge in diesen Kriegsjahren in meinem Institut würden getrieben werden." Carl Stumpf, 1918

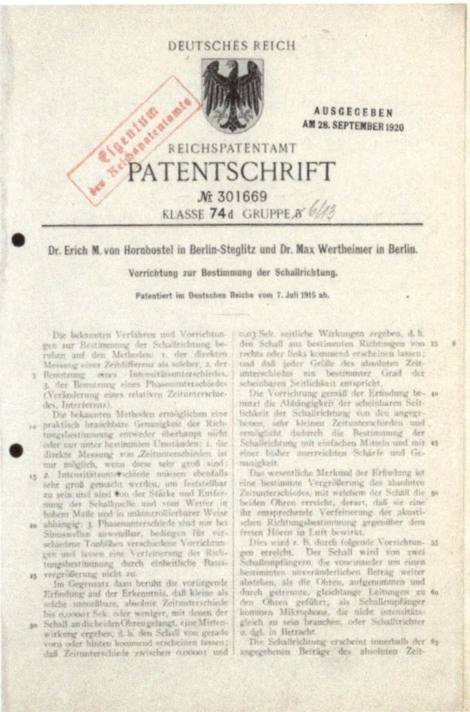

DEUTSCHES REICH

Eigentum des Reichspatentamts

AUSGEGEBEN AM 28. SEPTEMBER 1920

REICHSPATENTAMT

PATENTSCHRIFT

№ 301669

KLASSE 74d GRUPPE 6/13

Dr. Erich M. von Hornbostel in Berlin-Steglitz und Dr. Max Wertheimer in Berlin.

Vorrichtung zur Bestimmung der Schallrichtung.

Patentiert im Deutschen Reiche vom 7. Juli 1915 ab.

Die bekannten Verfahren und Vorrichtungen zur Bestimmung der Schallrichtung beruhen auf den Methoden: 1. der direkten Messung einer Zeitdifferenz als solcher, 2. der Benutzung eines Intensitätsunterschiedes, 3. der Benutzung eines Phasenunterschiedes (Veränderung eines relativen Zeitunterschiedes, Interferenz).

Die bekannten Methoden ermöglichen eine praktisch brauchbare Genauigkeit der Richtungsbestimmung entweder überhaupt nicht oder nur unter bestimmten Umständen: 1. die direkte Messung von Zeitunterschieden ist nur möglich, wenn diese sehr groß sind; 2. Intensitätsunterschiede müssen ebenfalls sehr groß gemacht werden, um feststellbar zu sein und sind von der Stärke und Entfernung der Schallquelle und vom Wetter in hohem Maße und in unkontrollierbarer Weise abhängig; 3. Phasenunterschiede sind nur bei Sinuswellen anwendbar, bedingen für verschiedene Tonhöhen verschiedene Vorrichtungen und lassen eine Verfeinerung der Richtungsbestimmung durch einheitliche Basisvergrößerung nicht zu.

Im Gegensatz dazu beruht die vorliegende Erfindung auf der Erkenntnis, daß kleine als solche unmeßbare, absolute Zeitunterschiede bis 0,00001 Sek. oder weniger, mit denen der Schall an die beiden Ohren gelangt, eine Mittenwirkung ergeben, d. h. den Schall von gerade vorn oder hinten kommend erscheinen lassen; daß Zeitunterschiede zwischen 0,00001 und 0,03 Sek. seitliche Wirkungen ergeben, d. h. den Schall aus bestimmten Richtungen von rechts oder links kommend erscheinen lassen; und daß jeder Größe des absoluten Zeitunterschiedes ein bestimmter Grad der scheinbaren Seitlichkeit entspricht.

Die Vorrichtung gemäß der Erfindung benutzt die Abhängigkeit der scheinbaren Seitlichkeit der Schallrichtung von den angegebenen, sehr kleinen Zeitunterschieden und ermöglicht dadurch die Bestimmung der Schallrichtung mit einfachen Mitteln und mit einer bisher unerreichten Schärfe und Genauigkeit.

Das wesentliche Merkmal der Erfindung ist eine bestimmte Vergrößerung des absoluten Zeitunterschiedes, mit welchem der Schall die beiden Ohren erreicht, derart, daß sie eine ihr entsprechende Verfeinerung der akustischen Richtungsbestimmung gegenüber dem freien Hören in Luft bewirkt.

Dies wird z. B. durch folgende Vorrichtungen erreicht. Der Schall wird von zwei Schallempfängern, die voneinander um einen bestimmten unveränderlichen Betrag weiter abstehen, als die Ohren, aufgenommen und durch getrennte, gleichlange Leitungen zu den Ohren geführt; als Schallempfänger kommen Mikrophone, die nicht intensitätsgleich zu sein brauchen, oder Schalltrichter u. dgl. in Betracht.

Die Schallrichtung erscheint innerhalb der angegebenen Beträge des absoluten Zeit-

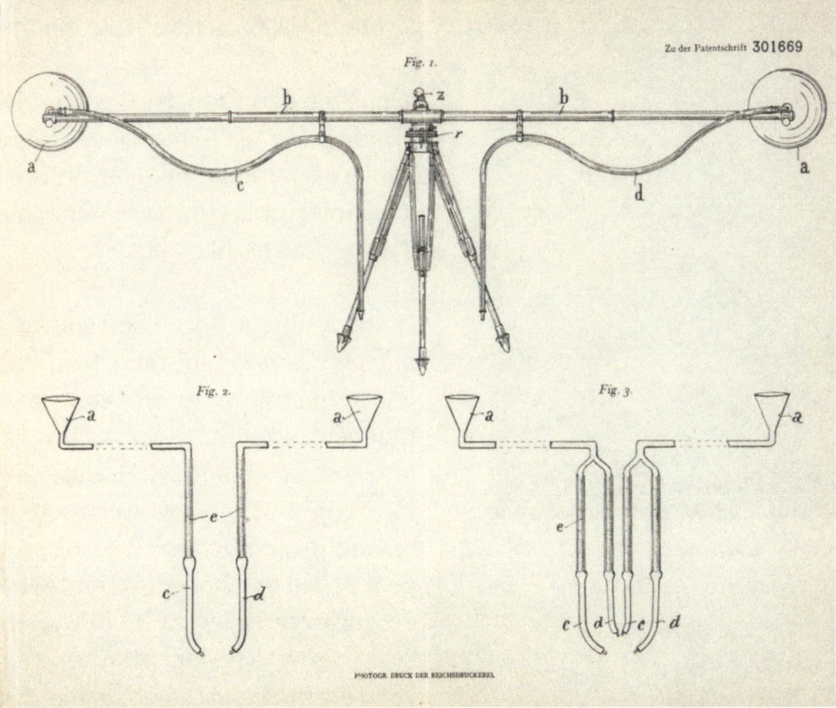

Patentschrift „Vorrichtung zur Bestimmung der Schallrichtung" von 1915

Deutsches Patent- und Markenamt

Im März 1915 begannen Erich von Hornbostel (1877–1935) und Max Wertheimer (1880–1943) – auf vorangegangene Arbeiten des Instituts aufbauend – die theoretischen Grundlagen des menschlichen Richtungshörens zu untersuchen. Im Juli ließen sie das resultierende Gerät bereits patentieren, ab 1916 war es auf den Schlachtfeldern des Ersten Weltkriegs im Einsatz.

Der Richtungshörer nach Hornborstel

Aus: Otto Wilhelm von Renz: Deutsche Flug-Abwehr im 20. Jahrhundert, Verlag E.S. Mittler & Sohn GmbH, Berlin und Frankfurt am Main 1960

An einer langen Basis angebrachte Schalltrichter vergrößerten künstlich den Abstand der Ohren, wodurch die Schallrichtung differenzierter wahrgenommen werden konnte. Für die Artillerieaufklärung war das Gerät wegen der Vielzahl der Geschützstellungen und der Kürze des Artilleriefeuers allerdings nur wenig hilfreich.

Adolf von Harnack (1851–1930)

Fotografie von J. C. Schaarwächter, 1891

© Humboldt-Universität, Universitätsbibliothek, Porträtsammlung

Adolf von Harnack war streitbarer Theologe und begnadeter Wissenschaftsorganisator zugleich. Auf seine Initiative wurde 1911 die Kaiser-Wilhelm-Gesellschaft zur Förderung von Wissenschaft und Forschung – die heutige Max-Planck-Gesellschaft – gegründet, deren Präsident er fast 20 Jahre lang gewesen ist.

Konfessionspolitisches Tauziehen

Schon die Berufung des liberalen Theologen Adolf von Harnack im Jahr 1888 war dem Evangelischen Oberkirchenrat ein Dorn im Auge. Für die Theologische Fakultät der Berliner Universität war der „fleissigste und originellste Kirchenhistoriker" trotz seiner manchmal sehr „extravaganten Urtheile" dagegen Wunschkandidat.

Harnack übte Kritik an den von der Kirche festgeschriebenen Dogmen und brachte sie damit in starke Bedrängnis. 1892 entluden sich die Spannungen im sogenannten „Apostolikumsstreit" an der Frage, ob das Apostolische Glaubensbekenntnis – trotz umstrittener Passagen wie der Jungfrauengeburt – verpflichtend sei. Harnacks vergleichsweise moderate Stellungnahme löste eine Flut kontroverser, zuweilen scharfer Beiträge in der kirchlichen wie weltlichen Berliner Presse aus. Dieses Mal gab das Kultusministerium dem Willen des Oberkirchenrates nach. An der Berliner Universität musste ein zusätzlicher Lehrstuhl für systematische Theologie errichtet und an einen Vertreter einer „positiven Theologie" vergeben werden. Bis heute kann die Kirche nach dem geltenden Staatskirchenrecht ihr Veto bei theologischen Berufungsverfahren einlegen.

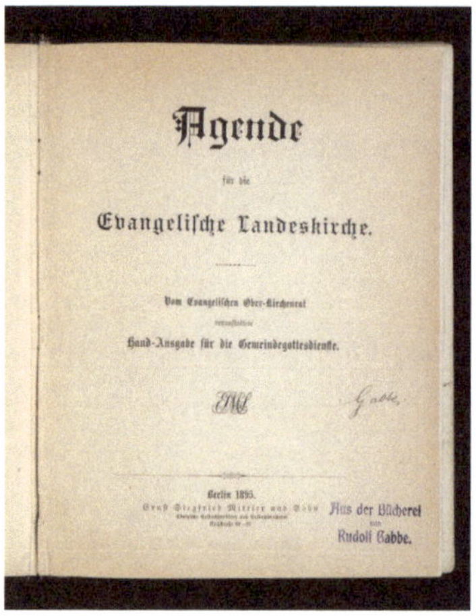

Agende

für die

Evangelische Landeskirche.

Vom Evangelischen Ober-Kirchenrat

veranstaltete

Hand-Ausgabe für die Gemeindegottesdienste.

Berlin 1895.

Aus der Bücherei

von

Rudolf Babbe.

Agende für die Evangelische Landeskirche, vom Evangelischen Ober-Kirchenrat veranstaltete Hand-Ausgabe für die Gemeindegottesdienste, Mittler, Berlin 1895

Humboldt-Universität, Universitätsbibliothek, Zweigbibliothek Theologie

Laut Agende, der Liturgie-Anleitung der protestantischen Kirche, ist das Apostolische Glaubensbekenntnis für den Hauptgottesdienst vorgeschrieben. Der württembergische Pfarrer Christoph Schrempf löste mit seiner Weigerung, das Apostolikum zu lesen, seine eigene Entlassung und den Apostolikumsstreit aus.

Alleinige Inseraten-Annahme bei **Rudolf Mosse** Annoncen-Expedition für sämmtliche Zeitungen Deutschlands u. d. Auslandes. in Berlin SW., Breslau, Chemnitz, Cöln a. Rh., Dresden, Frankfurt a. M., Hamburg, Leipzig, London, Magdeburg, Mannheim, München, Nürnberg, Paris, Prag, Strassburg i. E., Stuttgart Wien, Zürich.

Beiblatt zum Kladderadatsch.

Insertions-Gebühren für die 4-gespaltene Nonpareille-Zeile oder deren Raum 1 M = 1¼ Fr.

Nr. 44. Berlin, den 30. October 1892. XLV. Jahrgang.

Die evangelische Orthodoxie im Kampfe gegen Harnack.

Wie lacht in Rom der alte Drache!
Denn siegt der junge, siegt des Alten Sache.

Karikatur zum Apostolikumsstreit

Kladderadatsch Nr. 44 vom 30.10.1892

Leerstelle Psychoanalyse

Neuen Fachrichtungen und unbequemen Intellektuellen begegnete die Berliner Universität oft mit lang anhaltendem Widerstand. Auch positive Willensbekundungen einflussreicher gesellschaftlicher Kreise konnten daran manchmal nichts ändern.

Als sich der angesehene jüdische Nervenarzt Karl Abraham 1920 erstmals um einen Lehrauftrag für Psychoanalyse an der Medizinischen Fakultät bewarb, lehnte man ihn mit dem Hinweis auf die angebliche wissenschaftliche Unzuverlässigkeit seines Fachs strikt ab. Noch im selben Jahr gründete Abraham das private *Berliner Psychoanalytische Institut*.

10 Jahre später bemühte sich der Kultusminister selbst, für den Reformpädagogen Siegfried Bernfeld einen Lehrauftrag für psychoanalytische Pädagogik einzurichten. Bernfeld, ein scharfer Kritiker der zeitgenössischen Universitäts-Pädagogik, hatte neben dem Kultusminister sowohl Parteien und Verbände als auch bekannte Gelehrte wie Sigmund Freud auf seiner Seite – gegen den geschlossenen Widerstand der Philosophischen Fakultät kam er jedoch nicht an. Wieder wurde das Fach als unwissenschaftlich abgewertet und Bernfeld mangelnde Eignung unterstellt. Selbst nach 1945 gewann die Psychoanalyse an der Berliner Universität nicht mehr als eine randständige Stellung.

Siegfried Bernfeld (1892–1953), um 1931

Karl Abraham (1877–1925)

Gemälde von Conrad Westphal, 1924 | © BPI Karl Abraham-Institut Berlin

Alfred Grotjahn (1869–1931)

Vergesellschaftung von Wissenschaft

1920 – 35 Jahre nachdem Robert Koch den ersten Lehrstuhl für Hygiene an der Berliner Universität erhalten hatte – entstand hier, erneut gegen den Willen der Medizinischen Fakultät, der erste Lehrstuhl für Sozialhygiene. Mit Alfred Grotjahn hatte man diesen bestmöglich besetzt. Der 50-jährige Mediziner war der Wegbereiter des sozialhygienischen Konzepts, das eine Verbindung zwischen sozialen Verhältnissen und dem Entstehen und Verlauf von Krankheit sah. Aufgrund der im Verlauf der Industrialisierung entstandenen elenden Lebensverhältnisse in den Arbeitervierteln der Großstadt waren dies brennende Fragen geworden.

Unter Grotjahns Leitung entwickelte sich das sozialhygienische Seminar an der Berliner Universität zu einer Keimzelle des öffentlichen Gesundheitswesens. Zumeist in leitenden Positionen nahmen seine Schüler Einfluss auf die Gesundheitspolitik der Weimarer Republik. Sie bekämpften Säuglingssterblichkeit und Suchtprobleme und traten ebenso für die Sexualaufklärung wie für die Etablierung einer Gewerbehygiene ein.

Früh hatte Grotjahn rassenhygienische Positionen in sein Konzept mit einbezogen. Seine Schüler fanden sich später auch unter den Anwälten der nationalsozialistischen Vernichtungspolitik.

Gewerkschaftshaus in der Wallstraße

Aus: G. A. Platz: Die Baukunst der neuesten Zeit, Propyläen Verlag, Berlin 1927

Der Grotjahn-Schüler Franz-Karl Meyer-Brodnitz (1897–1943) leitete ab 1927 die Abteilung Gewerbehygiene im Allgemeinen Deutschen Gewerkschaftsbund.

Oberversicherungsamt in der Straße des 17. Juni

Alexandra Alice Vollnhals (1885–1969) hatte bei Grotjahn studiert und engagierte sich vor 1933 als Leiterin der Schwangerenfürsorge beim Verband der Krankenkassen für eine patientenorientierte Sozialhygiene. Nach der Machtergreifung der Nationalsozialisten trat sie vehement für deren menschenverachtende Bevölkerungspolitik ein.

Ministerium des Inneren Unter den Linden

Franz Goldmann (1895–1970), ein Habilitand Grotjahns, wurde 1929 Dezernent für Gesundheitsvorsorge im Reichsministerium des Inneren.

Eröffnung der Ausstellung „Planung und Aufbau im Osten" am 20.03.1941

© Bundesarchiv, Bild 183-B01718

Die Ausstellung erläuterte anhand von Modellen, wie sich der „Reichskommissar für die Festigung deutschen Volkstums" Heinrich Himmler die Neubesiedelung der Ostgebiete vorstellte. Anlässlich der Eröffnung hielt der Chef seiner Planungsabteilung Konrad Meyer (1901–1973, rechts außen) eine Ansprache vor hohen Funktionären des NS-Regimes.

Beflissene Erfüllungsgehilfen

Wie viele andere Wissenschaftler an der Berliner Universität stellte der Agrarwissenschaftler Konrad Meyer seine Forschung bereitwillig in den Dienst des NS-Regimes. Von 1934 bis 1945 leitete er das Institut für Agrarwesen und Agrarpolitik. Von Heinrich Himmler, dem „Reichskommissar für die Festigung deutschen Volkstums", wurde er mit Kriegsbeginn zum Chefplaner der SS-Umsiedlungspolitik ernannt. Seine Aufgabe war die Entwicklung des „Generalplan Ost", der die Ansiedlung von fünf Millionen Deutschen in Polen und dem Westen der Sowjetunion strukturell vorbereiten sollte. Meyers Institut wurde nach seinen eigenen Worten zum „geistigen Mittelpunkt der planungs- und siedlungspolitischen Wissenschaft".

Im besetzten Polen wurden die von Meyer erarbeiteten Umsiedlungsmaßnahmen teilweise umgesetzt. Hunderttausende Polen mussten deutschen Siedlern weichen – sie wurden unterworfen, vertrieben oder ermordet. Die vollständige Realisierung des „Generalplan Ost" verhinderte der verlorene Krieg. 1947/48 gelang es Konrad Meyer bei den Nürnberger Prozessen, seine Umsiedlungsplanungen als nicht politisch motivierte Grundlagenforschung zu deklarieren und seine akademische Karriere in Westdeutschland fortzusetzen.

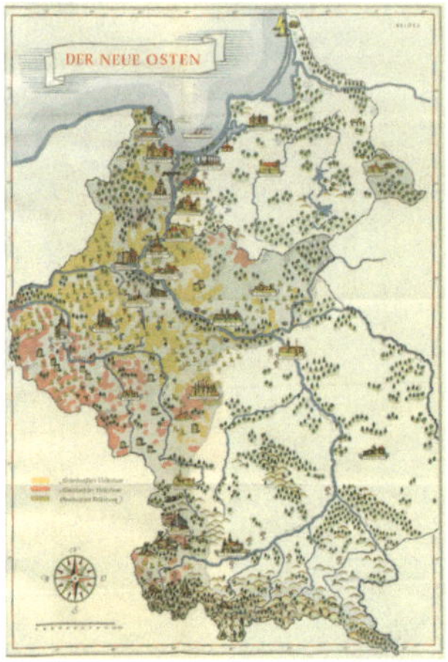

Landkarte „Der Neue Osten"

Aus: Konrad Meyer: Landvolk im Werden, Deutsche Landbuchhandlung, Berlin 1941 | © Humboldt-Universität, Universitätsbibliothek, Zweigbibliothek Campus Nord

Der Schein der idyllischen Karte trügt. Die deutsche Neubesiedelung der annektierten Ostgebiete setzte eine detailliert geplante Unterjochung, Vertreibung oder Ermordung der dort ansässigen Bevölkerung voraus. Mit der „Germanisierung Osteuropas" wurde eine leistungsfähige Agrargesellschaft angestrebt. Geplant wurde die Anlage deutscher Musterdörfer bis hin zur Architektur einzelner Bauernhöfe und Wohngebäude.

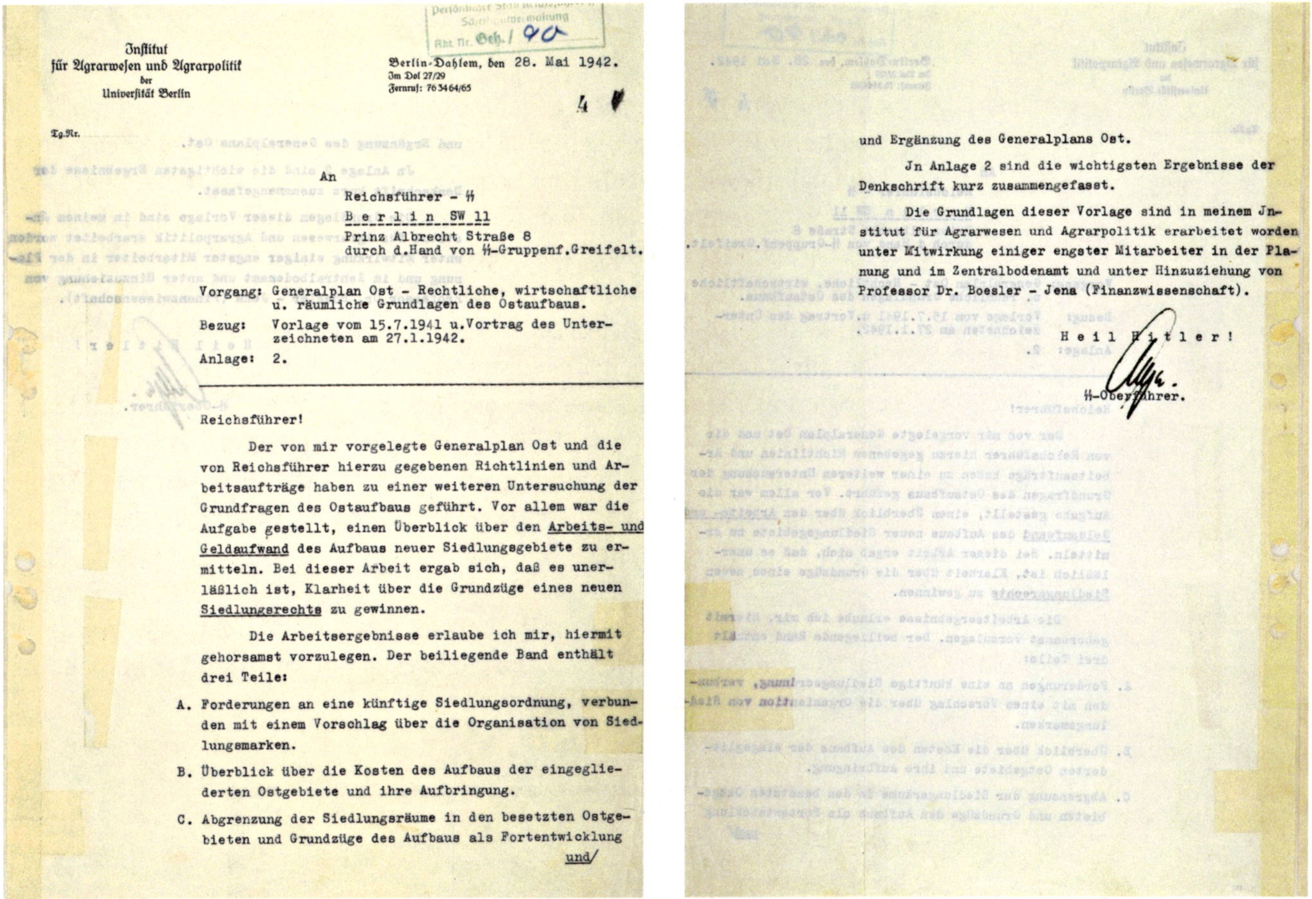

Institut
für Agrarwesen und Agrarpolitik
der
Universität Berlin

Berlin-Dahlem, den 28. Mai 1942.
Im Dol 27/29
Fernruf: 76 34 64/65

Akt. Nr. Geh./ 40

4

Tg.Nr.

An

Reichsführer - SS

Berlin SW 11

Prinz Albrecht Straße 8
durch d.Hand von SS-Gruppenf.Greifelt.

Vorgang: Generalplan Ost - Rechtliche, wirtschaftliche u. räumliche Grundlagen des Ostaufbaus.

Bezug: Vorlage vom 15.7.1941 u.Vortrag des Unterzeichneten am 27.1.1942.

Anlage: 2.

Reichsführer!

Der von mir vorgelegte Generalplan Ost und die von Reichsführer hierzu gegebenen Richtlinien und Arbeitsaufträge haben zu einer weiteren Untersuchung der Grundfragen des Ostaufbaus geführt. Vor allem war die Aufgabe gestellt, einen Überblick über den Arbeits- und Geldaufwand des Aufbaus neuer Siedlungsgebiete zu ermitteln. Bei dieser Arbeit ergab sich, daß es unerläßlich ist, Klarheit über die Grundzüge eines neuen Siedlungsrechts zu gewinnen.

Die Arbeitsergebnisse erlaube ich mir, hiermit gehorsamst vorzulegen. Der beiliegende Band enthält drei Teile:

A. Forderungen an eine künftige Siedlungsordnung, verbunden mit einem Vorschlag über die Organisation von Siedlungsmarken.

B. Überblick über die Kosten des Aufbaus der eingegliederten Ostgebiete und ihre Aufbringung.

C. Abgrenzung der Siedlungsräume in den besetzten Ostgebieten und Grundzüge des Aufbaus als Fortentwicklung

und/

und Ergänzung des Generalplans Ost.

Jn Anlage 2 sind die wichtigsten Ergebnisse der Denkschrift kurz zusammengefasst.

Die Grundlagen dieser Vorlage sind in meinem Jnstitut für Agrarwesen und Agrarpolitik erarbeitet worden unter Mitwirkung einiger engster Mitarbeiter in der Planung und im Zentralbodenamt und unter Hinzuziehung von Professor Dr. Boesler - Jena (Finanzwissenschaft).

Heil Hitler!

SS-Oberführer.

Brief von Konrad Meyer an Reichsführer SS Heinrich Himmler vom 28.05.1942

© Bundesarchiv, S 4RS / S 4VS

Mit diesem Brief übersandte Meyer eine Kurzfassung der von ihm entwickelten Denkschrift *Generalplan Ost. Rechtliche, wirtschaftliche und räumliche Grundlagen des Ostaufbaus.*

Studium im Staatsdienst

Auf eine von Franz von Liszt in der Mitte des 19. Jahrhunderts begründete Tradition zurückgehend, sollte nach dem Ende des Zweiten Weltkriegs die Kriminalistik wieder als Teil der juristischen Ausbildung an der Berliner Universität etabliert werden. 1952 als Institut für Kriminalistik innerhalb der Juristischen Fakultät gegründet, verselbständigte sich das Fach im Zuge der 3. Hochschulreform zu einer eigenen Sektion mit großer Staatsnähe. Wer 1962 seine Ausbildung zum Diplom-Kriminalisten begann, war vom Ministerium für Staatssicherheit, der Polizei oder dem Zoll an die Universität delegiert worden, frei bewerben konnte man sich nicht. Die Studierenden unterstanden weiterhin der Führung ihrer Dienststellen, an denen sich auch die Einteilung in die Seminargruppen orientierte. Der DDR-weit einzigartige Studiengang war jedoch ein rein ziviler und genoss, was die fachlichen Qualifikationen anbelangte, durchaus einiges Ansehen.

Die Wende überlebte die Kriminalistik als Fach jedoch nicht, 1990 wurde der Studiengang geschlossen. Die letzten Diplom-Kriminalisten verließen die Universität 1994.

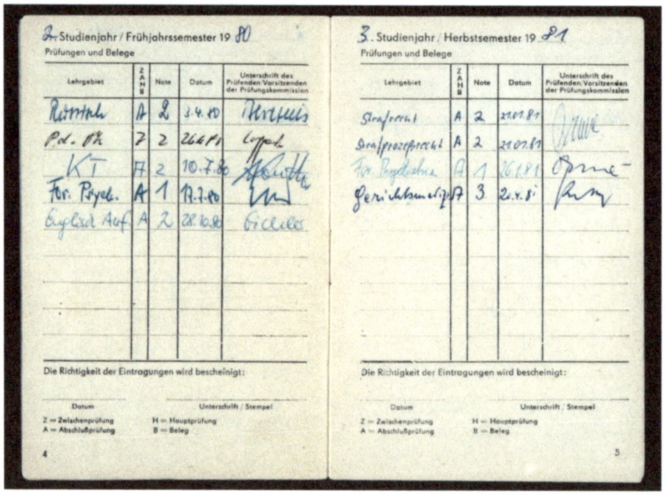

Studienbuch eines Kriminalistikstudenten, 1978

Privatleihgeber, Eberswalde

Die Ausbildung umfasste ein großes Spektrum an Fächern. Von Psychologie über Staatsrecht bis zur Gerichtsmedizin war alles vertreten. Nach dem Studium arbeiteten viele Absolventen als Spezialisten im Staatsdienst.

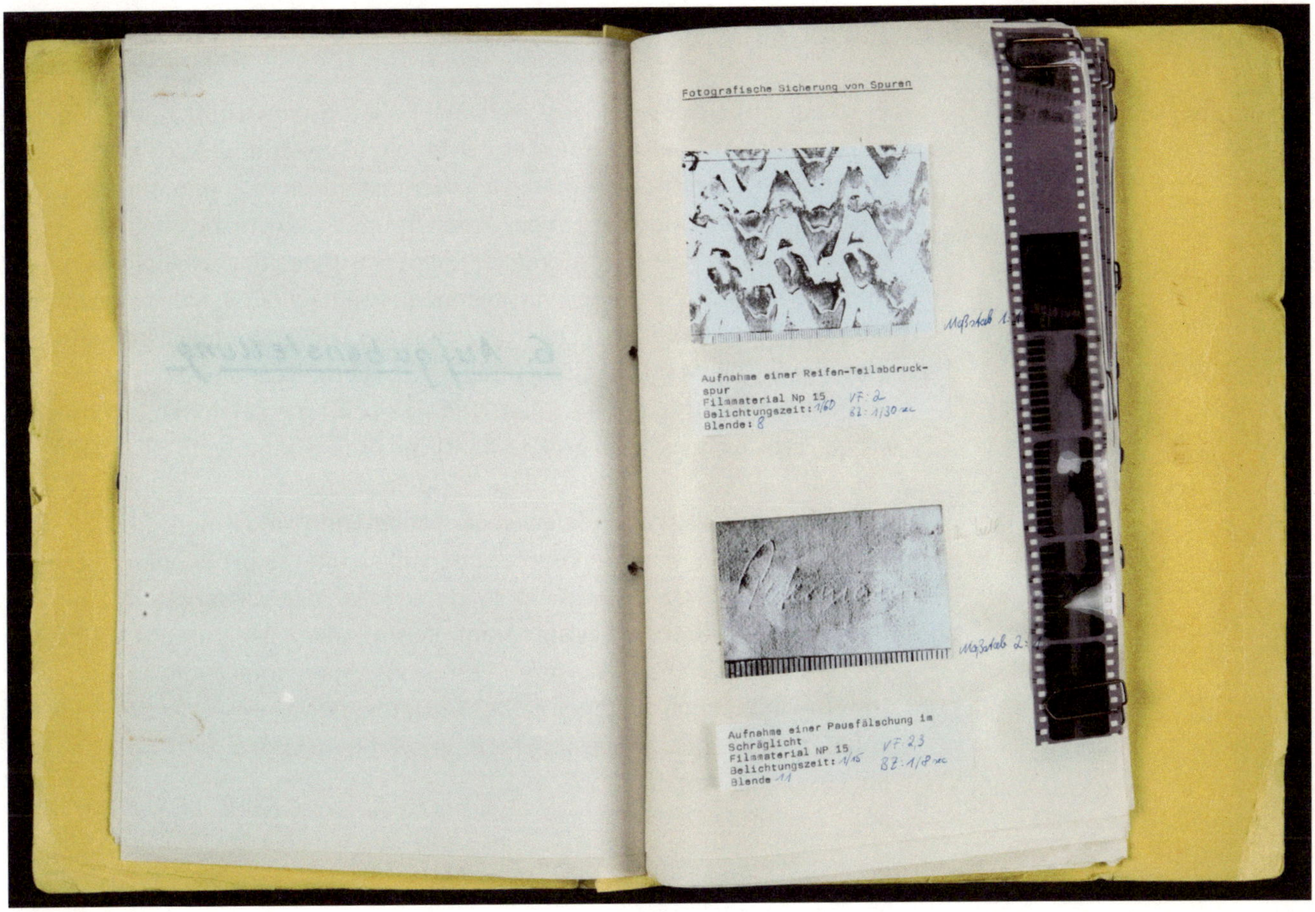

Mappe Fotopraktikum, 1978

Privatleihgeber, Eberswalde

Das Kriminalistikstudium war sehr praxisorientiert. Im Fotopraktikum befassten sich die Studierenden in nachgestellten Situationen mit der Dokumentation von Tatorten, Fingerabdrücken und Personen.

Fußball trifft Wissenschaft und Technik

Es ist ein ehrgeiziges Ziel: 2050 soll eine Robotermannschaft gegen den amtierenden Fußballweltmeister antreten und gewinnen. Auch an der Humboldt-Universität hat man diese Herausforderung angenommen. Seit 1997 optimieren Informatiker der Arbeitsgruppe „Künstliche Intelligenz" die Informationsverarbeitung kickender Roboter-Hunde oder zweibeiniger humanoider Maschinen und versuchen, sie in eine größtmögliche Reaktionsgeschwindigkeit zu übersetzen. Die komplexe Testumgebung „Fußballspiel" bietet optimale Möglichkeiten, intelligentes Verhalten in einer dynamischen Umgebung zu untersuchen. Und sie sichert dem erzielten technologischen Fortschritt zugleich große öffentliche Aufmerksamkeit.

Eine wichtige Arbeitsgrundlage ist die Kooperation mit Firmen, die die Hardware für den Bau von Robotern herstellen oder selbst Roboter mit komplexer Hardware entwickeln. Letztere stellen den Wissenschaftlern Informationen über die Basisprogrammierung sowie geeignete Schnittstellen für die Weiterentwicklung zur Verfügung. Manchmal sponsern die Unternehmen auch die regelmäßig stattfindenden Meisterschaften – die RoboCups. Hier hat die Humboldt-Universität bereits den einen oder anderen Pokal gewonnen.

Aibo-Roboter der zweiten Generation und Ball für den Roboter-Fußball

Humboldt-Universität, Institut für Informatik

Die Firma Sony hat den Roboterhund 1999 als Spielzeug auf den Markt gebracht. Weil seine eingebaute Schnittstelle eine weitergehende Programmierung erlaubt, schaffte er es auch in die Universitäten und für mehrere Jahre in die „Four-legged League" der RoboCups. 2006 hat Sony die Produktion der Aibos eingestellt.

Alle Teams spielen mit dem gleichen Ball. Im Kontext eines gelben Tors und von Spielpartnern mit rotem Farbmuster stellt die orangene Farbe bei wechselnder Beleuchtung hohe Anforderungen an die visuelle Differenzierungsleistung des Roboters.

Plakat zum RoboCup 2005 in Osaka

© RoboCup Federation

Nao-Roboter, 2008

Aldebaran Robotics, Paris

Mittels Kamera, Mikrofonen und Lautsprechern sowie komplexen Sensoren für Beschleunigungs- und taktile Reize kann Nao seine Umgebung wahrnehmen und auf sie reagieren. 2008 hat er die Ausschreibung für die „Standard Platform League“ der internationalen RoboCup Federation gewonnen. In diesem Wettbewerb benutzen alle Teams die gleichen Roboter.

Wissenschaft im Netzwerk

Am Ort ihrer Gründung fand die Berliner Universität seit der ersten Stunde eine Infrastruktur vor, die den notwendigen intellektuellen Austausch in hohem Maße gewährleistete. Zur *Königlich Preußischen Akademie der Wissenschaften* oder der *Charité* – beide schon vor 1810 präsent – gesellten sich im Laufe von zwei Jahrhunderten die *Physikalisch-Technische Reichsanstalt*, die Institute der *Kaiser-Wilhelm-* und heutigen *Max-Planck-Gesellschaft* sowie eine Vielzahl weiterer Forschungseinrichtungen, denen die Universität in fruchtbaren Kooperationen verbunden war und ist.

Seit jeher prägt sie auch den internationalen wissenschaftlichen Austausch, etwa als Gastgeberin von Kongressen oder durch die Herausgabe von Fachjournalen.

Theodor Mommsen (1817–1903)

Der Altertumswissenschaftler Theodor Mommsen konzentrierte sich in seiner Forschung auf die römische Geschichte. Für sein gleichnamiges mehrbändiges Werk erhielt er 1902 den Literaturnobelpreis.

Monumentale Spurensuche

In dem Bewusstsein, dass die aus der Antike erhaltenen lateinischen Inschriften unmittelbaren Zugang zur römischen Lebenswelt und Geschichte gewähren, initiierte Theodor Mommsen 1853 an der *Königlich Preußischen Akademie der Wissenschaften* das *Corpus Inscriptionum Latinarum (CIL)*. Zehn Jahre später – Mommsen war zwischenzeitlich auch Professor für römische Geschichte an der Universität – erschien bereits der erste Band.

Hinter dem Corpus stand das Ziel einer systematischen Sammlung und Veröffentlichung aller bekannten lateinischen Inschriften aus dem Gebiet des ehemaligen *Imperium Romanum*. Anders als sein Kollege August Boeckh, Professor für Philologie und ebenfalls Akademie-Mitglied, der sich bei seinem Corpus der griechischen Inschriften vor allem auf sekundäre Quellen verließ, bestand Mommsen darauf, jede einzelne Inschrift zu überprüfen. Dies setzte Kooperationen mit den Fachwissenschaftlern vor Ort voraus und mündete in eine große Sammlung von Abklatschen oder Clichés. Diese spiegelbildlichen Abformungen des Originals werden noch heute in der *Berlin-Brandenburgischen Akademie der Wissenschaften* aufbewahrt und für Forschungszwecke zur Verfügung gestellt.

Abklatsch der Inschrift CIL V56

Pula, Kroatien, 2. Hälfte 19. Jh. | Berlin-Brandenburgische Akademie der Wissenschaften, Akademievorhaben CIL

Zu Beginn des 3. Jahrhunderts n. Chr. war die Originalinschrift Teil einer Statue, die, wie man erfährt, einem der beiden Bürgermeister der Gemeinde zu Ehren aufgestellt worden war. Heute befindet sich das Original im Archäologischen Museum der Stadt Pula in Istrien / Kroatien.

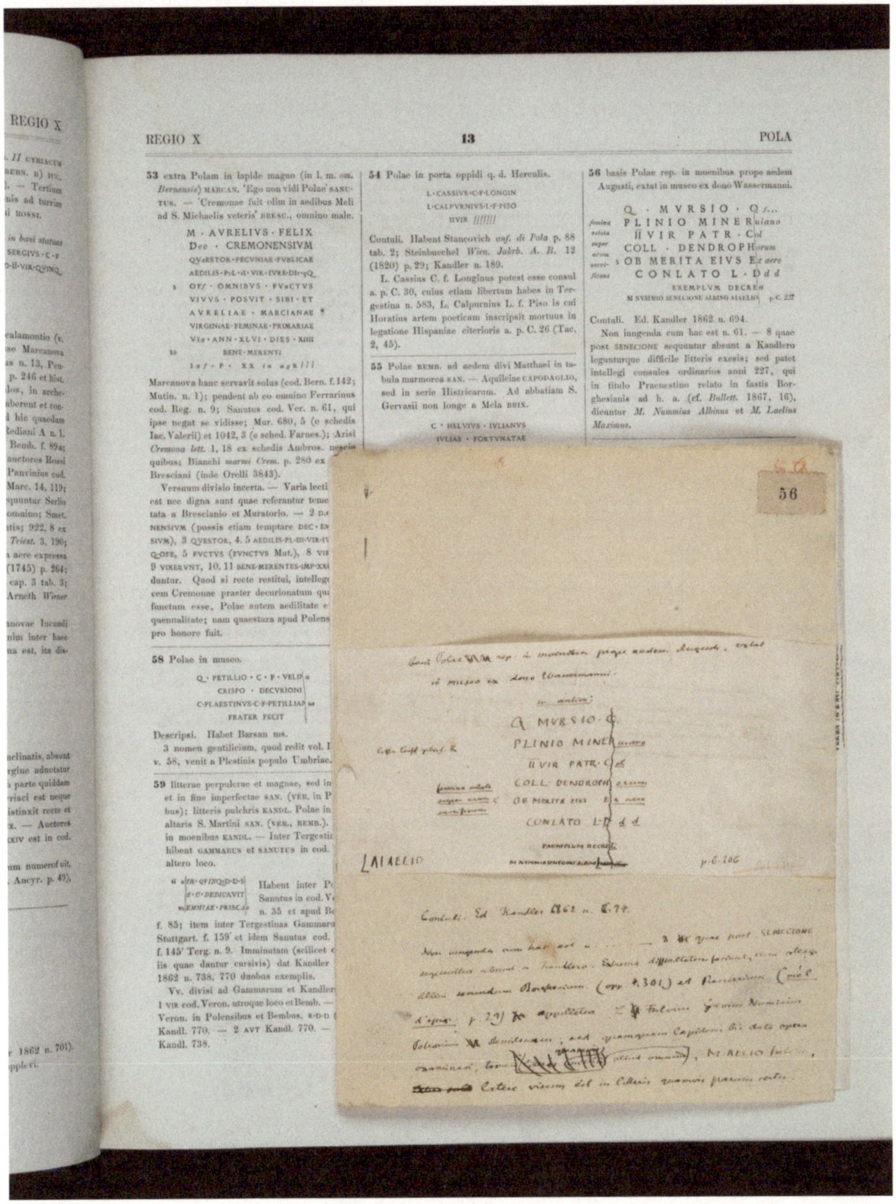

Theodor Mommsen (Hg.): Corpus Inscriptionum Latinarum, Vol. V: Inscriptiones Galliae Cisalpinae Latinae, Pars I. Inscriptiones regionis Italiae decimae, Georg Reimer, Berlin 1872

Berlin-Brandenburgische Akademie der Wissenschaften, Akademievorhaben CIL

Die ersten Bände (die sogenannten „Stammbände") des *Corpus Inscriptionum Latinarum* haben Theodor Mommsen und seine Mitarbeiter selbst herausgegeben. Das von ihm begonnene Monumentalwerk wird noch heute an der *Berlin-Brandenburgischen Akademie der Wissenschaften* fortgeführt. Zwischenzeitlich sind über 180.000 Inschriften erfasst.

Schede zur Inschrift CIL V56 von Theodor Mommsen

Berlin-Brandenburgische Akademie der Wissenschaften, Akademievorhaben CIL

Scheden wie diese von der Hand Mommsens gingen zu jeder einzelnen Inschrift seinerzeit an die Druckerei und wurden direkt gesetzt.

Universität im Weltall

Nicht lange nachdem sich die Sektion Elektronik 1970 an der Humboldt-Universität gegründet hatte, war das messtechnische Know-how der dortigen Wissenschaftler gefragt. Ihre Teilnahme an den internationalen Projekten des sowjetischen Raumfahrtprogramms *INTERKOSMOS* wurde von der *Akademie der Wissenschaften der DDR* und dem dortigen *Institut für Kosmosforschung* vermittelt.

Es galt, materialwissenschaftliche Experimente unter den Bedingungen der Schwerelosigkeit durchzuführen. Wenn man aus den Strukturveränderungen, die beim Schmelzen und Erstarren ausgewählter Materialien entstanden, verlässliche Schlüsse ziehen wollte, mussten die kritischen Einflussgrößen „Beschleunigung" und „Temperatur" genau bestimmbar sein. Die Entwicklung der hierfür notwendigen Messgeräte, die auf den russischen Raumstationen *Sojus* und *Mir* im Einsatz waren, übernahm das Team an der Humboldt-Universität. Nachdem das Projekt 13 Jahre lang an der Sektion Elektronik angesiedelt war, ging diese Aufgabe 1993 an das Institut für Informatik über. Die Koordination der internationalen Programme übernahm ab 1992 anstelle der *Akademie der Wissenschaften* das *Deutsche Zentrum für Luft- und Raumfahrt* in Köln.

Die russische Raumstation Mir im Jahr 1998

© NASA

Das Basismodul der größten und bekanntesten russischen Raumstation wurde 1986 ins All befördert und in den folgenden Jahren durch mehrere Wissenschaftsmodule ergänzt. Im Jahr 2001 wurde die Mir aus finanziellen und alterungsbedingten Gründen kontrolliert zum Absturz gebracht.

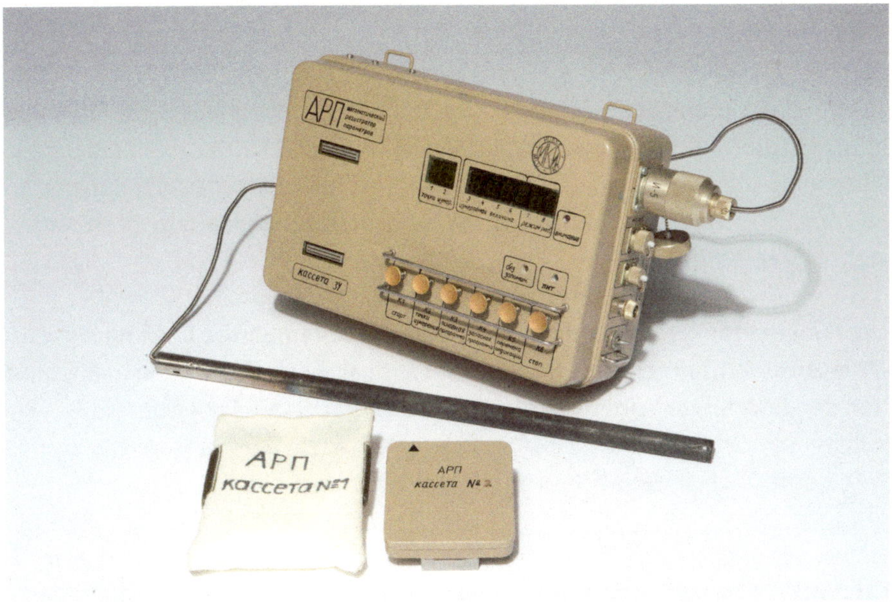

Automatisches Registriergerät für Prozessparameter (ARP) mit Sonde und Datenkassette mit Transportsack, 1980er-Jahre | Reinhard Röstel, Berlin
Das ARP ließ sich mit verschiedenen Thermo-Sonden für unterschiedliche Experimente bestücken. Durch hoch genaue Temperaturmessungen bis zu 1.200°C ermöglichte es materialwissenschaftliche Untersuchungen unter den speziellen Bedingungen der Raumstation. Besonders innovativ war der austauschbare Speicher, der in Form einer Datenkassette auf der linken Seite aufgesteckt werden konnte.

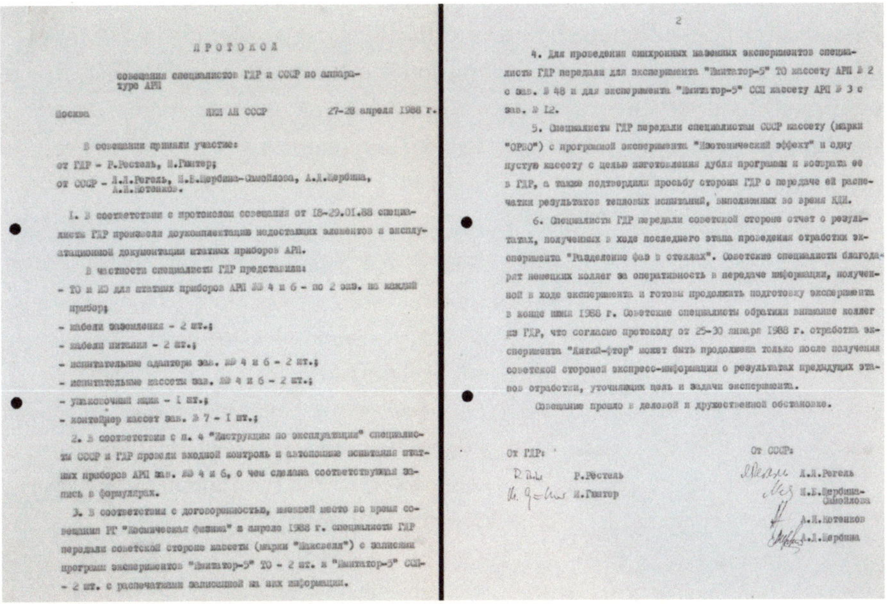

ПРОТОКОЛ

совещания специалистов ГДР и СССР по аппаратуре АРП

Москва ИКИ АН СССР 27-28 апреля 1988 г.

В совещании приняли участие:
от ГДР - Р.Рёстель, И.Гинтер;
от СССР - А.А.Регель, И.Б.Щербина-Самойлова, А.Д.Щербина, А.И.Котенков.

1. В соответствии с протоколом совещания от 18-29.01.88 специалисты ГДР произвели доукомплектацию недостающих элементов и эксплуатационной документации штатных приборов АРП.

В частности специалисты ГДР представили:
- ТО и ИЭ для штатных приборов АРП №№ 4 и 6 - по 2 экз. на каждый прибор;
- кабели заземления - 2 шт.;
- кабели питания - 2 шт.;
- испытательные адаптеры зав. №№ 4 и 6 - 2 шт.;
- испытательные кассеты зав. №№ 4 и 6 - 2 шт.;
- упаковочный ящик - 1 шт.;
- контейнер кассет зав. № 7 - 1 шт.;

2. В соответствии с п. 4 "Инструкции по эксплуатации" специалисты СССР и ГДР провели входной контроль и автономные испытания штатных приборов АРП зав. №№ 4 и 6, о чем сделана соответствующая запись в формулярах.

3. В соответствии с договоренностью, имевшей место во время совещания РГ "Космическая физика" в апреле 1988 г. специалисты ГДР передали советской стороне кассеты (марки "Максвелл") с записями программ экспериментов "Имитатор-5" ТО - 2 шт. и "Имитатор-5" ССП - 2 шт. с распечатками записанной на них информации.

2

4. Для проведения синхронных наземных экспериментов специалисты ГДР передали для эксперимента "Имитатор-5" ТО кассету АРП № 2 с зав. № 48 и для эксперимента "Имитатор-5" ССП кассету АРП № 3 с зав. № 12.

5. Специалисты ГДР передали специалистам СССР кассету (марки "ОРВО") с программой эксперимента "Изотопический эффект" и одну пустую кассету с целью изготовления дубля программы и возврата ее в ГДР, а также подтвердили просьбу стороны ГДР о передаче ей распечатки результатов тепловых испытаний, выполненных во время КДИ.

6. Специалисты ГДР передали советской стороне отчет о результатах, полученных в ходе последнего этапа проведения отработки эксперимента "Разделение фаз в стеклах". Советские специалисты благодарят немецких коллег за оперативность в передаче информации, полученной в ходе эксперимента и готовы продолжить подготовку эксперимента в конце июня 1988 г. Советские специалисты обратили внимание коллег из ГДР, что согласно протоколу от 25-30 января 1988 г. отработка эксперимента "Литий-фтор" может быть продолжена только после получения советской стороной экспресс-информации о результатах предыдущих этапов отработки, уточняющих цель и задачи эксперимента.

Совещание прошло в деловой и дружественной обстановке.

От ГДР: Р.Рёстель, И.Гинтер

От СССР: А.А.Регель, И.Б.Щербина-Самойлова, А.И.Котенков, А.Д.Щербина

Übergabeprotokoll an die sowjetische Akademie der Wissenschaften in Moskau, 1988 | Reinhard Röstel, Berlin
Innerhalb des sowjetischen Programms *INTERKOSMOS* übernahm die *Akademie der Wissenschaften der DDR* die Koordination und den Kontakt zum *Institut für Kosmosforschung (IKI)* in Moskau. An der Übergabe von Geräten waren aber auch Fachwissenschaftler der Universität beteiligt, wie ein noch erhaltenes Protokoll belegt.

Wissen ohne Grenzen

2009 rief die sowohl mit der Kunst- und Bildgeschichte wie mit der Philosophie assoziierte Kolleg-Forschergruppe *Bildakt und Verkörperung* an der Humboldt-Universität ein Kooperationsprojekt ins Leben, das vier Partner aus drei Ländern zusammenführt. Im Fokus ihres gemeinsamen Interesses steht Edgar Wind.

Der Kunsthistoriker und Philosoph, in Berlin geboren, zählte Ende der 1920er-Jahre zum Hamburger Kreis um Aby Warburg. Nach Aufenthalten in England und den USA folgte Wind 1955 einem Ruf auf den ersten Lehrstuhl für Kunstgeschichte an der *University of Oxford*. Dort, in der *Bodleian Library*, wird heute auch sein Nachlass aufbewahrt.

Neben der englischen Bibliothek sitzen auch das Berliner *Max-Planck-Institut für Wissenschaftsgeschichte* und das Schweizer *Institut d'Histoire de l'Art & de Muséologie* an der *Université de Neuchâtel* mit im Boot. Mit vereinten Kräften wollen sie die Schriften und Notizen des scharfsinnigen Analytikers wissenschaftlich aufbereiten und veröffentlichen. Das Medium einer im Internet frei zugänglichen Datenbank soll Forschenden aus aller Welt ortsungebundenen Zugang zu dem vorhandenen Material gewähren. Hierfür gilt es, den Inhalt aus über 100 Archivboxen zu sichten, zu edieren und zu digitalisieren.

Der Edgar Wind-Nachlass in der Bodleian Library

Inhalt einer Archivbox aus dem Edgar Wind-Nachlass

Edgar Wind (1900–1971) beschäftigte sich über 30 Jahre mit den Fresken Raffaels in der *Stanza della Segnatura* im Vatikan, besonders mit der *Schule von Athen*. Die geplante Publikation blieb unvollendet. Die Archivbox enthält einen Bruchteil seiner zahlreichen Notizen zu diesem Thema.

Das Projekt *European Cultural Heritage Online (ECHO)* geht auf eine Initiative der *Max-Planck-Gesellschaft* zurück, mit dem Ziel, europäisches Kulturerbe im Internet frei verfügbar zu machen. Auch der Nachlass von Edgar Wind soll zukünftig hier abrufbar sein.

Edgar Wind: Heilige Furcht und andere Schriften zum Verhältnis von Kunst und Philosophie, hg. von J. M. Krois und R. Ohrt, Fundus Bd. 174, Philo Fine Arts, Hamburg 2009 | John Michael Krois, Berlin

Bereits im Hinblick auf das Kooperationsprojekt entstand unter Beteiligung der Humboldt-Universität ein erster Band mit Texten von Edgar Wind aus den 1930er- und 1940er-Jahren.

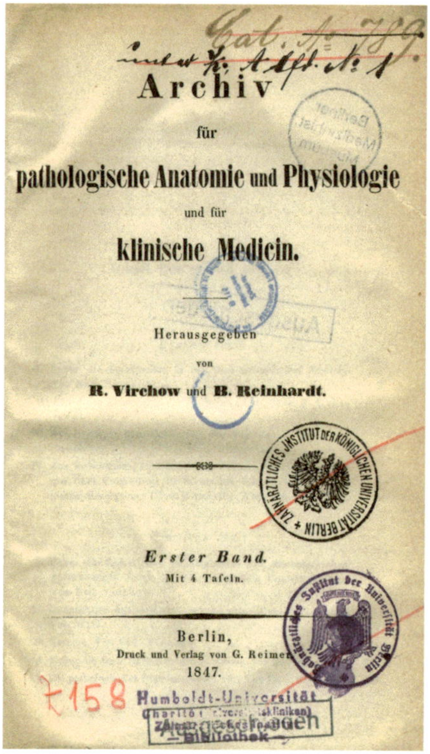

Archiv für pathologische Anatomie und Physiologie und für klinische Medizin, hg. von R. Virchow und B. Reinhardt, Bd. 1, G. Reimer, Berlin 1847

Rudolf Virchow (1821–1902) rief das Fachjournal 1847 ins Leben, fast zehn Jahre bevor er die Leitung des eigens für ihn gegründeten ersten Pathologischen Instituts in Berlin übernahm. Der Sektionsbetrieb an der Charité-Prosektur unterstand dem Pathologen jedoch auch damals schon. Das Journal erscheint noch heute – als *Virchows Archiv. The European Journal of Pathology.*

Pegasus. Berliner Beiträge zum Nachleben der Antike, hg. von H. Bredekamp und A. Nesselrath, Heft 1, Gulde Druck GmbH, Tübingen 1999

Seit 1999 erscheint einmal jährlich der *Pegasus*. Er ist das mehrsprachige Organ des Census-Projekts, das am Kunstgeschichtlichen Seminar der Humboldt-Universität angesiedelt ist. Während sich das Census-Projekt – eine computergestützte Datenbank zur Antikenrezeption – auf die Epoche der Renaissance beschränkt, steht der *Pegasus* Themen aus allen nachantiken Epochen offen.

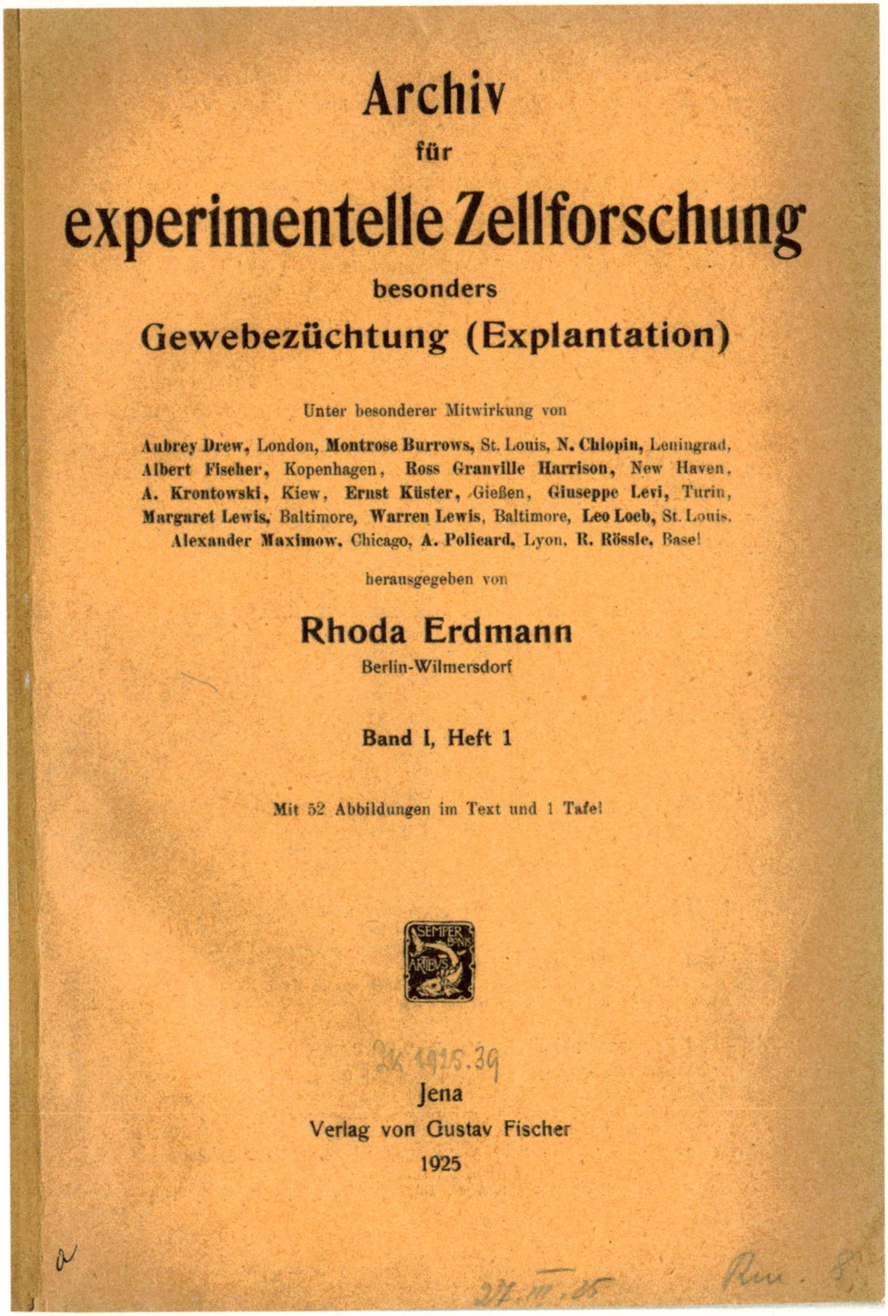

Archiv
für
experimentelle Zellforschung
besonders
Gewebezüchtung (Explantation)

Unter besonderer Mitwirkung von
Aubrey Drew, London, **Montrose Burrows**, St. Louis, **N. Chlopin**, Leningrad, **Albert Fischer**, Kopenhagen, **Ross Granville Harrison**, New Haven, **A. Krontowski**, Kiew, **Ernst Küster**, Gießen, **Giuseppe Levi**, Turin, **Margaret Lewis**, Baltimore, **Warren Lewis**, Baltimore, **Leo Loeb**, St. Louis, **Alexander Maximow**, Chicago, **A. Policard**, Lyon, **R. Rössle**, Basel

herausgegeben von

Rhoda Erdmann
Berlin-Wilmersdorf

Band I, Heft 1

Mit 52 Abbildungen im Text und 1 Tafel

Jena
Verlag von Gustav Fischer
1925

Archiv für experimentelle Zellforschung besonders Gewebezüchtung (Explantation), hg. von R. Erdmann, Bd. 1, Gustav Fischer, Jena 1925

Die Mitbegründerin der experimentellen Zellbiologie Rhoda Erdmann (1870–1935) begann 1925 mit der Herausgabe einer Fachzeitschrift, die „in sehr würdiger Form die von mir vertretene Arbeitsdisziplin als einzige Zeitschrift der Welt widerspiegelt." An der Berliner Universität baute Erdmann zunächst eine eigene Abteilung, später ein eigenständiges Institut für experimentelle Zellforschung auf. Das Periodikum erschien bis zu ihrem Tod im Jahr 1935.

VII. Internationaler Geographen-Kongress

Berlin – 28. September bis 4. Oktober 1899

Es war nicht zuletzt dem hohen Ansehen Ferdinand von Richthofens – Professor für Physische Geografie und Vorsitzender der *Gesellschaft für Erdkunde* – zu verdanken, dass Geografen aus aller Welt 1899 erstmals in Berlin zusammen kamen. Die Polar- und Meeresforschung, Kartierungsprojekte sowie die Ratifizierung der 24 Weltzeitzonen waren zentrale Tagungsthemen. Auch die von kolonialem Interesse getragene Politik maß dem Ereignis einige Bedeutung zu – diese spiegelt sich in finanziellen Zuwendungen und im Tagungsort: den prächtigen Räumlichkeiten des Preußischen Abgeordnetenhauses.

Postkarte anlässlich des VII. Geographen-Kongresses

Ferdinand Freiherr von Richthofen (1833–1905)

DIE UMSCHAU

ÜBERSICHT ÜBER DIE FORTSCHRITTE UND BEWEGUNGEN AUF DEM GESAMTGEBIET DER WISSENSCHAFT, TECHNIK, LITTERATUR UND KUNST

herausgegeben von

DR. J. H. BECHHOLD.

Wöchentlich eine Nummer.
Zu beziehen durch
alle Buchhandlungen und
Postanstalten.
Postzeitungspreisliste No. 7362.

Preis vierteljährlich
M 2.50.
Jahres-Abonnement
Preis M. 10.–
Im Ausland nach Cours.

Geschäftsstelle: Berlin W., Potsdamerstrasse 67.
Redaktionelle Sendungen und Zuschriften zu richten an: Redaktion der «Umschau», Frankfurt a. M., Neue Kräme 19/21.

№ 40. III. Jahrg. *Nachdruck aus dem Inhalt der Zeitschrift ohne Erlaubnis der Redaktion verboten* 1899. 30. September.

Der 7. internationale Geographenkongress.

Prof. CHUN.
Leiter der Valdivia-Expedition.

John Murray
Leiter der Challenger-Expedition.

FRITHJOF NANSEN.

Als im Jahre 1895 der sechste internationale Geographenkongress in London tagte, wurde trotz dringender Einladungen aus den Vereinigten Staaten von Amerika die Notwendigkeit empfunden, die nächste Zusammenkunft in Deutschland abzuhalten. Kann doch im Jahre 1899 die geographische Wissenschaft ein Gedenkfest voller Dankbarkeit gegen die Arbeit deutscher Gelehrter feiern; denn gerade vor 100 Jahren reiste A. v. Humboldt, von dem die Vertiefung der geographischen Anschauungs- und Auffassungsweise ausgegangen ist, nach Südamerika ab, und diese Reise hat ihn zum Vater der modernen Erdkunde gemacht. Über den Kongress, der vom 28. September bis zum 4. Oktober in Berlin beisammen ist, hat bereits Nr. 21 der „Umschau" berichtet (S. 414). — Es bedarf die Geographie fast mehr noch als andere Wissenschaften zu ihrer thatkräftigen Förderung internationaler Vereinbarungen sowohl für methodische Fragen wie für die thatsächlichen Forschungsergebnisse, die man erreichen möchte. Beispielsweise ist man seit dem 5. internationalen Kongress in Bern 1891 an die Herstellung einer wissenschaftlich einwandfreien *Erdkarte* 1:1000000 gegangen. Prof. Penck, der verdienstvolle Verfasser der zweibändigen Morphologie der Erdoberfläche, der den Wiener Lehrstuhl für physik. Erdkunde inne hat und seit 1892 Vorsitzender der Centralkommission für wissen-

Umschau 1899.

40

Bericht über den VII. Geographen-Kongress in „Die Umschau" vom 30. September 1899

V. Internationaler Zoologen-Kongress

Berlin – 12. bis 16. August 1901

„Die Wissenschaft ist etwas rein Objektives, aber dennoch kann sie des persönlichen Verkehrs der Gelehrten nicht entbehren" befand 1901 der Rektor der Universität Adolf von Harnack anlässlich der Eröffnung des Internationalen Zoologen-Kongresses. Organisiert wurde dieser vom universitären Museum für Naturkunde – Präsident des Kongresses war dessen Direktor Karl Moebius. Den wissenschaftlichen Austausch begleiteten wie üblich Exkursionen und ein gesellschaftliches Rahmenprogramm.

Einladung
der Stadt Berlin
zu der
am 14. August 1901, Abends 8 Uhr
in den
Festräumen des Rathhauses
(Eingang Königstrasse)
stattfindenden Begrüssung des
V. internationalen Zoologen-Kongresses.
Eintritt ist nur gegen Abgabe dieser Karte gestattet.
Gefälligst Gesellschaftsanzug.
GEBR. GRUNERT, BERLIN S.W.

Einladung zum Begrüßungsempfang im Berliner Rathaus | © Stiftung Stadtmuseum Berlin, Reproduktion: Oliver Ziebe, Berlin

V. Internationaler Zoologen-Congress
Zoologischer Garten • Berlin 1901 • Mittwoch, 14. August
MENU.
Consommé moëlle
Saumon du Rhin à la vinaigrette
Filet de boeuf sauce madère
Légumes
Fromage
Café — Liqueur

Menü-Karte
© Stiftung Stadtmuseum Berlin, Reproduktion: Oliver Ziebe, Berlin

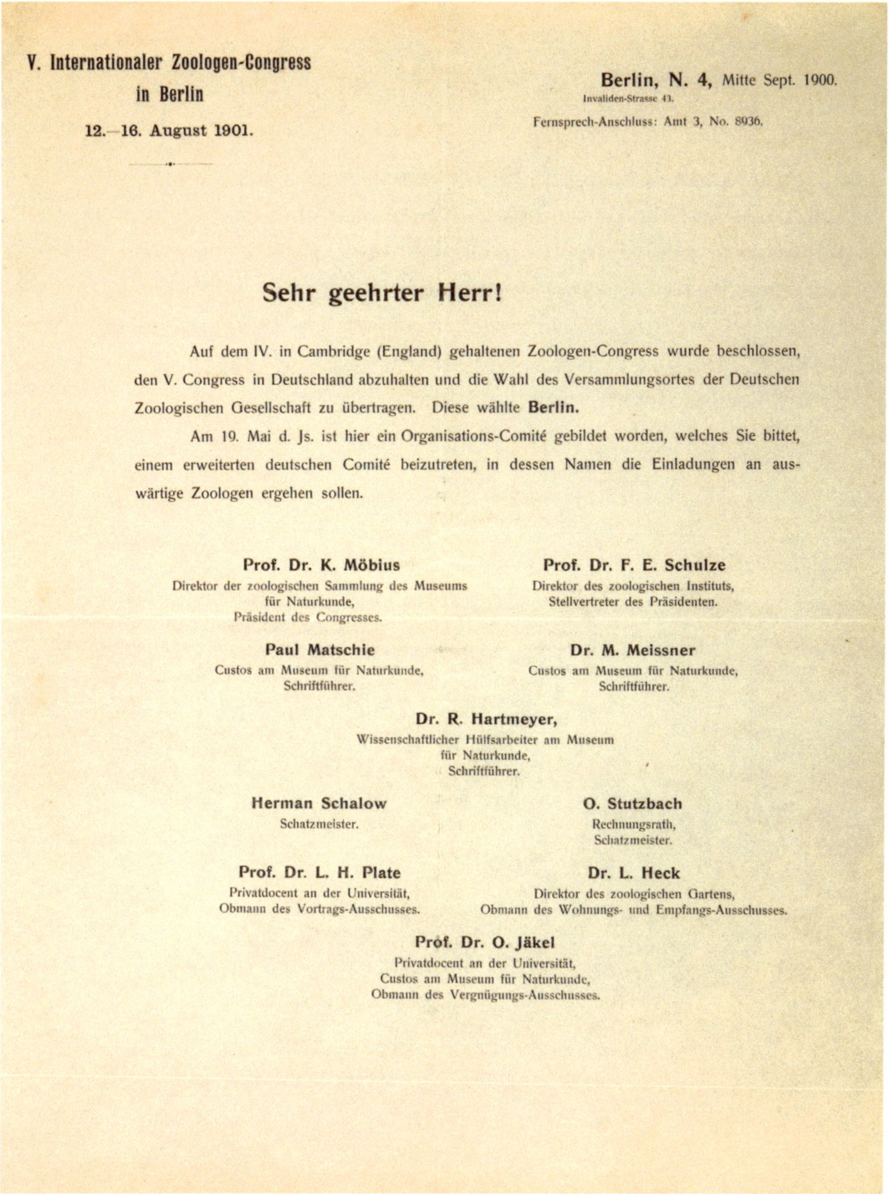

V. Internationaler Zoologen-Congress
in Berlin
12.—16. August 1901.

Berlin, N. 4, Mitte Sept. 1900.
Invaliden-Strasse 43.
Fernsprech-Anschluss: Amt 3, No. 8936.

Sehr geehrter Herr!

Auf dem IV. in Cambridge (England) gehaltenen Zoologen-Congress wurde beschlossen, den V. Congress in Deutschland abzuhalten und die Wahl des Versammlungsortes der Deutschen Zoologischen Gesellschaft zu übertragen. Diese wählte **Berlin.**

Am 19. Mai d. Js. ist hier ein Organisations-Comité gebildet worden, welches Sie bittet, einem erweiterten deutschen Comité beizutreten, in dessen Namen die Einladungen an auswärtige Zoologen ergehen sollen.

Prof. Dr. K. Möbius
Direktor der zoologischen Sammlung des Museums für Naturkunde,
Präsident des Congresses.

Prof. Dr. F. E. Schulze
Direktor des zoologischen Instituts,
Stellvertreter des Präsidenten.

Paul Matschie
Custos am Museum für Naturkunde,
Schriftführer.

Dr. M. Meissner
Custos am Museum für Naturkunde,
Schriftführer.

Dr. R. Hartmeyer,
Wissenschaftlicher Hülfsarbeiter am Museum für Naturkunde,
Schriftführer.

Herman Schalow
Schatzmeister.

O. Stutzbach
Rechnungsrath,
Schatzmeister.

Prof. Dr. L. H. Plate
Privatdocent an der Universität,
Obmann des Vortrags-Ausschusses.

Dr. L. Heck
Direktor des zoologischen Gartens,
Obmann des Wohnungs- und Empfangs-Ausschusses.

Prof. Dr. O. Jäkel
Privatdocent an der Universität,
Custos am Museum für Naturkunde,
Obmann des Vergnügungs-Ausschusses.

Karl August Moebius (1825–1908)

Gemälde von Ernst Hildebrand, 1895

© Humboldt-Universität, Universitätsbibliothek, Porträtsammlung

Einladung zur Mitwirkung an der Kongressplanung

© Stiftung Stadtmuseum Berlin, Reproduktion: Oliver Ziebe, Berlin

VI. Internationaler Kongress für Archäologie

FREITAG, DEN 25. AUGUST 1939 · 10 UHR

GUTSCHEIN

für die Hin- und Rückfahrt

zur Besichtigung des

nationalsozialistischen Musterbetriebes

einer Berliner Großbrauerei

Treffpunkt: Kaiser-Franz-Joseph-Platz

VI. INTERNATIONALER KONGRESS FÜR ARCHÄOLOGIE

Veranstaltungs-Gutschein aus einer Teilnehmerkarte

© Deutsches Archäologisches Institut Berlin, Archiv

Berlin – 21. bis 26. August 1939

Der VI. Internationale Kongress für Archäologie fand wenige Tage vor Ausbruch des Zweiten Weltkriegs statt – manche Tagungsteilnehmer reisten vorzeitig ab; die ursprünglich geplante Exkursion, eine Rheinlandreise, wurde gestrichen. Die Organisation des Kongresses hatte das Deutsche Archäologische Institut übernommen, die Friedrich-Wilhelms-Universität stellte die Räumlichkeiten. Zum letzten Mal hatte sich das NS-Regime hier als potente Wissenschaftsnation präsentieren können.

Kongress-Eröffnung in der großen Aula der Friedrich-Wilhelms-Universität

© Deutsches Archäologisches Institut Berlin, Archiv

MONTAG, DEN 21. AUGUST 1939

10^{30} **FEIERLICHE ERÖFFNUNG DES KONGRESSES**
in der grossen Aula der Universität am Kaiser-Franz-Joseph-Platz

FESTLICHE EINLEITUNG aus einer Suite (1695)
Joh. Kasp. Ferd. Fischer (1650-1746)
Professor Dr. A. Schering mit der Orchestervereinigung

BEGRÜSSUNG durch den Präsidenten des Kongresses
Dr. MARTIN SCHEDE

ERÖFFNUNG DES KONGRESSES durch den Herrn Reichsminister für Wissenschaft, Erziehung und Volksbildung,
Dr. BERNHARD RUST

ANSPRACHE Seiner Magnifizenz des Herrn Rektors der Friedrich-Wilhelms-Universität, Berlin, Professor Dr. WILLY HOPPE

ANSPRACHE des Herrn Professors Dr. EUGÈNE ALBERTINI, Generalsekretär des V. Internationalen Kongresses für Archäologie Algier, Paris

ANSPRACHE eines Vertreters der ausländischen Archäologie

SCHLUSSANSPRACHE des Herrn Präsidenten
Dr. MARTIN SCHEDE

OUVERTÜRE zum Oratorium »Herakles« (1744)
G. F. Händel (1685-1759)
Professor Dr. A. Schering mit der Orchestervereinigung

(Dunkler Anzug oder Uniform)

13^{00} **BEGRÜSSUNGSEMPFANG**
der ausländischen Kongressteilnehmer durch den Herrn Stadtpräsidenten und Oberbürgermeister der Stadt Berlin Dr. LIPPERT im Berliner Rathaus (auf besondere Einladung)

9

MONTAG, DEN 21. AUGUST 1939

ARBEITSSITZUNGEN DER SEKTIONEN I

Hörsaal Sektion: Methode und allgemeine Archäologie

1. Allgemeine Fragen

15^{30}–16^{00} Präsident CARLO GALASSI PALUZZI, Rom:
Il contributo dell'Istituto di Studi Romani agli Studi Archeologici.

16^{00}–16^{30} Direktor E. FOUNDOUKIDIS, Paris:
Le régime des fouilles et la collaboration internationale.

16^{30}–17^{00} Dr. MAX WEGNER, Berlin:
Antiken-Fälschungen der Renaissance.

17^{30}–18^{00} Professor CARLO ANTI, Padua:
La Gipsoteca-Museo dell'Istituto di Archeologia presso la R. Università di Padova.

18^{00}–18^{30} Direktor Dr. BRUNA FORLATI TAMARO, Venedig:
La raccolta archeologica del Museo Civico Correr e il suo nuovo ordinamento.

Hörsaal Sektion: Ägypten und Vorderer Orient

1. Alter Orient

15^{30}–16^{00} Professor Dr. JULIUS JORDAN, Bagdad:
Mesopotamische Frühgeschichte nach ungeschriebenen Quellen.

16^{00}–16^{30} Dr. ERNST HEINRICH, Berlin:
Ausgrabungen in Warka.

16^{30}–17^{00} Direktor Dr. KURT BITTEL, Istanbul:
Ausgrabungen in Bogazköy.

17^{30}–18^{00} Professor Dr. HANS HENNING v. d. OSTEN, Ankara:
Neue Urartäische Bronzen aus Erzincan.

18^{00}–18^{30} Professor Dr. BRUNO MEISSNER, Zeuthen:
Assurbanipal in der Gartenlaube.

18^{30}–19^{00} Direktor Professor Dr. WALTER ANDRAE, Berlin:
Was verbindet die Altertumsforschung im Osten mit der im Westen?

10

Auszug aus dem Programmheft

Weltkongress „Law and Society in the 21st Century"

Berlin – 25. bis 28. Juli 2007

2.500 Wissenschaftlerinnen und Wissenschaftler aus mehr als 70 Ländern nahmen 2007 an der weltweit größten und bedeutendsten Konferenz zur interdisziplinären Rechtsforschung teil. Veranstalterin war wie in jedem fünften Jahr die US-amerikanische Law and Society Association, Gastgeberin in Berlin die Humboldt-Universität. Die Rechtssoziologie versteht das Recht als gesellschaftliches und politisches Phänomen, auf der Tagung diskutierten die Teilnehmenden Themen wie Globalisierung und Menschenrechte, Familie oder Religion.

Kongress-Ankündigung am Hauptgebäude der Humboldt-Universität

Foto: Christian Boulanger, Berlin

Rede der amtierenden Bundesjustizministerin Brigitte Zypries auf dem Kongress-Empfang am 26. Juli 2007

Foto: Christian Boulanger, Berlin

Law and Society in the 21st Century — **Berlin, 2007**

Antje Wiener, University of Bath
Making Normative Meaning Accountable in "International" Politics

2334 Roundtable—Are We Reflexive? Race and the Law and Society Association

[Room S1.205]

Webster's Dictionary offers two distinct definitions of the word reflexive. It defines reflexive as "marked by or capable of reflection" and, on the other hand, "characterized by habitual and unthinking behavior." This roundtable poses the question of which definition best applies to law and society scholars when it comes to race. The session will provide participants an opportunity to discuss: 1) their experiences with the Law and Society Association and LSA scholarship; 2) perceptions of the centrality of or marginalization of race in law and society scholarship; 3) thoughts on future directions of the Association. While several scholars will lead the discussion, the roundtable is intended as an open discussion.

Kaaryn Gustafson, University of Connecticut
Chair
Taunya Banks, University of Maryland
Participant
Jeannine Bell, Indiana University
Participant
Laura Gomez, University of New Mexico
Participant

2335 Roundtable—The Social Problèmatique of the Europeanization Process: What is Left?

[Room S1.301]

The theory of the European Economic Constitution, premised on the interdependence of the Rechtsstaat, the ordering of the European Economy, and the assignment of social policy to the nation states, has contributed to the decoupling of social policy from the European project (Christian Joerges, 2005). This roundtable explores the claim of Europe's Left that the potential of the theory of the European Economic Constitution to guide the European project is exhausted and that the erosion of the economic constitution has not paved the way to 'social Europe' or to the reconstruction of a European social democracy. We examine Joerges' claim that neither the open method of co-ordination nor the commitment to a "social market economy" in the Constitutional Treaty nor the new "social rights" provide a conceptually sufficient and politically credible basis for this end. In particular, the OMC threatens the very idea of constitutionalism, namely, the idea of law mediated, and rule of law bound governance.

Ellen Kennedy, University of Pennsylvania
Chair
David Abraham, University of Miami
Participant
Ulrich Preuss, Hertie School of Governance
Participant

Galya Benarieh Ruffer, Northwestern University
Participant

2336 Service Panel—How to Publish a Book

[Room S1.401]

This session will bring together a host of very experienced authors to discuss, among other topics, how best to shop a manuscript around to presses, how to deal with editors, and how to transform a dissertation into a publishable book.

Malcolm Feeley, University of California, Berkeley
Chair
Sally Merry, New York University
Participant
Michael William McCann, University of Washington
Participant

2337 Topics on Corporate Transparency

[Room S1.405]

Michael Siebecker, University of Florida
Chair
Matthew Bodie, St. Louis University
Workers, Information, and Corporate Combinations: The Case for Non-Binding Employee Referenda in Transformative Transactions
Michael D. Guttentag, University of Nevada, Las Vegas
Toward an Inter-Disciplinary Model of Corporate Disclosure
Michael Siebecker, University of Florida
An Institutional Approach to Corporate Speech
Mark Fenster, University of Florida
Discussant

2338 Transformations: Indigenous Peoples and the Modern State

[Room L 229]

L Jane McMillan, St. Francis Xavier University
Chair
L Jane McMillan, St. Francis Xavier University
Transformations: Mi'kmaq Treaty Implementation and the Canadian State
Bruce Granville Miller, University of British Columbia
Treaties in 1855 and 2006: International Comparisons over Time and Space
Larry E. Nesper, University of Wisconsin, Madison
The Great Lakes Indian Fish and Wildlife Commission and the Politics of Multi-Sovereign Resource Management in Wisconsin

Building Codes: L=Law, M=Main, S=Seminar, T=Theology

59 — **Thursday, July 26** — **12:30 - 14:15**

Pause und informeller Austausch im Innenhof des Universitätshauptgebäudes

Foto: Christian Boulanger, Berlin

Auszug aus dem Programmheft

© Humboldt-Universität

Von Freiheit und Nutzen der Wissenschaft

Mitchell G. Ash

Lange Zeit schienen die Verhältnisse klar zu sein: Gerade die Freiheit der Wissenschaft ist vom Nutzen für die Allgemeinheit, weil sie ein an sich wertvolles Gut ist und früher oder später zu nützlichen Erkenntnissen führt. Das war – und bleibt noch für viele – eine der kulturellen Selbstverständlichkeiten der Moderne. Längerfristig betrachtet handelt es sich beim Verhältnis von Freiheit und Nutzen, Autonomie und Verwertbarkeit der Wissenschaft um eine Dauerspannung mit wechselvollem Charakter. Das Wechselvolle liegt daran, dass sich die inhaltlichen Bedeutungen der Termini „Wissenschaft", „Freiheit" und „Nutzen" laufend gewandelt haben.

Vom Spätabsolutismus zur Moderne

Als die Gebrüder Humboldt noch Kinder waren, im 18. Jahrhundert, galt es in Kontinentaleuropa als selbstverständlich, dass nur das für den Staat Nützliche wissenswert sei. Nicht ohne Grund sind die „Staatswissenschaften" als Instanzen der Beamtenausbildung entstanden. Das „Spezialschulmodell", exemplifiziert durch die *Écoles polytechniques* für Militäringenieure im nachrevolutionären Frankreich, bildet so gesehen eine modernisierende Fortsetzung dieser grundsätzlichen Interessenlage. Allerdings interessierten sich die spätabsolutistischen Herrscher, wenn es um ihr Privatvergnügen ging, gerade für die am wenigsten praktischen Wissenschaften. Die ästhetische Mentalität, die den höfischen Menagerien und Sammlungen zugrunde lag, und Staatspragmatik lebten nebeneinander, am sichtbarsten an den Akademien der Wissenschaften und der Künste.

Bei der Gründung der Universität in Berlin vertrat Wilhelm von Humboldt seinem König gegenüber eine alternative Sicht: Im Gegensatz zum „Spezialschulmodell" propagierte er Forschung als Prinzip, d.h. das Ideal einer wissenschaftlichen Wahrheit, die nicht vorzufinden bzw. aus Büchern vorzulesen, sondern ständig zu suchen sein sollte. Weil dieses Wissen mit den Studierenden gemeinsam zu suchen sei, sprach man später von Lehr- und Lernfreiheit. Konkret hieß „Wissenschaftsfreiheit" zu jener Zeit aber nicht allein die freie Wahl der Forschungs- und Lehrgegenstände sowie der Lehrmeinungen, sondern in erster Linie die Selbstständigkeit der akademischen Korporation. In einem ständisch verfassten Staatswesen, wie dem damaligen preußischen, erschien das völlig normal. Auch Humboldt war der Meinung, dass der König bzw. seine Minister die Professoren ernennen, sie dann aber frei arbeiten lassen sollte. Diese modern-feudale Paarung von individueller Wissenschaftsfreiheit und Korporationsautonomie hielt sich im deutschen Sprachraum bis weit ins 20. Jahrhundert. Bereits in den 1830er-Jahren zeigte aber der Fall der „Göttinger Sieben" in aller Deutlichkeit, dass Wissenschaftsfreiheit und politische Meinungsfreiheit nicht in eins zu setzen sein sollten oder gar notwendig harmonierten. Als weniger haltbar erwies sich das von Alexander von Humboldt verkörperte Freiheitsideal des unabhängigen Gelehrten. In seinem Fall dauerte es nur so lange, bis sein Erbteil ausging; ab dann lebte er als Pensionär des Königs, den er wissenschaftspolitisch wirksam beriet. Der Fall Charles Darwin zeigt hingegen, dass die Wissenschaftsfreiheit als Lebensform eines Gentleman in Großbritannien bis ins späte 19. Jahrhundert hinein möglich war.

Im Verlauf des 19. Jahrhunderts sollte sich das alles radikal ändern. Wissenschaft wurde in Europa zum Beruf, dessen Ausübung einer eigenen Ausbildung bedurfte; der institutionelle und apparative Unterbau der Forschungsuniversität wuchs und verteuerte sich. In der Folge wurde das Ideal der Wissenschaftsfreiheit zunehmend zum kulturellen Code für die allein budgetär eingeschränkte Herrschaft der Lehrstuhlinhaber als Instituts- oder Seminardirektoren. Dies galt für die Natur- wie für die Geisteswissenschaften, deren Seminare ebenfalls zunehmend betriebsförmig organisiert wurden, und auch für die großen Museen, die Forschungsbetriebe mit Ausstellungstätigkeit verbanden. Spielräume für jüngere Forscher gab es je nach Lehrstuhl- oder Direktorenregime im variablen Ausmaß. Auch in der Forschungspraxis koppelte sich nun Freiheit zunehmend mit Herrschaft, wenngleich auf anderem Wege. Selbst Großforscher wie Theodor Mommsen stellten fest, dass sie zu freiwilligen Untergebenen des eigenen Methodenkanons geworden waren. Das hielt sie aber nicht davon ab, ihre Autonomie gegen Herausforderungen von außen, beispielsweise der außerakademischen Quellen- und Inschriftensammler oder im Falle der Experimentalmedizin der Bewegung gegen Vivisektionismus, energisch in Schutz zu nehmen.

Parallel hierzu wandelte sich die Bedeutung dessen, was als Nutzen der Wissenschaft galt. Schon vor dem Durchbruch der chemischen und der Elektroindustrie bemühte Hermann Helmholtz die Triumphe der Dampfmaschine und des Kanonenbaus als Belege dafür, dass Wissen Macht sei. Damit sprach er sich mitnichten für eine Engführung der Forschung auf industrielle Belange aus; er selbst hatte das physikalische Denken in die Physiologie eingeführt, lange bevor der klinische Nutzen der Laborphysiologie nachzuweisen gewesen wäre. Es handelte sich um eine folgenschwere Analogiebildung: Die „geistige Beherrschung der Natur" sollte zum gemeinsamen Projekt der Naturwissenschaft, der Medizin und der Technik werden. Platz für die Geisteswissenschaften war dabei auch; sie sollten mit ihren Mitteln gemeinsam mit den anderen Wissenschaften eine „organisierte Armee" bilden. Von solcher Metaphorik war der Schritt nicht weit zum berühmten Ausspruch des Helmholtz-Freundes Emil DuBois-Reymond, dass die preußischen Professoren das „geistige Leibregiment der Hohenzollern" seien. Angesprochen wurde hier eine weitere, die patriotisch-legitimierende Dimension der Wissenschaft. Sie verband sich vortrefflich mit der bereits von Helmholtz propagierten Vorstellung, dass Wissen Ressource im Wettkampf der Macht sei – wehe dem, der da zurückfällt! So erhielt die alte Vorstellung, dass die Pflege der Wissenschaften und Künste zum Prestige des Monarchen gereiche, eine neue, moderne Dimension. Der Nationalstaat sollte zum Wissenschaftsförderer werden, des eigenen Ruhms und Machtvorteils willen. Derartige Denkweisen entwickelten sich auch in Ländern wie Großbritannien und den USA, obwohl dort noch kein staatlich verfasster Wissenschaftsbetrieb verankert war.

Auch der wirtschaftliche Nutzen der Wissenschaft wandelte. Hoffnungen auf eine solche Nützlichkeit gab es seit dem Merkantilismus – auch in den 1830er-Jahren erhielt der Mathematiker Friedrich Wilhelm Bessel von der Preußischen Akademie der Wissenschaften die Aufgabe, den preußischen Fuß zu standardisieren. 1865 kam August Wilhelm Hofmann nach Berlin, wo er einen regelrechten Palast als Institut zugewiesen bekam, weil er als Mitbegründer der Farbstoffchemie den wirtschaftlichen Nutzen seiner Wissenschaft nachweisen konnte. Dabei wurden in diesem Haus dieselben Forschungspraktiken eingeübt, die in den Labors der chemischen Industrie zur Ausübung kommen sollten. Robert Bosch sprach später von einer „Veredelung der Natur" zur Verbesserung des Lebens. Zu einer echten Partnerschaft kam es zwischen Paul Ehrlich und den Farbwerken Höchst – der Gebrauch von Farbstoffen bereicherte das medizinische Wissen über die Funktion des Bluts im Körper, die Einkünfte aus dem Verkauf der forschungstauglichen Präparate gingen an die Firma. Eine Beeinträchtigung ihrer Forschungsfreiheit sahen die an solchen Partnerschaften beteiligten Wissenschaftler nicht. Allerdings war diese Verbindung der freien mit der nützlichen Wissenschaft nicht überall stilbildend. In den USA stand Thomas Edison als Ikone des völlig unabhängigen, unakademischen, dafür wirtschaftsversierten Erfindergenies den hohen Ansprüchen der neuen Universitätswissenschaftler gegenüber.

Autonomie und Nutzen im 20. Jahrhundert

Jahrzehntelang hielt sich der Glaube, die freie Entfaltung der Wissenschaft führe automatisch zu ihrer Internationalisierung und somit zur Universalisierung des Wissens, während Wissenschaftler gleichzeitig als loyale Diener ihrer Nationen gelten durften. Im Jahre 1914 zerbrach dieses zweifache Selbstbild zugunsten der unverhohlenen wissenschaftlichen und technischen Konkurrenz im Kriege mitsamt der scheinbar wissenschaftlich untermauerten Zuschreibung nationaler Kulturstereotype. Wirtschaftlicher und militärischer Nutzen gaben sich nun auf allen Seiten ein Stelldichein, am prominentesten zu sehen am Beispiel Fritz Habers mit seinem Einsatz der Chemie für Gaswaffen sowie in der Sprengstoff- und der Kunstdüngerproduktion. Beispiele dafür, dass solche Einsätze auch zum Nutzen der Wissenschaft gereichten, reichen von der Arbeit an Apparaten zur Bestimmung der Richtung einschlagender Artilleriegeschosse im psychoakustischen Labor Carl Stumpfs - die zu neuen Ergebnissen der Wahrnehmungspsychologie führten - bis hin zur erstmaligen Messung der Schallgeschwindigkeit unter Wasser im Rahmen der Arbeit amerikanischer Physiker an Torpedodetektoren.

Bezeichnend ist es, dass zu dieser Zeit der Gedanke der „academic freedom" in den USA erstmals zentrale Bedeutung erlangte. Gemeint damit war allerdings die Meinungsfreiheit der Universitätslehrenden, die endlich gesichert werden sollte. In Deutschland hingegen trennte Max Weber in Reaktion auf die hitzigen Annexionsdebatten im Krieg die Wissenschaftsfreiheit von der politischen Meinungsfreiheit und schlug vor, zum Schutz des ersten Gutes politische Gesinnungsäußerungen vom Katheder fernzuhalten. Dass sich viele Professoren in der Weimarer Zeit nicht daran hielten und ihre Autorität als Gelehrte gegen die Republik einsetzten, ist bekannt. Parallel dazu intensivierte sich die Verbindung von Wissenschaft und Wirtschaft; im Falle der Hormonforschung lagen Nobelpreis und Patent zuweilen nur ein Jahr auseinander. Unter demselben Zeichen standen die Gründung industrienaher Kaiser-Wilhelm-Institute wie die für Leder- oder Silikatforschung. Hinzu kamen Institute für Züchtungsforschung, Psychiatrie oder Eugenik, die auf der zunehmenden Akzeptanz der technokratischen Annahme basierten, dass gesellschaftliche Probleme mit wissenschaftlichen Mitteln zu lösen seien.

Organisatorisch anders, aber mentalitätsähnlich verlief dieser Prozess in den USA. Obwohl die Grundlagenforschung in den 1920er-Jahren dort weitgehend von den großen Carnegie- und Rockefeller-Stiftungen und nicht vom Staat finanziert wurde, führte dies nicht zu einer direkten Abhängigkeit von der Wirtschaft. Denn die Stiftungsleiter, ihre Geldgeber und die beteiligten Wissenschaftler teilten die technokratische Überzeugung, dass eine auf gesellschaftliche Probleme ausgerichtete Wissenschaft auch ohne direkte Anbindung an die Wirtschaft zur Verbesserung der Gesellschaft beitragen kann.

Im Nationalsozialismus hieß Wissenschaftsfreiheit oft genug freiwillige Selbstgleichschaltung. Am Besten bekannt sind Angebote einer neuen NS-Hochschulpolitik aus den Geisteswissenschaften – Ernst Krieck, Erich Rothacker und Martin Heidegger mögen für viele andere stehen. Auch Naturwissenschaftler, wie der Physiknobelpreisträger Johannes Starck, traten mit eigenen – und eigennützigen - Vorschlägen hervor. Doch die neue Führung griff diese ausgestreckten Hände am Ende nicht auf, denn sie war trotz des Mangels eigener Politikvorstellungen auf diesem Gebiet auf eigene Politikgestaltung bedacht. Deutlich genug war die Sprache der Vertreibung – „arische" Abstammung und „politische Zuverlässigkeit" wurden zu Vorbedingungen für Beamtenstatus und damit für universitäre Wissenschaftstätigkeit. Damit verneinten die Nazis die bis dahin hochgehaltenen, wenngleich nicht überall eingehaltenen meritokratischen Kriterien im Wissenschaftsbereich. NS-Wissenschaftler wie Walter Frank und Wissenschaftsminister Bernhard Rust gingen noch weiter und lehnten das Ideal der Objektivität selbst als liberalistisches Getue zugunsten einer „kämpfenden Wissenschaft" ab. Die wenigen Versuche zum Erhalt des tradierten korporativen Freiheitsideals, die es gegeben hat, sind gleichwohl kaum als Widerstand deutbar. Derlei Eigenständigkeiten, z.B. der Fakultäten bei Berufungen, wurden nämlich oft genug mit der Aussicht auf eine verbesserte Nutzbarkeit für politische Zwecke begründet. Wissenschaftsfreiheit bedeutete in solchen Fällen effiziente Arbeitsteilung in gemeinsamer Sache.

Als es um die Realisierung der Kernprojekte des Nationalsozialismus ging, trat diese Bedeutungsebene des Freiheitsbegriffes noch deutlicher hervor. Wissenschaftslenker wie KWG-Präsident Albert Vögler sprachen sich für die „Freiheit" der Forschung aus und meinten damit die Freisetzung wissenschaftlicher Kreativität zur Verbesserung der Waffentechnik. Die Zusammenarbeit der Strömungs- und Luftfahrtforschung mit der entstehenden Luftwaffe hatte schon Jahre vorher begonnen. Im Kriege selbst kam es vielfach zu Geschäften auf Gegenseitigkeit, in deren Folge eine so verstandene Wissenschaftsfreiheit ihren Nutzen erwies. Am spektakulärsten gelang dies im Raketenprogramm auf Peenemünde, aber auch im Bereich der chemischen Kampfstoffe. Eine vergleichbare Logik der zweckgebundenen Einbindung der Grundlagenforschung wurde unter völlig entgegengesetzten politischen Vorzeichen im Manhattan- und im Radarprojekt der USA sowie in der entstehenden Computerwissenschaft wirksam. Auch hier fanden die Geisteswissenschaften ihren Platz, z.B. im „Kriegseinsatz der Geisteswissenschaften" im NS oder in der historischen und sozialwissenschaftlichen Regionalforschung im Kontext der Beratungsarbeit für den „Generalplan Ost". Die Menschenversuche im Rahmen der Ermordung der Behinderten, der Juden und anderer bildeten den Tiefpunkt dessen, was unter entgrenzter Wissenschaft möglich werden konnte.

Freiheit und Nutzen nach 1945

In den westlichen Besatzungszonen und in der frühen Bundesrepublik wurden „Freiheit" und „Demokratie" sehr bald zu Chiffren für die korporative Macht der Professoren an der wiederhergestellten Ordinarienuniversität sowie für die uneingeschränkte Herrschaft der Direktoren an den Max-Planck- und bald auch an den Fraunhofer Instituten. Die Verschränkung des Begriffs der Wissenschaftsfreiheit mit einer vermeintlich „reinen" Grundlagenforschung lenkte von früheren Kollaborationsverhältnissen ab. In den USA wurde nach den Erfahrungen im Krieg der Staat erstmals zum Hauptträger der wissenschaftlichen Grundlagenforschung. Viele führende Forscher schlossen Verträge mit der Regierung bzw. dem Militär oder der ihm nahestehenden Wirtschaft und meinten damit der „Freiheit" im Kampf gegen den Kommunismus zu dienen. Den Preis des politischen Konformismus nahm man in Kauf, doch war es durchaus möglich, erstklassige Forschung ohne solche Vertragsverbindungen zu machen. In Fortsetzung und Weiterentwicklung des oben beschriebenen technokratischen Nutzungszusammenhangs fanden auch die Sozialwissenschaften Platz im neuen Geschehen. Im Kalten Krieg blühten die Wirtschafts- und Meinungsforschung, wie die psychologische Diagnostik und Verhaltensforschung; im Rahmen der sogenannten „area studies" wurden auch Geisteswissenschaften beteiligt.

Bereits in den 1930er-Jahren hatten links orientierte Wissenschaftler in Großbritannien und den USA begonnen, die soziale Verantwortung der

Wissenschaften einzufordern. Im Kalten Krieg erhielt dieser Verantwortungsdiskurs unter Wissenschaftlern im Schatten der Atombombe eine neue Dimension und Prominenz. Auch im Einflussbereich der Sowjetunion war von einer Verantwortung der Wissenschaft die Rede; gemeint war allerdings ein doppelter Produktivismus - verstärkte Einbindung in die Planwirtschaft einerseits und die Herstellung parteilichen Wissens andererseits.

Im spätmodernen Wohlfahrtsstaat wandelte sich das Spannungsverhältnis von Freiheit und Nutzen der Wissenschaft abermals. Ein Wachstum der Ressortforschung und eine zunehmende Vielfalt außeruniversitärer, anwendungsorientierter Forschungszusammenhänge brachte eine wundersame Vermehrung der Verantwortungsebenen mit sich; neben der ohnehin wachsenden wirtschaftsnahen Forschung nahm die Einbindung von Wissenschaftlern in Gremienstrukturen und Politikberatung der verschiedensten Art zu. Dies stand im Zusammenhang mit einer zunehmenden Verwissenschaftlichung der Politik, die sich keineswegs auf die klassischen wohlfahrtsstaatlichen Belange begrenzt, sondern sich inzwischen über die Energie-, Umwelt- und Klimapolitik auf die Mensch-Natur-Beziehungen überhaupt ausweitet. Hinzu traten zunehmend die Öffentlichkeit bzw. zivilgesellschaftliche Aktivisten auf dem Plan, die – in gewisser Hinsicht die Bürgerbewegungen für Tierschutz und gegen Vivisektion des 19. Jahrhunderts fortsetzend - für ein Mitspracherecht außerwissenschaftlicher Betroffene einstehen. Auch von der medialen Öffentlichkeit wird unter anderem wegen Fälschungsskandalen Kritik laut.

Was heißt in diesem Kontext „Freiheit" der Wissenschaft? Die alte Gleichsetzung der Wissenschaftsfreiheit mit der Autonomie der Zunft ist einem anderen Modell gewichen, das verstärkte Kontrollen sowohl staatlicher als auch zivilgesellschaftlicher Natur einschließt. Sie wurden zunächst als Einschränkung der Forschungsfreiheit oder als Vertrauensentzug wahrgenommen, doch langsam lernen die Manager der Spitzenforschung auch den Verantwortungsdiskurs für sich zu nützen. Im positiven Fall geschieht eine Wiederbesinnung auf eine gesellschaftliche Rechenschaftspflicht, die in Demokratien eigentlich selbstverständlich sein müsste; ob dies mit einer Demokratisierung der Forschung selbst einhergehen muss, bleibt umstritten.

Angesichts der zunehmenden Forderungen nach konkretem wirtschaftlichen und auch gesellschaftlichen Nutzen ist zwar die ehemals selbstverständliche Rede von der Nützlichkeit der Wissenschaftsfreiheit noch nicht zur Gänze aufgegeben, aber der Anspruch auf Autonomie als Wert an sich ist weitgehend relativiert worden. Vollständig war diese Autonomie ohnehin nie gewesen, ebenso wenig, wie die beiden Pole Freiheit und Nutzen voneinander jemals völlig trennbar gewesen sind. Nach wie vor, sogar dringlicher denn je ist es, zu fragen: Wozu, wofür und zu wessen Nutzen wird von welchen Instanzen für wen die Wissenschaftsfreiheit ermöglicht?

Mitchell G. Ash, Dr., Prof. für Neuere Geschichte, Leiter der AG Wissenschaftsgeschichte, Universität Wien

Akteure des akademischen Lebens

Gründer und
1840
1820
1830
1840

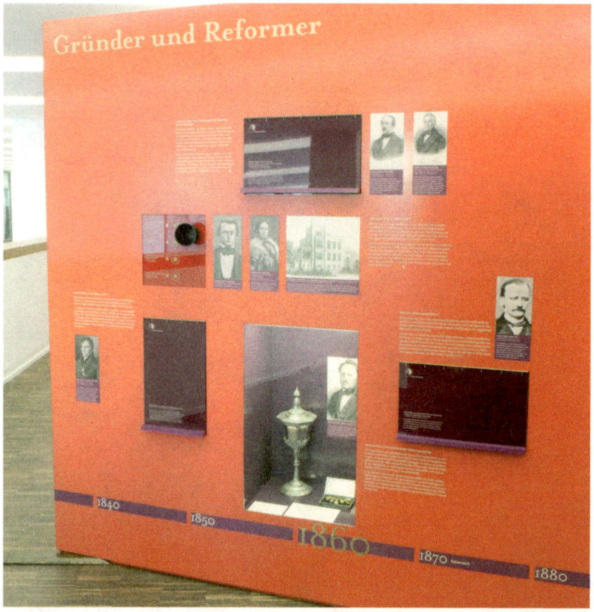
Gründer und Reformer
1840
1850
1860
1870
1880

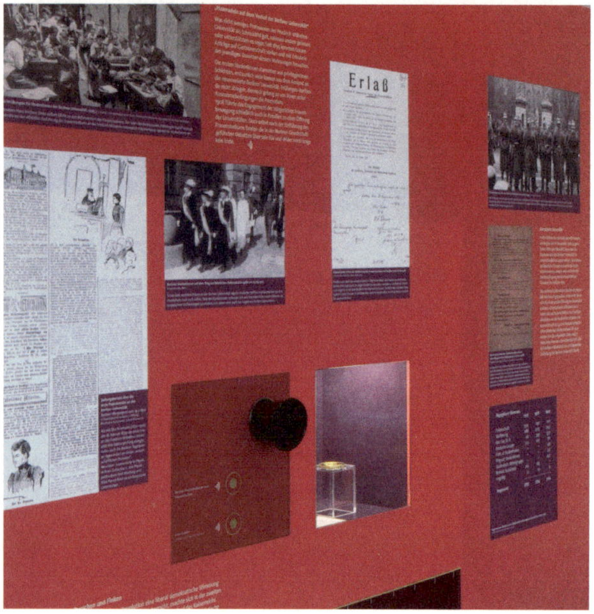
Erlaß

Akteure des akademischen Lebens

Die älteste Berliner Universität war von Anfang an auf vielfältige Weise mit den sie umgebenden politischen, kulturellen, ökonomischen und sozialen Umwelten verwoben. Aufgrund ihrer besonderen Lage und der damit verbundenen Nähe zur Macht spielt ihre 200-jährige Geschichte wie die keiner anderen Hochschule im Zentrum preußisch-deutscher Geschichte und Politik, Kultur und Gesellschaft. Protagonisten dieser Beziehungen zwischen Universität und Stadt waren und sind die Lehrenden und Studierenden gleichermaßen. Sie prägen das Selbstbild der Universität ebenso wie das Bild, das sich die Öffentlichkeit von dieser Institution macht. Weitgehend im Verborgenen blieben seit jeher diejenigen, die den Universitätsbetrieb hinter den Kulissen am Laufen halten – sei es in der Verwaltung, der Technik, der Bibliothek oder vielen weiteren Bereichen. Über sie lassen sich in den Quellen nur wenige Informationen oder Selbstaussagen finden. Grund genug, sie einmal selbst zu Wort kommen zu lassen.

Mitarbeiter – Lehrende – Studierende 2010

„Akteure der Gegenwart", 2010
Interviews mit Angehörigen der Humboldt-Universität
© Duncan McCauley, Berlin

Stefan Hecht | Foto: Privat
Professor für Organische Chemie und funktionale Materialien und Leiter der gleichnamigen Arbeitsgruppe am Institut für Chemie

Susanne Baer | Foto: Privat
Professorin für Öffentliches Recht und Geschlechterstudien an der Juristischen Fakultät und Direktorin des GenderKompetenzZentrums

Michael Kämper-van den Boogaart
© Humboldt-Universität, Öffentlichkeitsarbeit, Foto: Andreas Schöttke, Berlin
Professor für Didaktik der deutschen Literatur am Institut für Deutsche Literatur

2010

Heute gehören zum Lehrkörper der Humboldt-Universität 299 Professoren und 85 Professorinnen. 756 der 1.659 wissenschaftlichen Beschäftigten (sog. Mittelbau) sind Frauen. Hinzu kommen neben GastprofessorInnen und -dozentInnen auch StiftungsprofessorInnen, StiftungsgastprofessorInnen und SonderprofessorInnen, die ebenfalls an der Humboldt-Universität lehren und forschen.

(STAND: 31.01.2009 OHNE CHARITÉ)

Zeit

2.043 Lehrende

Stars, Gründer und Reformer

52 **1810**

Als am 15. Oktober 1810 die Berliner Universität offiziell eröffnet wurde, gehörten ihrem Lehrkörper neben 25 ordentlichen Professoren außerordentliche Professoren, Privatdozenten und Lektoren an.
Hinzu kamen fünf Akademiemitglieder, die ebenfalls an der Universität lehrten. Es dauerte noch mehr als 100 Jahre bis auch Frauen als Hochschullehrer zugelassen wurden.

0

sprung

52
Lehrende

Johann Elert Bode (1747–1826)
© Humboldt-Universität, Universitätsbibliothek, Porträtsammlung

Bode, der es 1787 als Autodidakt bis zum Direktor der Berliner Sternwarte geschafft hatte, war 1810/11 Lesendes Akademiemitglied für Astronomie an der Philosophischen Fakultät.

Christoph Knape (1747–1831)
© Humboldt-Universität, Universitätsbibliothek, Porträtsammlung

Seit Michaelis 1810 war der Obermedizinal- und Sanitätsrat Knape Professor für Anatomie an der Medizinischen Fakultät der Berliner Universität.

Christian Samuel Weiss (1780–1856)
© Humboldt-Universität, Universitätsbibliothek, Porträtsammlung

Weiss, der Medizin, Physik, Mathematik, Mineralogie und Chemie in Leipzig und Berlin studiert hatte, war seit Michaelis 1810 Professor für Mineralogie an der Philosophischen Fakultät.

Preußen

„... und abends in der Gesellschaft gewesen“

In Berlin gab es seit den 1750er-Jahren eine Vielzahl von Bürgervereinen. Das Spektrum reichte von wissenschaftlichen Gesellschaften wie den Naturforschenden Freunden bis zu vornehmlich der Geselligkeit dienenden Vereinen. Der gebildete, gar gelehrte Berliner gehörte oft mehreren dieser Kreise an.

Seit 1810 waren die Angehörigen der Universität in vielen der älteren Gesellschaften prominent vertreten und bildeten den Kern neuer geselliger Kreise wie der Gesetzlosen Gesellschaft. Im Zuge der Ausdifferenzierung der Wissenschaften im Verlauf des 19. Jahrhunderts gründeten sie bedeutende wissenschaftliche Gesellschaften.

Exlibris der Gesellschaft Naturforschender Freunde zu Berlin

Humboldt-Universität, Universitätsarchiv

1773 gründeten Berliner Gelehrte zur „Beförderung der Naturgeschichte“ die bis heute aktive *Gesellschaft Naturforschender Freunde*. Mehrere ihrer Mitglieder, die alle selbst über eine naturhistorische Sammlung verfügen mussten, gehörten zu den ersten Professoren der Universität, so der Zoologe Martin Lichtenstein, der Mineraloge Christian Samuel Weiss und der Chemiker Martin Heinrich Klaproth.

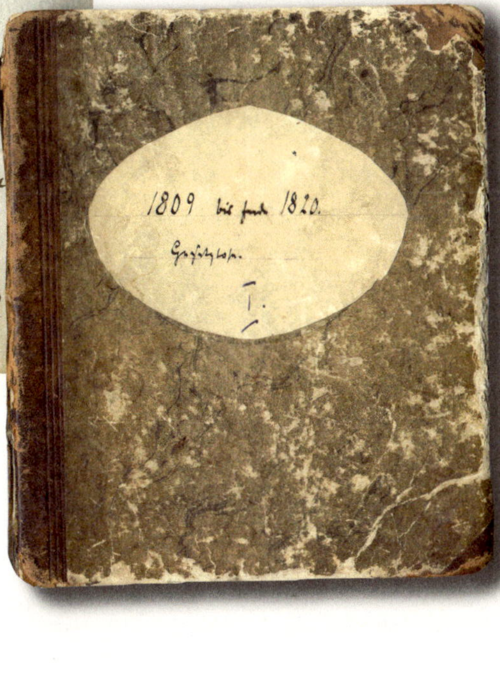

Protokollbuch der Gesetzlosen Gesellschaft mit den Eintragungen Hegels und Schleiermachers vom 31.10.1818 | Gesetzlose Gesellschaft zu Berlin
Die 1809 von Philipp Buttmann gegründete und noch heute bestehende *Gesetzlose Gesellschaft* war ein sich 14-tägig treffender geselliger Kreis. Ihm gehörten 1810, bis auf wenige Ausnahmen wie etwa Johann Gottlieb Fichte und Theodor Schmalz, die Professoren der neuen Universität und hohe Verwaltungsbeamte wie Wilhelm von Humboldt an.

Eduard Gans (1798–1839)

Lithografie von G. Küstner

Dem jüdischen Juristen Eduard Gans wurde 1822 die Anstellung verwehrt. Nachdem er konvertiert war, las er ab 1826 als außerordentlicher Professor an der Universität. Seine Vorlesungen sollen bis zu 1.500 Hörer angezogen haben, u.a. Felix Mendelssohn-Bartholdy.

Stars im Hörsaal

Seit den 1780er-Jahren bildeten private Vorlesungen, etwa im Salon von Henriette Herz, einen wichtigen Teil des Berliner Gesellschaftslebens. Mit der Gründung der Universität kamen zu diesen die öffentlichen Vorlesungen der Universitätsprofessoren hinzu. Bald gab es regelrechte Stars unter den Lesenden, die mehrere Hundert Zuhörer anzogen.

Andere, wie Arthur Schopenhauer, der seine Vorlesungen zu den gleichen Zeiten wie Georg Friedrich Hegel anbot, fanden nur wenig oder gar keinen Zulauf. Manchmal erfüllten sich aber auch die Hoffnungen der Hörer nicht. So lockten 1841 die ersten Berliner Vorlesungen des Philosophen Friedrich Wilhelm Schelling hunderte von Hörern aus allen Kreisen, die jedoch rasch, wie etwa Søren Kierkegaard, enttäuscht fernblieben.

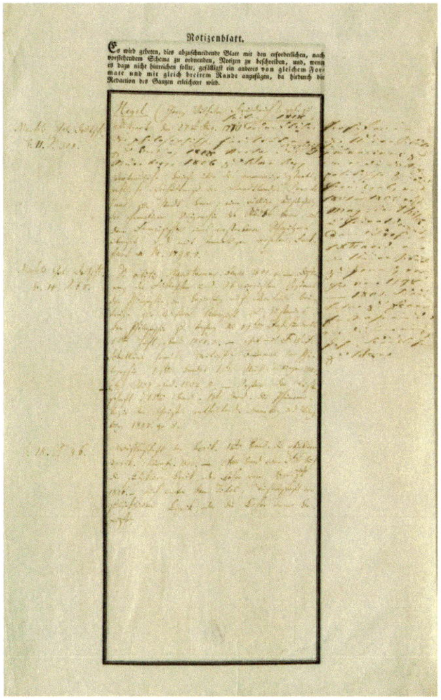
Notizenblatt.

Von Hegel ausgefülltes Notizblatt für „Das Gelehrte Berlin“

Formularbogen des Verlages Julius Hitzig, Berlin 1825

Stiftung Stadtmuseum Berlin,

Reproduktion: Oliver Ziebe, Berlin

Friedrich Hegel, der zuvor in Heidelberg lehrte, kam 1818 an die Berliner Universität. Anfangs begeistert aufgenommen, spaltete sich die Berliner Professorenschaft rasch in Freunde und Feinde des bekanntesten Philosophen seiner Zeit. Friedrich Schleiermacher etwa sorgte dafür, dass Hegel nicht in die Berliner Akademie der Wissenschaften aufgenommen wurde.

Georg Friedrich Wilhelm Hegel (1770–1831)

Lithografie und Zeichnung von F. T. Kugler, 1828 | © bpk – Bildagentur für Kunst, Kultur und Geschichte, Berlin

Hegels Vorlesungen galten als ein Muss, nicht nur für Studenten sondern auch für Staatsbeamte und hiesige wie auswärtige Professoren.

Carl Ritter (1779–1859)

Heliografie nach einer Bleistiftzeichnung von Otto Strube, 1859 | © Humboldt-Universität, Universitätsbibliothek, Porträtsammlung

Die Vorlesungen des ersten Lehrstuhlinhabers für Geografie waren ausgesprochen gut besucht. Carl Ritter, der die Geografie zur eigenständigen Disziplin entwickelte, las vor bis zu 400 Studenten, Berlinern und Auswärtigen.

„Volles Auditorium – ich muß ein größeres nehmen."

Carl Ritter, 1824

Martin Hinrich Lichtenstein (1780–1857) | Lithografie nach einer Vorlage von F. Krüger | © Humboldt-Universität, Universitätsbibliothek, Porträtsammlung

Der Arzt Martin Lichtenstein war der deutsche Kenner des südlichen Afrikas seiner Zeit. Er hatte seine Reiseberichte noch nicht veröffentlicht, als er 1810 Privatdozent für Zoologie wurde. 1813 übernahm er, inzwischen Professor, die Leitung der Zoologischen Sammlungen. Ab 1842 leitete er auch den 1844 eröffneten Zoo.

Geburtsstube von Zoo, Museen und Co.

Die Geschichte bekannter Berliner Institutionen wie des Zoologischen Gartens, des Botanischen Gartens und des Naturkundemuseums steht in engem Zusammenhang mit der Geschichte der Universität.

So waren der Gründer des Zoos, Martin Lichtenstein, und der langjährige Direktor des Botanischen Gartens, Heinrich Link, Professoren der Universität. Eng verknüpft mit ihrer wissenschaftlichen Arbeit war ihr Engagement für den Zoo und den Botanischen Garten. Noch heute finden sich präparierte Zootiere aus der Zeit, als Lichtenstein den Zoo und die zoologische Sammlung der Universität leitete, im Naturkundemuseum.

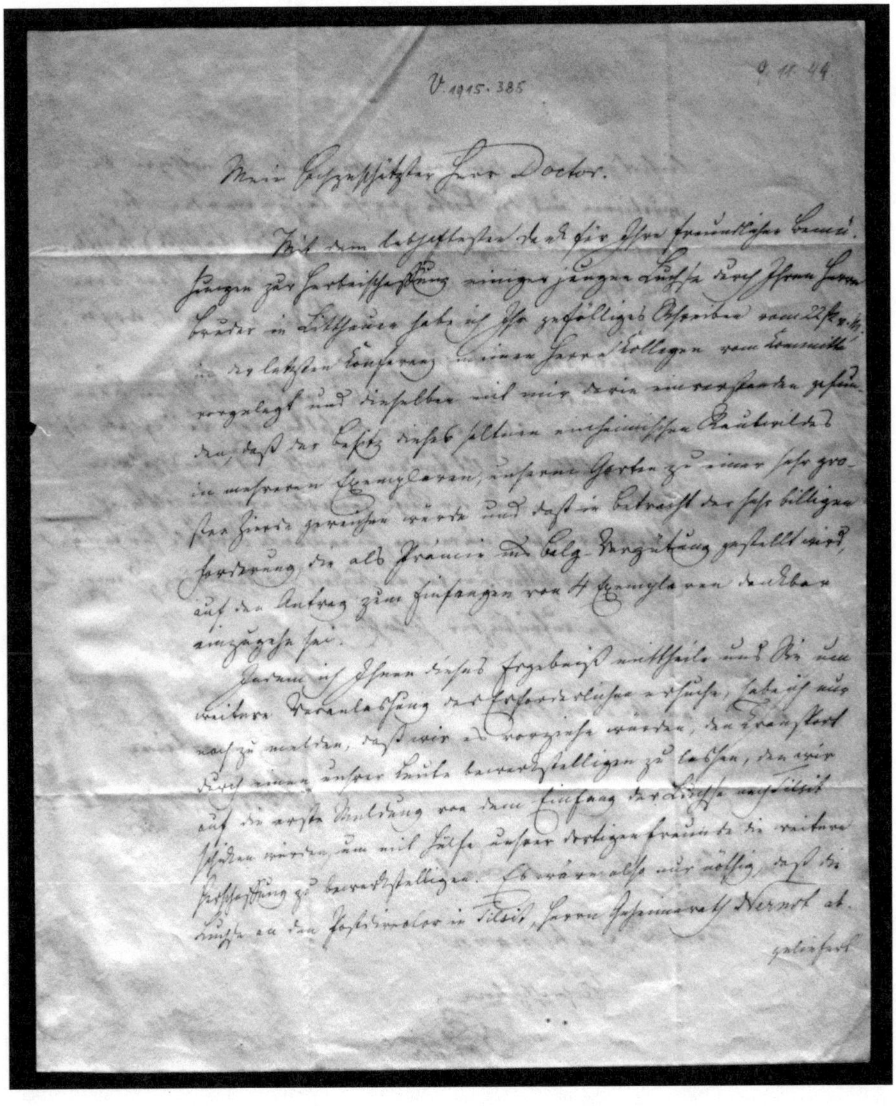
V.1915.385

9.11.44

Mein hochgeschätzter Herr Doctor.

Brief Lichtensteins an Puhlmann in Potsdam vom 09.11.1844

Humboldt-Universität, Universitätsbibliothek, Autographensammlung

In diesem Brief aus dem Eröffnungsjahr des Zoos bittet Martin Lichtenstein um die Beschaffung einiger junger Luchse aus Tilsit. 1840 hatte er Friedrich Wilhelm IV. seine Pläne für einen Zoologischen Garten unterbreitet, die dieser rasch bewilligte. Sein Anliegen, den Zoo für die Wissenschaft zu nutzen, fand jedoch bei Fachkollegen erst langsam Gehör.

„alles Vertrauen, alle Achtung gegen die Regierung ist verschwunden“

Die Unzufriedenheit, die August Boeckh 1847 ausdrückte, teilten nur wenige Professoren. Es waren neben den Studenten Privatdozenten und außerordentliche Professoren, die sich an der Revolution von 1848 beteiligten. Die meist konservativen etablierten Hochschullehrer lehnten deren Forderungen nach einer Reformierung der Universität jedoch vehement ab.

In der Öffentlichkeit herrschte ob der „Selbstsucht“ und „Engbrüstigkeit“ der Ordinarien heftiger Unmut, wie die hauptstädtischen Zeitungen berichteten. Zu den wenigen etablierten Professoren, die sich für die liberale Bewegung engagierten, gehörten der Jurist und Historiker Friedrich von Raumer und der Jurist Rudolf von Gneist.

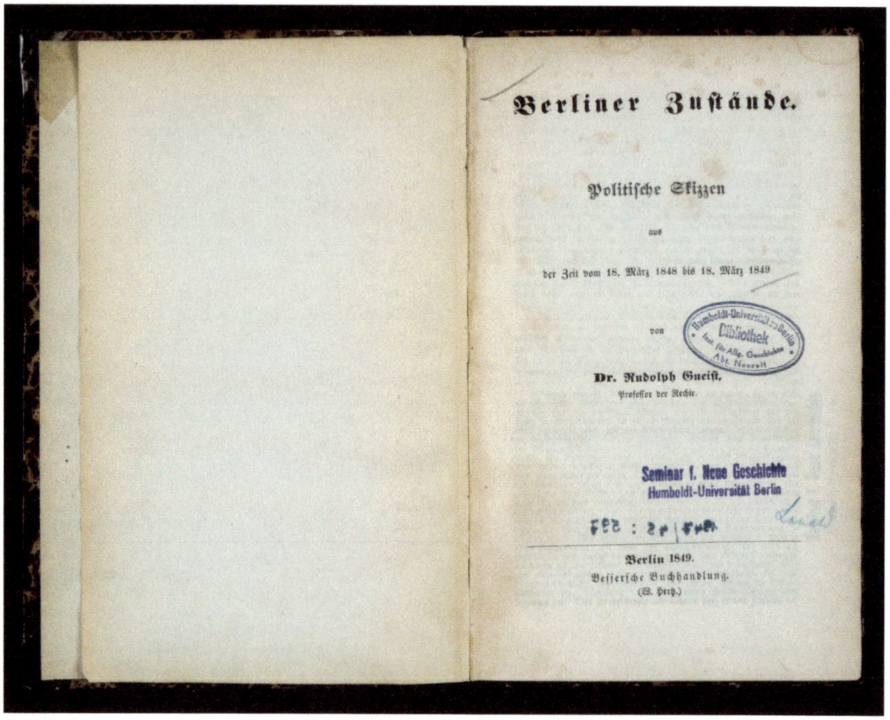

Berliner Zustände.

Politische Skizzen

aus

der Zeit vom 18. März 1848 bis 18. März 1849

von

Dr. Rudolph Gneist,

Professor der Rechte.

Berlin 1849.

Besser'sche Buchhandlung.

(W. Hertz.)

Rudolf von Gneist: Berliner Zustände. Politische Skizzen aus der Zeit vom 18. März 1848 bis 18. März 1849, Besser, Berlin 1849

In diesem Buch schildert Rudolf von Gneist die Vorgänge während der Revolution. Er war 1848/49 Mitglied der Stadtverordnetenversammlung, die er bereits 1850 aus Protest gegen ihre „würdelose Unterwürfigkeit“ gegen die preußische Regierung wieder verließ. Später vertrat er die Nationalliberalen in Stadtparlament, Preußischem Abgeordnetenhaus und Reichstag.

Rudolf von Gneist (1816–1895)

A. Günther | © Humboldt-Universität, Universitätsbibliothek, Porträtsammlung

Rudolf von Gneist lehrte seit 1839 an der Universität. Seine Vorlesungen hatten bis zu 800 Hörer. Die Universität suspendierte ihn wegen seines sozialen und liberalen Engagements während der Revolution vorübergehend von seinem Professorenamt.

Friedrich von Raumer (1781–1873)

Stich von A. Teichel nach einer Vorlage von C. Begas
© Humboldt-Universität, Universitätsbibliothek, Porträtsammlung

Friedrich von Raumer, 1848 in die Nationalversammlung gewählt, hatte 1847 ob seiner Kritik am Fehlen jeglicher Gedankenfreiheit aus der Akademie der Wissenschaften austreten müssen. 1841 gründete er einen Verein zur Bildung akademischer Laien, las dort seit 1849 auch vor Frauen und gründete erste Volksbüchereien.

Johannes Müller (1801–1858) Lithografie von G. Berger

© Humboldt-Universität, Universitätsbibliothek, Porträtsammlung

In den 25 Jahren, die Johannes Müller den Lehrstuhl für Physiologie und Anatomie innehatte, begründete er die Berliner Schule der naturwissenschaftlichen Medizin. Zu seinen Schülern gehören u.a. Rudolf Virchow, Hermann von Helmholtz und Emil Du Bois-Reymond. Sie alle wurden herausragende Wissenschaftler und später selbst nach Berlin berufen.

Moderne Naturwissenschaft contra falsche Seeschlange

Die Angehörigen des Lehrkörpers der Universität wurden rasch zu anerkannten Autoritäten in allen über Klatsch und Tratsch hinausgehenden Fragen, die die Berliner Öffentlichkeit bewegten. Zu diesen Autoritäten gehörte auch der 1833 nach Berlin berufene Physiologe Johannes Müller. Er war maßgeblich am Aufstieg der Berliner Universität zum Zentrum der medizinischen Forschung in Europa beteiligt.

In der Berliner Gesellschaft wurde Johannes Müller v.a. durch die Richtigstellung von Irrtümern oder gar bewussten Falschdarstellungen im weiten Bereich der Naturwissenschaften bekannt. So wies er 1847 nach, dass eine als Sensation gezeigte, angeblich über 40 Meter lange versteinerte Seeschlange eine geschickte Fälschung aus den Knochen mehrerer Urwale war.

Miniaturordenskette, 2. von links: Orden „Pour le Mérite für Wissenschaft und Künste"

Roter Adlerorden 2. Klasse mit Eichenlaub, Pour le Mérite für Wissenschaft und Künste, Königlich-Schwedischer Nordsternorden, Königlich Bayerischer Maximiliansorden und Königlich Sardinischer St. Mauritius- und Lazarus-Orden

Humboldt-Universität, Universitätsarchiv, Nachlass Johannes Müller

Die Kette vereint Miniaturen von Orden, die Johannes Müller verliehen wurden. 1842 stiftete Friedrich Wilhelm IV. mit der Friedensklasse des Pour le Mérite den ersten europäischen Orden für Wissenschaft und Kunst. Unter den 18 deutschen Gelehrten, denen der Orden 1842 erstmals verliehen wurde, waren 12 Berliner Professoren, u.a. Johannes Müller.

Silberner Deckelpokal, 1855

Humboldt-Universität, Universitätsarchiv, Nachlass Johannes Müller

Im September 1855 entging Johannes Müller nur knapp einem Schiffsunglück auf dem Rhein, bei dem sein Assistent zu Tode kam. Drei Monate später überreichten Studenten ihm in seiner Wohnung diesen Pokal: „Dem treuen Kämpfer / für Wissenschaft und Wahrheit / den Gottes starke Hand / so wunderbar erhalten / in tiefer Verehrung, die dankbaren Schüler."

„Casa Lepsia", das Wohnhaus der Familie Lepsius | Lithografie nach einer Vorlage von E. Weidenbach, 1856
Aus: Bernhard Lepsius: Das Haus Lepsius, Verlag Klinkhardt und Biermann, Berlin 1933

Anfangs wohnten die meisten Universitätsangehörigen in unmittelbarer Nähe zur Universität. 1854 zog es die Familie Lepsius als eine der ersten „weit hinaus", in die neu angelegte Bendlerstraße. Tiergarten und Charlottenburg wurden rasch zu bevorzugten Wohngegenden gut bezahlter Lehrstuhlinhaber. Seit 1890 wohnte „man" in den südwestlichen Villenvororten.

„Die ganze Welt auf ihrem Sopha"

Seit den 1780er-Jahren waren von Frauen geführte Salons neben Gesellschaften und Vereinen Zentren der ständeübergreifenden Kommunikation in der preußischen Hauptstadt. Seit Gründung der Universität waren deren Angehörige gern gesehene Gäste, etwa in den Salons von Rahel Varnhagen und Bettina von Arnim.

Professorenhaushalte wurden dagegen über private Zusammenkünfte hinaus nur selten zu Treffpunkten der Gesellschaft. Elisabeth Lepsius, Frau des Ägyptologen Richard Lepsius, war in den 1850/60er-Jahren die einzige Professorengattin, die regelmäßig zu einer salonartigen Abendrunde lud. Seit 1872 führte dann Anna von Helmholtz fast 30 Jahre lang einen Salon, in dem sich die führenden Wissenschaftler des Kaiserreiches trafen.

Karl Richard Lepsius (1810–1884)
Lithografie nach einer Daguerrotypie, 1850
Aus: Bernhard Lepsius: Das Haus Lepsius, Verlag Klinkhardt und Biermann, Berlin 1933

Elisabeth Lepsius (1828–1899)
Lithografie nach dem Brautbild von E. Magnus von 1846
Aus: Bernhard Lepsius: Das Haus Lepsius, Verlag Klinkhardt und Biermann,Berlin 1933

Im Hause Lepsius verkehrten vor allem Wissenschaftler, Schriftsteller und Musiker, die Elisabeth von Lepsius als charmante Gastgeberin schätzten.

Was sind „Kathedersozialisten"?

Nicht selten setzt sich eine polemische Zuspitzung, obwohl irreführend, als politisches Schlagwort durch. Im Fall der Professoren, die in der Bismarck-Ära eine staatliche Sozialpolitik forderten, liegt die Irreführung in der suggerierten Nähe zur Sozialdemokratie.

Die sich 1872 im *Verein für Socialpolitik* organisierenden „Kathedersozialisten" forderten zur Milderung der Klassengegensätze ein moderates Eingreifen des Staates in die Wirtschaft. Die meisten von ihnen lehnten aber sozialrevolutionäre Ideen, wie sie die Sozialdemokraten vertraten, vehement ab. Zu ihnen gehörten die Nationalökonomen Adolph Wagner, der seit 1870 in Berlin lehrte, und Gustav Schmoller, der 1882 hierher berufen wurde.

Adolph Wagner (1835–1917)

Lichtdruck | © Humboldt-Universität, Universitätsbibliothek, Porträtsammlung

Im Gegensatz zu den anderen Vereinsmitgliedern forderte Adolph Wagner bald nach der Vereinsgründung eine grundlegende Reform der bestehenden Wirtschaftsordnung. Nach heftigen Auseinandersetzungen trat er schließlich aus dem Vereinsvorstand aus.

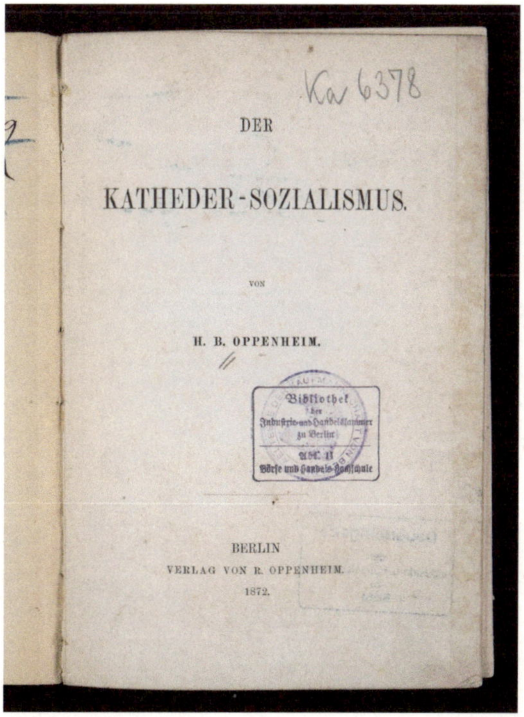

DER

KATHEDER-SOZIALISMUS.

VON

H. B. OPPENHEIM.

BERLIN
VERLAG VON R. OPPENHEIM.
1872.

Heinrich Bernhard Oppenheim: Der Katheder-Sozialismus, Verlag von R. Oppenheim, Berlin 1872

Humboldt-Universität, Universitätsbibliothek

Die polemische Schrift des liberalen Journalisten Heinrich Oppenheim, in der er sich mit den Ansichten der konservativen Sozialreformer auseinandersetzte, gab diesen die einprägsame, wenn auch irreführende Bezeichnung „Kathedersozialisten".

Rahmen der Ehrenbürgerurkunde der Stadt Berlin für Robert Koch, 1890

Robert-Koch-Museum, Berlin

Die Stadt Berlin hat bis heute sechs Angehörige der Universität zu Ehrenbürgern ernannt. Der Germanist August Boeckh erhielt 1857 als erster von ihnen die Ehrenbürgerwürde. Ihm folgten neben Koch auch Leopold von Ranke, Rudolf Virchow, Otto Heinrich Warburg und Otto Hahn.

Stars über den Hörsaal hinaus

In der zweiten Hälfte des 19. Jahrhunderts wurden nur renommierte Wissenschaftler, oftmals die besten ihres Faches, an die Friedrich-Wilhelms-Universität berufen. Der Ruf auf einen der hiesigen Lehrstühle galt als Krönung einer Wissenschaftlerkarriere. Viele Berliner Ordinarien erlangten über akademische Kreise hinaus Berühmtheit und wurden mit einer Vielzahl von Ehrungen überhäuft.

Zu ihnen gehörten etwa die Mediziner Robert Koch und Rudolf Virchow. Koch wurde als Entdecker bakterieller Krankheitserreger weltbekannt und erhielt 1905 den Nobelpreis. Virchow, u.a. Begründer der Zellularpathologie, war über sein wissenschaftliches Wirken hinaus v.a. für sein überragendes sozial- und gesundheitspolitisches Engagement bekannt.

Ehrenbürgerurkunde der Stadt Berlin für Robert Koch, 1890

Robert-Koch-Museum, Berlin

Medaille auf Robert Koch (1843–1910)

Kupfer, um 1890 | Stiftung Stadtmuseum Berlin

Medaille auf Rudolf Virchow (1821–1902)

Silber, nach einer Heliogravüre von J. Blechinger, Medailleure: A. Scharff / C. Waschmann, 1891 Humboldt-Universität, Kustodie

Die Abbildung verweist auf Rudolf Virchows Tätigkeit als Arzt, Archäologe und Hygieniker. Die Rückseite zeigt ihn selbst und die Umschrift POMERANUS . CIVIS . BEROLINENSIS. Anlässlich seines 70. Geburtstages wurde Virchow, der maßgeblich an der Modernisierung der Berliner Krankenhäuser, Schlachthöfe und Wasserversorgung beteiligt war, zum Ehrenbürger Berlins ernannt.

Zigarrenkistendeckel mit Bildnis Rudolf Virchows, um 1900

Berliner Medizinhistorisches Museum der Charité

Die Popularität Rudolf Virchows reichte weit über Deutschland und akademische Kreise hinaus bis nach Übersee und in alle Bevölkerungsschichten. So war er nicht nur Mitglied vieler Akademien und wissenschaftlicher Gesellschaften, sondern auch Ehrenmitglied einer Vielzahl von Handwerks- und Ortsvereinen.

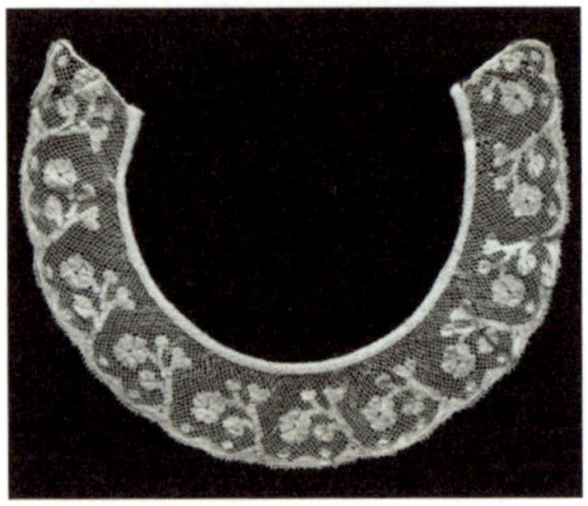

Puderdose und Spitzenkragen Lise Meitners

Archiv der Max-Planck-Gesellschaft, Berlin-Dahlem

Die Universität wird (langsam) weiblich

Fast 60 Jahre dauerte es seit den ersten Vorlesungen für Frauen, die Friedrich Raumer im *Verein zur Bildung akademischer Laien* hielt, bis diese sich 1908 erstmals an der Berliner Universität immatrikulieren durften. 1912 wurde Lise Meitner hier die erste Assistentin an einer preußischen Universität. Sie wurde 1922 als erste Frau in Physik habilitiert und 1926 zur außerordentlichen Professorin ernannt.

Auch wenn sich im Ersten Weltkrieg die Zahl der Studentinnen merklich erhöht hatte, gelang es in den nächsten Jahren nur wenigen Frauen, eine akademische Karriere einzuschlagen. Erst 1919 wurde die Zoologin Paula Hertwig als erste Frau an der Berliner Universität habilitiert.

Lise Meitner (1878–1968) mit Otto Hahn und in der notdürftig als Labor hergerichteten Tischlerwerkstatt des Chemischen Institutes

Seit dem Wintersemester 1907 hörte Lise Meitner, die in Wien in Physik promoviert hatte, bei Max Planck. Noch im selben Jahr nahm die Physikalische Gesellschaft sie als Mitglied auf. Bald konnte Lise Meitner auch experimentell arbeiten, im Team mit dem Chemiker Otto Hahn, jedoch ohne die Erlaubnis, die eigentlichen Laboratorien des Chemischen Institutes zu betreten.

Ein ungelittener Pazifist

1914, zu Beginn des Ersten Weltkrieges, veröffentlichten 93 deutsche Professoren einen *Aufruf an die Kulturwelt*, der die Kriegsführung des deutschen Kaiserreiches verteidigte. Der pazifistische Gegenaufruf *An die Europäer* des Berliner Mediziners Georg Nicolai fand nur drei Unterstützer. Einer war Albert Einstein. Der Aufruf blieb unveröffentlicht und wurde erst drei Jahre später bekannt.

Ein Kriegsgericht degradierte den als Lazarettarzt tätigen Georg Nicolai, als 1917 in der Schweiz sein pazifistisches Werk *Biologie des Krieges* erschien, das den *Aufruf an die Europäer* enthielt. Auch nach Kriegsende konnten seine Professorenkollegen den vermeintlichen Vaterlandsverrat nicht verwinden. Sie schlossen ihn 1920 aus der Medizinischen Fakultät aus und veranlassten den Entzug seiner Lehrbefugnis.

Georg Nicolai (1874–1964), 1918

Georg Nicolai verließ Deutschland 1922. Er ging nach Argentinien, wo er ob seines pazifistischen Bekenntnisses als „großer Europäer“ euphorisch begrüßt wurde.

„Im Frieden für die Menschheit, im Krieg fürs Vaterland"

Zu den Protagonisten einer völlig neuartigen Verschränkung von Wissenschaft und Krieg im Ersten Weltkrieg gehört der spätere Nobelpreisträger Fritz Haber.

Der 1906 berufene Haber war nach 1911 Direktor des *Kaiser-Wilhelm-Institutes* für physikalische Chemie und Honorarprofessor an der Universität. Er schuf mit seinem „Verfahren zur synthetischen Darstellung von Ammoniak" die Grundlage für die Herstellung künstlicher Düngemittel und Sprengstoffe.

Kurz nach Beginn des Krieges entwickelte Fritz Haber getreu seinem o. g. Motto die ersten Giftgaswaffen für das deutsche Heer. Auch andere Wissenschaftler wie Otto Hahn, der ebenfalls am *KWI* arbeitete und an der Universität lehrte, erachteten ihren Beitrag an der Entwicklung von Gaswaffen als ihre patriotische Pflicht.

Fritz Haber (1868–1934) bei der Vorbereitung eines Gasangriffs, 1915

© Archiv der Max-Planck-Gesellschaft, Berlin-Dahlem

Fritz Haber (2. von rechts) und die anderen in seinem Team arbeitenden Wissenschaftler ignorierten wie die deutsche Heeresleitung bewusst das Verbot des Einsatzes chemischer Waffen durch die Haager Landkriegsordnung.

Star im (eigenen) Hörsaal

Der Toxikologe Louis Lewin lehrte und forschte 40 Jahre in unmittelbarer Nähe der Universität, in der Ziegelstraße. Er wurde 1881 habilitiert und richtete sich bald darauf ein Privatlabor mit eigenem Hörsaal ein. Seine Vorlesungen und Übungen sollen mehr Studenten angezogen haben, als diejenigen der Ordinarien, die an der Universität lehrten. Seine Veröffentlichungen wurden allesamt zu Bestsellern.

Die Universität konnte sich dennoch nicht dazu entschließen, Louis Lewin einen Lehrauftrag und die Prüfungserlaubnis zu erteilen. Erst 1922 ernannte sie den bereits 72-Jährigen zum Extraordinarius. Louis Lewin steht exemplarisch für die Wissenschaftler jüdischen Glaubens, denen eine ihren wissenschaftlichen Leistungen angemessene universitäre Karriere verwehrt wurde.

Louis Lewin (1850–1929)

Aus: Eleonore Schneider (Red.): Louis Lewin. Leben – Werk – Wirkung. Beiträge des Symposiums am 17. Oktober 1992, Berlin 1993

© Landesarchiv, Berlin

1992 wurde eine Straße in Berlin-Hellersdorf nach Louis Lewin benannt. Seit 1996 erinnert auch eine Gedenktafel am Universitätsgebäude in der Ziegelstraße 5 an Leben und Werk des bedeutenden Toxikologen.

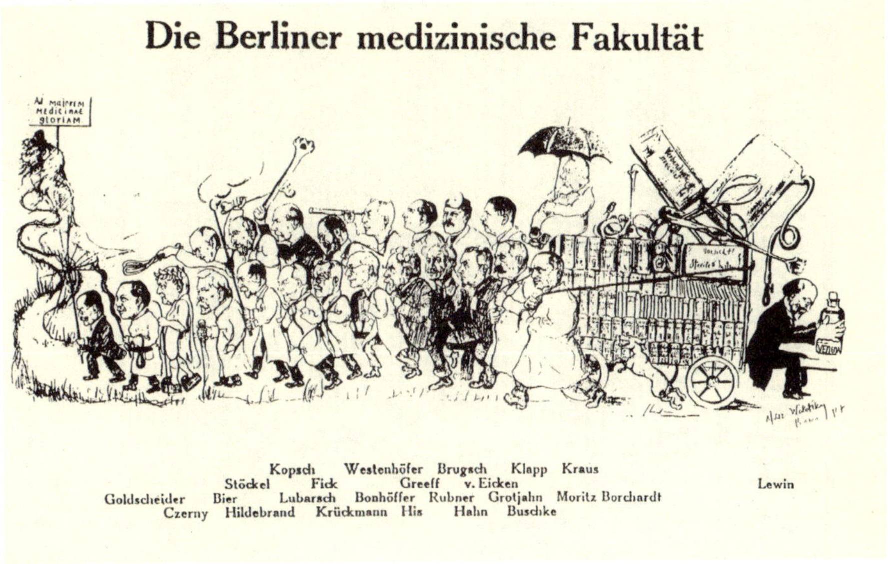

Karikatur auf die Medizinische Fakultät und die isolierte Stellung Louis Lewins

A. Wolotzky, aus: Eleonore Schneider (Red.): Louis Lewin. Leben – Werk – Wirkung. Beiträge des Symposiums am 17. Oktober 1992, Berlin 1993

Ein streitbarer Kopf

Die meisten Ordinarien standen der Weimarer Republik ablehnend oder offen feindselig gegenüber. Weder zu ihnen noch zu den einzelnen, meist neu berufenen Anhängern der Republik gehörten die wenigen sog. Vernunftrepublikaner, wie Friedrich Meinecke und Hans Delbrück. Beide Historiker standen der Republik nicht grundsätzlich ablehnend gegenüber, blieben aber dennoch „Herzensmonarchisten“.

Hans Delbrück wirkte seit den 1880er-Jahren als politischer Publizist und kritisierte mit äußerster Schärfe reaktionäre Erscheinungen. Nach 1918 trat er der Dolchstoßlegende entgegen und befürwortete die Unterzeichnung des Rapallo-Vertrages. Er vertrat aber auch die Auffassung, dass Deutschland 1914 in einen Verteidigungskrieg eintrat und lehnte etwa die Einführung der neuen schwarz-rot-goldenen Nationalfahne ab.

2094 Berliner Illustrirte Zeitung Nr. 48

Mit der Kamera im Bankettsaal bei der Feier des 80. Geburtstags des Geschichtsforschers, Publizisten und Politikers Hans Delbrück in Berlin: Reichswehrminister Dr. Groener während seiner Rede. Rechts als gerührter Zuhörer Professor Hans Delbrück.

schreibt an den Fabrikanten die Bitte, dieses Mädelchen mit dem sanften Madonnengesicht doch wieder neben dem Großen spielen zu lassen. Und so ist sie auch im nächsten Film seine Partnerin. Man kennt sie schon, man liebt sie schon. Ist sie ein vollwertiger Star, so wächst sie in rasender Eile zum hundertprozentigen Liebling heran, läßt sich durch keine Kürzungsschnitte, durch keine Intrigen, durch keine noch so nebensächliche Rolle mehr in ihrem Siegeslauf aufhalten. Darf plötzlich, nun selbst an der Herzensbörse des Publikums als Vollstar gebucht, allein filmen, großgedruckt, im Mittelpunkt, vor der Großaufnahme, auf dem Plakat, als Titeldarstellerin. Und nun dreht sich die Schicksalsscheibe des Films: jetzt braucht wieder sie einen kleinen, kinofremden Liebhaber, sucht sich einen aus der Masse der anstürmenden Ehrgeizigen aus und . . . siehe oben.

Reichsgerichtspräsident Dr. Simons, Geheimrat Prof. Dr Kahl, Geheimrat Prof. Dr. Hans Virchow.

Hans Delbrück.

Hans Delbrück, der Achtzigjährige, ist ebenso bedeutend als Geschichtsforscher wie als Geschichtslehrer. Er hat zuerst die Geschichte der Kriegskunst, die bis dahin ein von militärischen Fachleuten unsystematisch bearbeitetes Gebiet war, im Rahmen der politischen Geschichte behandelt. Da ergoß sich neues Licht auf Ereignisse der fernsten Vergangenheit — wenn Delbrück beispielsweise die phantastischen Angaben der Griechen über die Größe des Heeres, das der Perserkönig Xerxes nach Griechenland führte, untersuchte —, und da erschloß sich dem „Zivilisten“ zuerst das Verständnis für Fragen der neuzeitlichen Kriegführung. Niemand war mehr berufen als der Erforscher der Entwicklung

Der achtzigjährige Geheimrat Prof. Delbrück hält seine Dankrede.

Prof. Jäckh, Reichsbankpräsident Dr. Schacht, Reichswehrminister a. D. Dr. Geßler, Bürgermeister Dr. Petersen-Hamburg. Aufnahmen von Dr. Erich Salomon.

Staatssekretär Richter und Universitäts-Rektor Geheimrat Prof. His.

Bildbericht zur Feier des 80. Geburtstages von Hans Delbrück (1848–1929)

Berliner Illustrirte Zeitung vom 25.11.1928 | © Landesarchiv, Berlin

Neben der Berliner Illustrirten würdigte auch die Rote Fahne, die Zeitschrift der KPD, Hans Delbrücks 80. Geburtstag.

Selbstkorrumpierung der Wissenschaft

Die meisten Hochschullehrer begrüßten 1933 das Ende der Republik. Sie lehnten nur den als „primitiv" kritisierten Terror ab, der die Machtergreifung der Nationalsozialisten begleitete. Sie protestierten nicht, als das Kultusministerium unter Missachtung des Berufungsrechts Lehrstühle mit bedingungslosen Befürwortern der neuen Machtverhältnisse besetzte. So wurden die Juristen Carl Schmitt und Reinhard Höhn sowie der Pädagoge Alfred Baeumler noch 1933/34 berufen.

Ohne Protest beteiligten sich die Fakultäten ab 1933 auch an der Umsetzung des Gesetzes zur Wiederherstellung des Berufsbeamtentums, das politische Gegner und „Nichtarier" aus dem Staatsdienst verwies. 35,1 Prozent des Lehrkörpers, 280 Lehrende, wurden entlassen. Nicht alle, denen die Emigration gelang, konnten ihre Arbeit im Ausland fortsetzen. Wer in Deutschland blieb, starb vereinsamt oder wurde in den Vernichtungslagern ermordet.

Kurt Lewin (1890–1947) | Foto: Sergio Pinna
Kurt Lewin, einer der Begründer der Sozialpsychologie, seit 1921 Privatdozent, erkannte früh, dass es für Juden in Deutschland keine Zukunft mehr gab. Er ging 1933 mit seiner Familie in die USA und lehrte dort an verschiedenen Universitäten.

Eduard Norden (1868–1941), seine Frau Marie Norden und deren jüngste Tochter Gerda am Tag der Abreise aus Berlin, 5. Juli 1939 | Foto: Privat
Der klassische Philologe Eduard Norden, 1927/28 Rektor der Universität, war einer der bedeutendsten Altertumswissenschaftler seiner Zeit. Vor 1914 verbeamtet, blieb er trotz seiner jüdischen Abstammung bis 1935 offiziell im Amt. 1939 emigrierte er in die Schweiz.

Lise Meitner (1878–1968)

Lise Meitner gehörte zu den wenigen jüdischen Hochschullehrern, die von engen Kollegen sowie aus dem Ausland Unterstützung und Solidarität erfuhren. So suchten Otto Hahn und Max Planck, wenn auch letztlich erfolglos, den Entzug ihrer Lehrbefugnis zu verhindern. Wenige Monate nach dem „Anschluss" Österreichs an Deutschland floh Lise Meitner 1938 über Holland und Dänemark nach Schweden, wo sie ihre wissenschaftliche Arbeit fortsetzte.

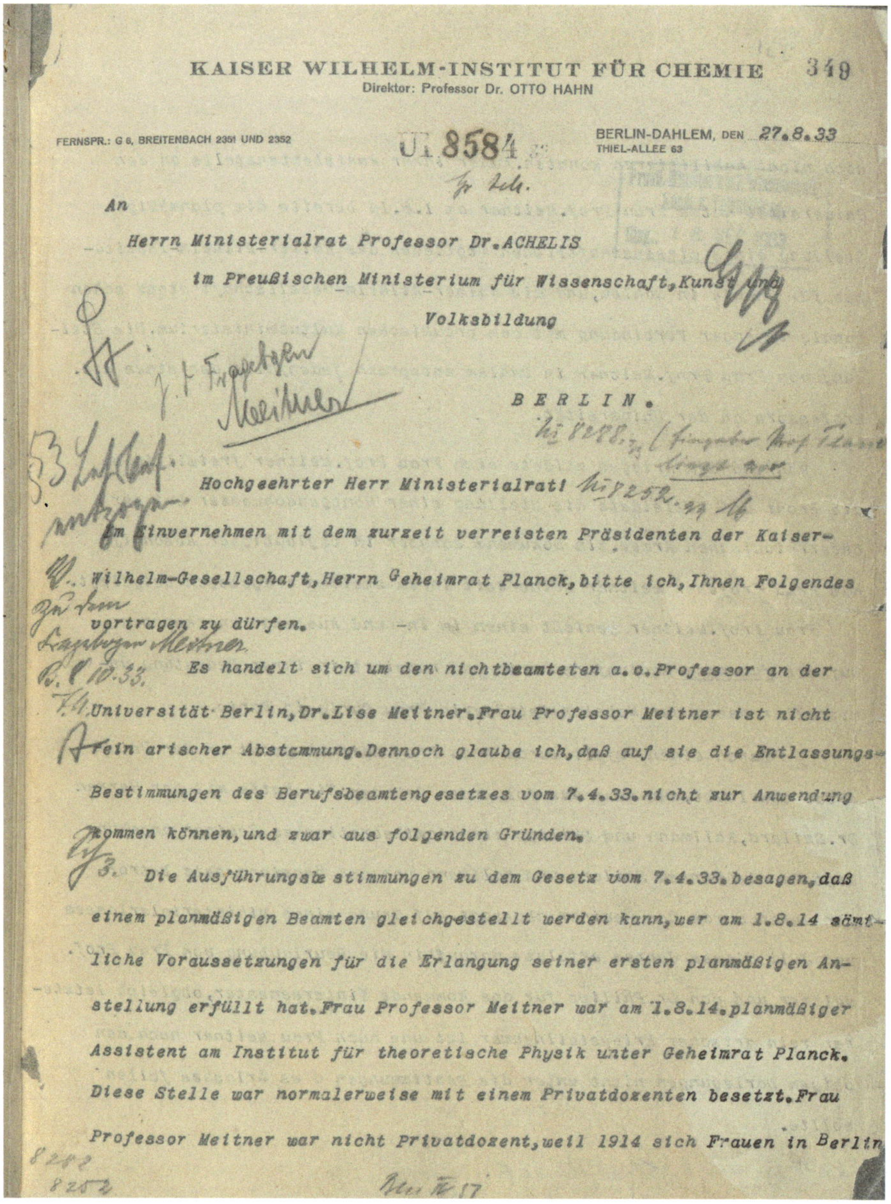

KAISER WILHELM-INSTITUT FÜR CHEMIE 349

Direktor: Professor Dr. OTTO HAHN

FERNSPR.: G 6, BREITENBACH 2351 UND 2352 U I 8584 BERLIN-DAHLEM, DEN 27.8.33

THIEL-ALLEE 63

An

Herrn Ministerialrat Professor Dr. ACHELIS

im Preußischen Ministerium für Wissenschaft, Kunst und Volksbildung

BERLIN.

Hochgeehrter Herr Ministerialrat!

Im Einvernehmen mit dem zurzeit verreisten Präsidenten der Kaiser-Wilhelm-Gesellschaft, Herrn Geheimrat Planck, bitte ich, Ihnen Folgendes vortragen zu dürfen.

Es handelt sich um den nichtbeamteten a.o. Professor an der Universität Berlin, Dr. Lise Meitner. Frau Professor Meitner ist nicht rein arischer Abstammung. Dennoch glaube ich, daß auf sie die Entlassungs-Bestimmungen des Berufsbeamtengesetzes vom 7.4.33. nicht zur Anwendung kommen können, und zwar aus folgenden Gründen.

Die Ausführungsbestimmungen zu dem Gesetz vom 7.4.33. besagen, daß einem planmäßigen Beamten gleichgestellt werden kann, wer am 1.8.14 sämtliche Voraussetzungen für die Erlangung seiner ersten planmäßigen Anstellung erfüllt hat. Frau Professor Meitner war am 1.8.14. planmäßiger Assistent am Institut für theoretische Physik unter Geheimrat Planck. Diese Stelle war normalerweise mit einem Privatdozenten besetzt. Frau Professor Meitner war nicht Privatdozent, weil 1914 sich Frauen in Berlin

Brief Otto Hahns (1879–1968) an den Ministerialrat Achelis, Berlin-Dahlem, 27. August 1933

Unbekannter Retter

Es ist nicht bekannt, wieviele Universitätsangehörige in der NS-Zeit Verfolgten beistanden, ihnen Unterschlupf gewährten oder bei der Flucht aus Deutschland halfen. Einer von ihnen war der Skandinavist Theophron Runze, der als Dozent an der Auslandswissenschaftlichen Fakultät tätig war.

Theophron Runze war bis 1944, als er bei einem Bombenangriff ums Leben kam, Mitglied einer Widerstandsgruppe. Gemeinsam mit anderen schwedischen und deutschen Helfern hat er fast 150 Juden versteckt und ihnen zur Flucht nach Schweden verholfen.

Theophron Runze (1898–1944) mit seiner Familie, Juni 1933 | Foto: Privat

Georg Runze, ord. Honorarprofessor der Theologischen Fakultät, ließ sich mit vier seiner Kinder (von links: Eberhard, Freya, Friedrich Wilhelm und Theophron Runze) im Juni 1933 vor dem Helmholtz-Denkmal fotografieren.

KÄND TYSK

Sverige-vän död

BERLIN den 25 mars.

Min trognaste vän i Berlin, docenten vid Utlandshögskolan Theophron Runze, fann jag bombnatten till Marie bebådelsedag död i min våning.

Han hade hämtat mig från släckningsarbetet på svenska legationsbyggnaden med det beskedet att mitt eget hus brann. Tillsammans räddade vi allt av värde ur våningen. Huset var redan övertänt, och medan jag fortsatte släckningen från taket, hade Runze utan att någon anade det genom en vindspassage ånyo begivit sig in i våningen inunder. Jag fann honom kvävd i sin gasmask. Alla återupplivningsförsök var fruktlösa.

Theophron Runzes namn har för talrika svenskar varit uppskattat och kärt. Han var Tysklands säkert främste kännare av de nordiska språken inkl. finskan, isländska och färöiskan. Som ledare av Svenska cirkeln tillsammans med lektor Wilhelm Scharp har han ett stort verk i svensk-tyskt kulturutbyte bakom sig, och de talrika unga tyskar, som lärt sig se Sverige genom sin lärare Runzes ögon, har också trots all politisk förbistring förblivit våra ärligaste vänner. Med Theophron Runze förlorar de skandina-

Nachruf auf Theophron Runze

Stockholms Tidningen vom 23. März 1944

Der Nachruf aus der Feder des Freundes Christer Jaederlund in der Schwedischen Tageszeitung „Stockholms Tidningen“ verweist auf die Verdienste Theophron Runzes als erster Kenner der skandinavischen Länder und dessen „überaus große Hilfsbereitschaft“.

SBZ / DDR

Else Knake (1901–1973)

© Archiv der Freien Universität Berlin

Die Medizinerin Else Knake war die erste Dekanin an einer deutschen Universität. 1947 wurde sie abgesetzt, weil sie für Studenten eintrat, die gegen die Ideologisierung der Universität protestierten. 1948 gehörte sie zu den Gründungsmitgliedern der Freien Universität Berlin.

Bleiben oder gehen?

1946 wurden erstmals Professorinnen mit vollem Lehrauftrag an die neu eröffnete Universität berufen. Auguste Hoffmann, Else Knake, Elisabeth Nau, Elisabeth Schiemann und Margarete Woltner verließen jedoch bis 1951 ob der verstärkten Einflussnahme der SED auf Lehre und Forschung die Universität. Nur Liselotte Richter, die 1948 als erste Frau auf einen deutschen Philosophie-Lehrstuhl berufen wurde, blieb.

Anderen nahm die SED die Entscheidung über Bleiben oder Gehen ab. Zu den Lehrenden, die sie von der Universität verwies, gehörte etwa 1953 der Philosoph Wolfgang Harich. Mit dem Mauerbau im Jahr 1961 klärte die SED die Frage des Bleibens oder Gehens endgültig. Bis dahin hatte sich eine nicht bezifferbare Zahl von Hochschullehrern für die Flucht in den Westen entschieden.

Mitmachen und Gestalten?

Viele Wissenschaftler lehrten und forschten nach 1946 hier, obwohl sie die Ideologisierung der Universität durch die SED ablehnten. So nahm der Kunsthistoriker Richard Hamann 1947 einen Ruf auf den verwaisten Berliner Kunstgeschichtslehrstuhl an. Er und andere wurden in den folgenden Jahren zu Grenzgängern zwischen Ost und West.

Andere, wie der Pädagoge Heinrich Deiters oder der Musikwissenschaftler Ernst H. Meyer, entschieden sich, die Schaffung eines demokratischen, gar sozialistischen Deutschlands, wie es die SED versprach, mitzutragen und zu gestalten. Aber auch Wissenschaftler, die bis 1945 in der NSDAP aktiv waren, machten als SED-Mitglieder Karriere an der Universität und der *Akademie der Wissenschaften*.

Erste Ausgabe der Zeitschrift „Musik und Gesellschaft“ aus dem Jahr 1951
Humboldt-Universität, Universitätsbibliothek
Der Emigrant Ernst H. Meyer lehrte und forschte seit 1948 auf dem neu eingerichteten Lehrstuhl für Musiksoziologie und prägte das offizielle Musikleben der DDR etwa als Vorsitzender des Verbandes der Komponisten und Musikwissenschaftler und Gründer der Zeitschrift Musik und Gesellschaft.

Ernst Herrmann Meyer (1905–1988) auf der zentralen Bachfeier der DDR, 1950 | Deutsche Fotothek, Dresden

Entscheidung für Ost-Berlin

Ein Teil der 1946 und in den folgenden Jahren berufenen Professoren kam aus der Emigration. Ihre Wahl fiel zumeist aus politischer Überzeugung auf den Osten Deutschlands. Zu ihnen gehörten etwa die Historiker Alfred Meusel und Jürgen Kuczinsky, aber auch der spätere „Chefideologe der DDR", Kurt Hager, der seit 1949 eine Professur für Philosophie innehatte. Von den Emigranten, die nach 1933 die Universität verlassen mussten, kehrten nur wenige, wie der bereits 1946 verstorbene Philosoph Arthur Liebert, an diese zurück.

Die Mediziner Ingeborg und Mitja Rapoport entschieden sich in der McCarthy-Ära dafür, nach Europa zurückzukehren. Als Kommunisten konnten sie in Österreich, wo die Familie Rapoport bis Ende der 1930er-Jahre gelebt hatte, ihre wissenschaftlichen Karrieren nicht fortsetzen. Beide arbeiteten in den folgenden Jahrzehnten äußerst erfolgreich in ihren Fachgebieten und gehörten zu den herausragenden Wissenschaftlerpersönlichkeiten der DDR.

Samuel Mitja Rapoport (1912–2004), 1952
Foto: Privat
Mitja Rapoport übernahm nach dem Eintreffen in Ost-Berlin im Jahr 1952 das verwaiste Universitätsinstitut für Physiologische Chemie und baute es zum Zentrum der DDR-Biochemie aus.

Ingeborg Rapoport, 1952 | Foto: Privat
Ingeborg Rapoport arbeitete ab 1954 an der Universität, wurde dort habilitiert und war bis zu ihrer Emeritierung als Professorin für Neugeborenenheilkunde an der Charité tätig. Sie lebt in Berlin.

Dissident mit Vergangenheit

Eines der wenigen SED-Mitglieder unter den Ordinarien in den 1950er-Jahren war Robert Havemann. Er engagierte sich als Propagandist für die junge DDR und trug als Studentendekan die Verantwortung für den Verweis christlicher Studenten von der Universität. Nach den Enthüllungen über den sowjetischen Stalinismus im Jahr 1956 begann sein Wandel zum Kritiker der SED.

1963/64 setzte sich Robert Havemann in der Vorlesungsreihe „Naturwissenschaftliche Aspekte philosophischer Probleme" mit der Unterdrückung der Freiheit im Sozialismus auseinander. Zu dieser im Westen 1964 unter dem Titel *Dialektik ohne Dogma?* veröffentlichten Vorlesung kamen bald mehr als 700 Hörer aus der DDR und West-Berlin. Die SED-Führung reagierte, indem sie ihn aus der Universität und der Partei ausschloss.

Robert Havemann (1910–1982) bei seiner letzten öffentlichen Vorlesung im Jahr 1964, rechts Wolf Biermann

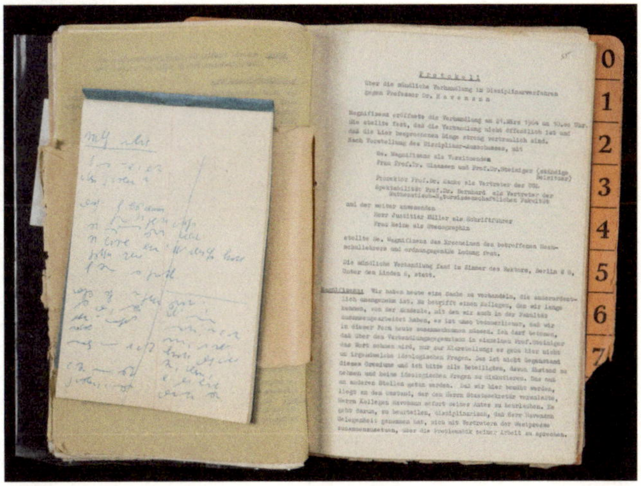

Protokoll der mündlichen Verhandlung im Disziplinarverfahren gegen Robert Havemann

Personalakte, 1964

Humboldt-Universität, Universitätsarchiv

„...mein DDR-Voltaire"

Der Historiker und Philosoph Wolfgang Heise studierte, lehrte und forschte von 1946 bis 1985 an der hiesigen Universität. Er gehörte zu den Wissenschaftlern, die marxistische Geschichtswissenschaft und Philosophie unabhängig von parteipolitischen Vorgaben und ideologischen Scheuklappen betrieben. Gerade deshalb war Wolfgang Heise als Hochschullehrer legendär. Zu seinen Schülern gehörten etwa Wolf Biermann, der ihn seinen „DDR-Voltaire" nannte, Rudolf Bahro und Wolfgang Thierse.

Wolfgang Heise war einer der wenigen Hochschullehrer, die gegenüber der SED-Führung Stellung bezogen und dafür Nachteile in Kauf nahmen. Etwa wenn er 1964 gegen den Ausschluss Havemanns protestierte oder dem in Ungnade gefallenen Studenten Biermann die Prüfung ermöglichte.

Wolfgang Heise (1925–1987)

Foto: Marianne Fröbus

Die Universität bewahrt heute im Wolfgang-Heise-Archiv des Seminars für Ästhetik, der langjährigen Wirkungsstätte Heises, dessen Bibliothek und wissenschaftlichen Nachlass auf.

Frauenforschung trifft auf Frauenpolitik

Im Dezember 1989 setzte die Gründung des Zentrums für interdisziplinäre Frauenforschung den institutionellen Schlusspunkt für die seit 1980 erfolgten Bemühungen, Geschlechterforschung in der Universität zu etablieren. Zu den Initiatorinnen dieses Prozesses gehörte die Kulturwissenschaftlerin Ina Merkel.

1989 gehörte sie im Gegensatz zur übergroßen Mehrheit der Hochschullehrer zu den Protagonisten der Wende. Sie formulierte das Manifest des neuen *Unabhängigen Frauenverbandes* der DDR. Gegen heftigen Widerstand setzte der Verband durch, dass Merkel als dessen Sprecherin am *Zentralen Runden Tisch* der DDR Platz nehmen konnte.

Ina Merkel im Spiegelinterview im Januar 1990 | © Monika Zucht / Der Spiegel
Ina Merkel lebt und arbeitet in Marburg und Berlin. 2000 wurde sie auf den Lehrstuhl für Europäische Ethnologie / Kulturwissenschaft der Philipps-Universität Marburg berufen.

Der letzte Professor der DDR

Rudolf Bahro, der Ende der 1950er-Jahre an der Humboldt-Universität Philosophie studiert hatte, wurde 1978 nach der Veröffentlichung seines Buches *Die Alternative* zu acht Jahren Haft verurteilt. Ein Jahr darauf bürgerte ihn die DDR aus. Im November 1989 kehrte Bahro in die DDR zurück und hielt Anfang 1990 mehrere völlig überfüllte Vorlesungen im Audimax der Universität.

Im September 1990 wurde er von der letzten DDR-Regierung zum außerordentlichen Professor an der Humboldt-Universität ernannt. Seine Vorlesungsreihe „Rudolf Bahro und Gäste" gehörte bis 1996 zum Standardprogramm des Studium generale. Das 1990 von ihm gegründete Institut für Sozialökologie, das lose an die Universität angebunden war, wurde 1998 negativ evaluiert und aufgelöst.

Rudolf Bahro (1935–1997) während einer Vorlesung | © Humboldt-Universität, Universitätsbibliothek, Porträtsammlung

An der Humboldt-Universität gibt es seit 1999 das Rudolf-Bahro-Archiv, das den wissenschaftlichen Nachlass Bahros aufbewahrt.

BRD

Berlins ältester aktiver Wissenschaftler

Seit 1937, als er mit dem Studium begann, ist das Leben des Verhaltensbiologen Günter Tembrock mit der Universität verbunden. Seit 1941 hat er hier gelehrt und geforscht. Seit seiner Emeritierung im Jahr 1983 kommt der „Grzimek des Ostens", wie er manchmal genannt wird, immer noch täglich in die Universität.

Von seinen Schülern wird der Doyen der Verhaltensbiologie hoch verehrt. 2003 beauftragten sie gemeinsam mit der Universität den Künstler Werner Stötzer mit der Anfertigung der hier gezeigten Büste. 1998 entstand bereits ein Porträt des Malers Werner Gottsmann, ebenfalls auf Initiative von Tembrocks Schülern. Einem großen (DDR-)Publikum wurde er in den 1980er-Jahren durch die Fernsehsendung „Rendezvous mit Tieren" bekannt.

Tembrock sitzt Stötzer Modell, 2003

Foto: Andreas Wessel, Berlin

Günter Tembrock bei einem Interview im Jahr 2003 | © Humboldt-Universität, Öffentlichkeitsarbeit, Foto: Heike Zappe

Portal der Humboldt-Universität zu Berlin | Foto: Antonia Weiße, Berlin

Studierendenausweis der Humboldt-Universität zu Berlin, 2010

© Humboldt-Universität, Studienabteilung

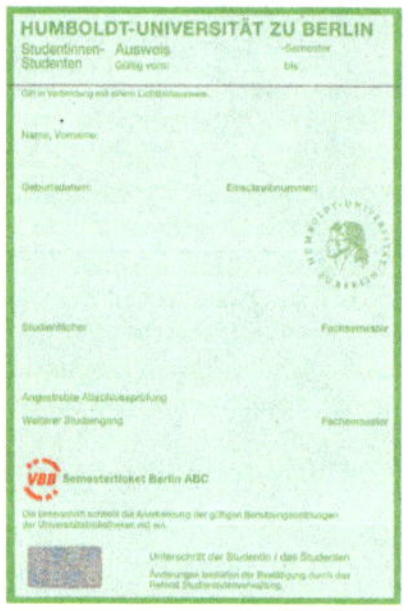
HUMBOLDT-UNIVERSITÄT ZU BERLIN

Studentinnen- Studenten Auswois

Name, Vorname

Studienfächer

Semesterticket Berlin ABC

Unterschrift der Studentin / des Studenten

Zeit

Vom Hörsaal auf die Straße

Portal der Universität zu Berlin

Lithografie von Eduard Gaertner, 1832

© Stiftung Stadtmuseum Berlin,

Reproduktion: Oliver Ziebe, Berlin

- 256

Studentinnen Studenten

1810

sprung

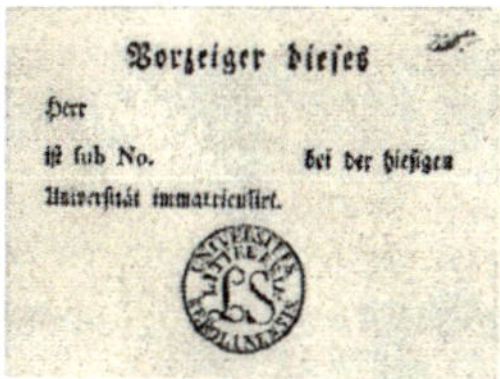

Vorzeiger dieses

Herr

ist sub No. bei der hiesigen

Universität immatriculirt.

Studentenausweis der Universität zu Berlin, 1810

© Geheimes Staatsarchiv Preußischer Kulturbesitz, Berlin

Preußen

Junge Freiheitskämpfer

Als die Berliner Universität 1810 gegründet wurde, stand Preußen unter französischer Fremdherrschaft. Nur allzu bald waren die eingeschriebenen Studenten gefordert, sich für oder gegen eine aktive Teilnahme am politischen Geschehen zu entscheiden. Der Professor für Philosophie Johann Gottlieb Fichte, der bereits ab 1807 mit seinen „Reden an die deutsche Nation" patriotische Gefühle zu wecken verstand, übte einen nicht zu unterschätzenden Einfluss auf seine Studenten aus. Ein gutes Drittel aller Immatrikulierten folgte im Februar 1813 dem Aufruf des preußischen Königs und meldete sich freiwillig zu den Waffen. Von den rund 250 Studenten, die an den Napoleonischen Befreiungskriegen teilnahmen, kehrten 42 nicht von den Schlachtfeldern zurück.

Hochzuehrende Herrn!

Hierbei habe ich die Ehre Ihnen die Abschrift des Rescripts vom 16. d. M., die aus dem Kriege zurückkehrenden Studierenden betreffend, mitzutheilen, und fordere Sie auf, Ihrerseits zur Erreichung der so wohltätigen Absicht derselben beizutragen.

Berlin, den 28ten Juni 1814

Solger

Transkript Mitteilung des Dekans der Philosophischen Fakultät an seine Dozenten vom 28.06.1814

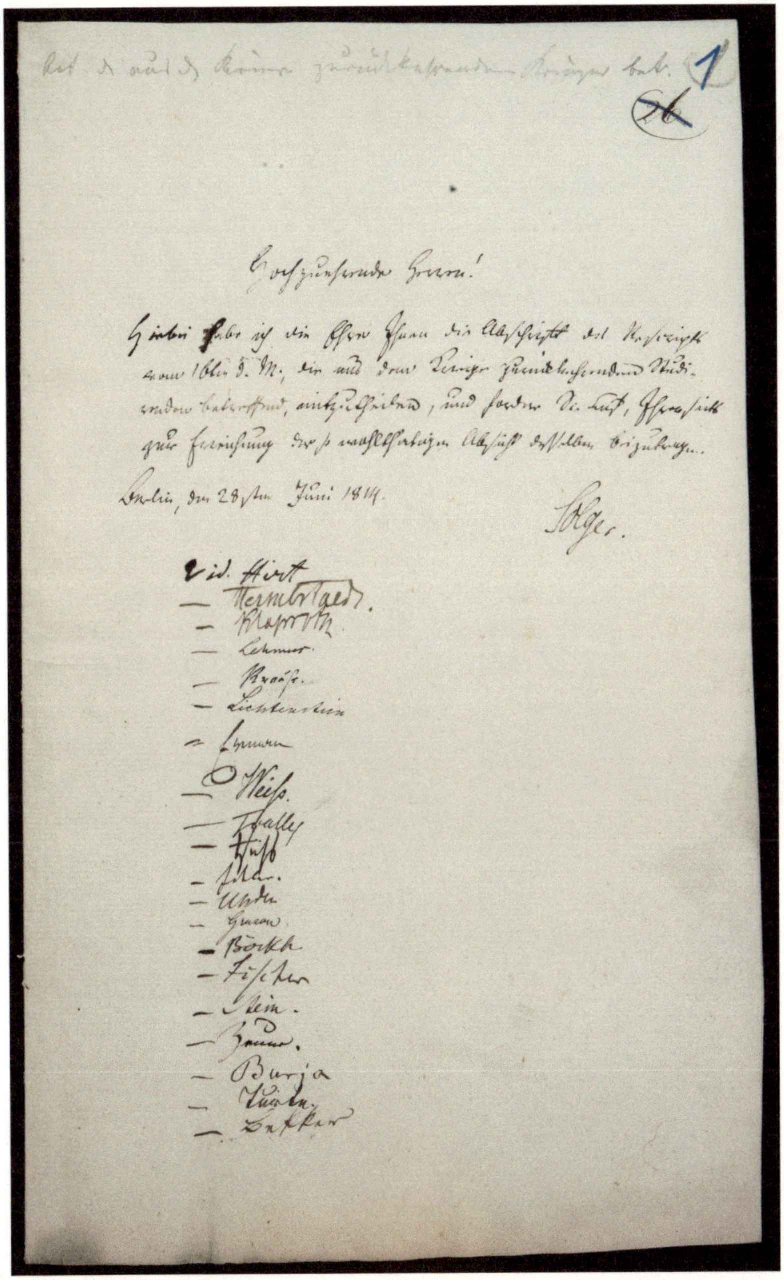

Berlin, den 28sten Juni 1814.

Solger.

Mitteilung des Dekans der Philosophischen Fakultät an seine Dozenten vom 28.06.1814

Humboldt-Universität, Universitätsarchiv

Die von Dekan Karl Solger in Umlauf gebrachte Anordnung stammt vom Departement für Kultus und öffentlichen Unterricht im Ministerium des Inneren. Sie enthält Anweisungen zur Unterstützung angehender oder bereits eingeschriebener Studenten, die in Freiwilligenverbänden die regulären Truppen im Kampf gegen Napoleon unterstützt hatten.

Heine in Berlin

Zwei Jahre studierte Heinrich Heine Jura an der Berliner Universität. Weit mehr als der Rechtswissenschaftler Carl von Savigny beeinflusste ihn jedoch der Philosoph Georg Friedrich Hegel. Die Hörsäle mussten sich Heines Aufmerksamkeit mit dem prallen gesellschaftlichen Leben der preußischen Hauptstadt teilen. In ihren literarischen Zirkeln war er ein gern gesehener Gast und begann in dieser Zeit selbst zu publizieren. Seine zeitkritischen *Briefe aus Berlin* nehmen auch die Universität ins Visier.

„Wie gefällt Ihnen aber die Universität? Fürwahr, ein herrliches Gebäude! Nur schade, die wenigsten Hörsäle sind geräumig, die meisten düster und unfreundlich, und, was das schlimmste ist, bei vielen gehen die Fenster nach der Straße, und da kann man schrägüber das Opernhaus bemerken. Wie muß der arme Bursche auf glühenden Kohlen sitzen, wenn die ledernen, und zwar nicht saffian- oder maroquinledernen, sondern schweinsledernen Witze eines langweiligen Dozenten ihm in die Ohren dröhnen und seine Augen unterdessen auf der Straße schweifen und sich ergötzen an dem pittoresken Schauspiel der leuchtenden Equipagen, der vorüberziehenden Soldaten, der dahinhüpfenden Nymphen und der bunten Menschenwoge, die sich nach dem Opernhause wälzt. Wie müssen dem armen Burschen die sechzehn Groschen in der Tasche brennen, wenn er denkt: „Diese glücklichen Menschen sehen gleich die Eunike als Seraphim oder die Milder als Iphegeneia". „Apollini et Musis" steht auf dem Opernhause, und der Musensohn sollte drauß bleiben? Aber sehen Sie, das Kollegium ist eben ausgegangen, und ein Schwarm Studenten schlendert nach den Linden."

Auszug aus: Heinrich Heine: Briefe aus Berlin, hg. von Walther Victor, Eulenspiegel Verlag, Berlin 1983

Heinrich Heine (1797–1856)

Öl auf Elfenbein von Colla, ca. 1820 bis 1825

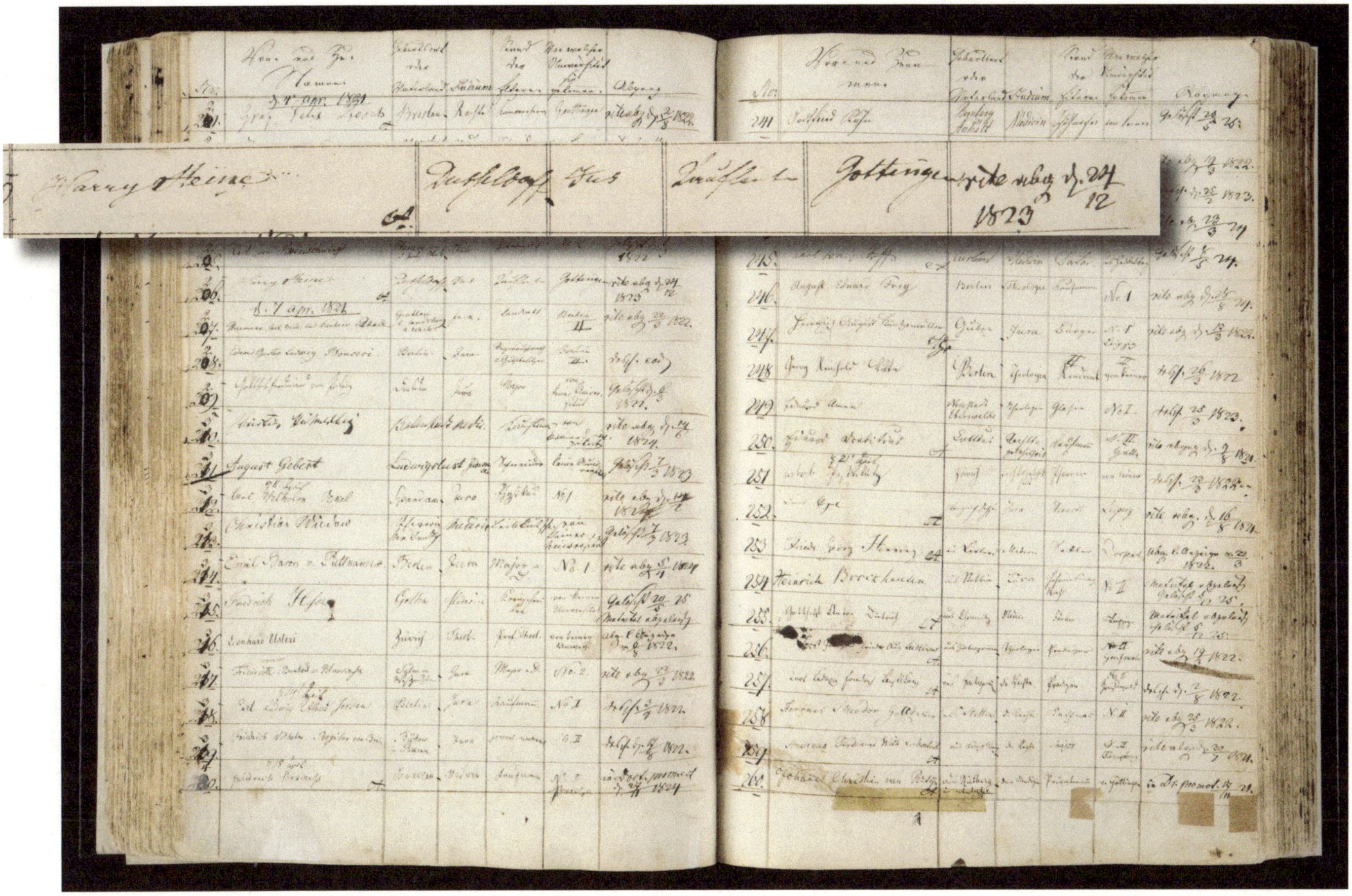

Album Civium Universitatis Litterariae Berolinensis, 1810–1826

Humboldt-Universität, Universitätsarchiv

Das erste Matrikelbuch der Universität enthält die Einträge aller Studenten zwischen 1810 und 1826. Am 4. April 1821 trug sich Harry Heine in die Matrikel ein, um hier sein in Bonn und Göttingen begonnenes Jurastudium fortzusetzen. Heine, der jüdischer Herkunft war, nahm erst nach seiner Taufe 1825 den Vornamen Heinrich an.

Auf den Barrikaden

In der 1848er-Revolution entlud sich der Unwillen der Bevölkerung gegen die repressive Politik des preußischen Königs Friedrich Wilhelm IV. und der Wunsch nach nationaler Einheit gleichermaßen. Auch die Studenten der Berliner Universität waren prominent vertreten. Bis zu 800 engagierten sich im „fliegenden Corps" der Studenten als Teil der Bürgerwehr für die Aufrechterhaltung der öffentlichen Ordnung. Knapp 100 sah man am 18. und 19. März auf den Barrikaden kämpfen.

In Erscheinung traten die studentischen Revolutionäre aber auch durch Herausgabe von Zeitungen, das Verfassen von Flugblättern oder die Mitgliedschaft in einem der zahlreichen politischen Vereine. Neben politischen Reformen fochten sie für eine Demokratisierung ihrer Universität, für weniger Pflichtveranstaltungen und mehr Mitbestimmung.

Protest
der Berliner Studentenschaft.

Die Studentenschaft hat am Freitag Nachmittag eine Deputation zum Minister-Präsidenten Camphausen gesandt, um ihm durch dieselbe zu erklären:

„daß sie gegen die Rückberufung des
Prinzen von Preussen
für jetzt Protest einlegen müsse,
und zwar aus folgenden beiden Hauptgründen.

1) Weil sie einzig und allein der bevorstehenden Preußischen National-Versammlung das Recht zugestehen könne, über die künftige Stellung des Prinzen von Preußen zum Staate zu entscheiden:
2) Weil sie die gegründete Befürchtung hege, daß die Ruhe und Ordnung der Stadt durch die **jetzige** Rückkehr des Prinzen von Preußen gestört und hierdurch unsere junge Freiheit auf das Ernsteste gefährdet werden könnte."

Der Minister-Präsident behielt sich vor, auch die Meinung der übrigen Theile der Bevölkerung Preußens in dieser Angelegenheit zu hören.

Berlin, den 13. Mai 1848.

Schnellpressen-Druck von E. Litfaß, Adlerstr. 6.

Protest der Berliner Studentenschaft gegen den Rückruf des Prinzen von Preußen

Flugblatt vom 13.05.1848 | Humboldt-Universität, Universitätsbibliothek, Historische Sammlungen

Der ministerielle Beschluss, Prinz Wilhelm aus dem Londoner Exil zurückzuholen, löste in Berlin eine Welle von Gegenreaktionen und Demonstrationen aus. Die Studenten organisierten eine stark frequentierte Protestveranstaltung in der Aula der Universität und entsandten eine Abordnung ins Ministerium. Mit diesem Flugblatt taten sie ihren Widerspruch auch öffentlich kund.

„In einer Nebenstraße der Neuen Königstraße war eine Barrikade errichtet, von der aus man das Feuer einiger Militärs in einer nahen Kaserne lebhaft beantwortete. Hell brannte zu unserem Nachteil an der Straßenecke die Gasflamme, so dass man durch tiefes Dunkel geschützt von dort her schon zwei von uns ziemlich schwer verwundet hatte. Bei der Ausführung des Beschlusses, das Licht auszulöschen, hatte ich Gelegenheit, die eigentümliche, kaltblütige Philosophie eines Arbeiters zu bewundern, dessen Worte wohl die Ansichten aller seiner Brüder enthielten. Die Laterne sollte nämlich zerschlagen und so auch die Gasflamme gelöscht werden, schon erhob ein anderer seine lange Pike, um diesen Plan zu verwirklichen. Jener einfache zerlumpte Proletarier indes widersetzte sich ganz entschieden: „Wenn wir nun Republik haben", erklärte er mit voller Überzeugung, „so gehört das alles der Gemeinschaft, wir müssen bezahlen, was zerstört ist." Und trotz der dringenden Gefahr, trotzdem die Kugeln gar nicht anmutig an seinem Kopf vorbei summten, stieg er mit vieler Würde auf eine Leiter, drehte ganz ruhig, als wollte er sich zum republikanischen Beleuchtungsbeamten empfehlen, den Hahn um, und unsere Absicht war erfüllt."

Auszug aus: Paul Boerner: Erinnerungen eines Revolutionärs. Skizzen aus dem Jahre 1848, hg. von Dr. E. Menke-Glückert, Verlag von E. Haberland, Leipzig 1920

Paul Boerner (1829–1885), um 1860

Aus: Paul Boerner: Erinnerungen eines Revolutionärs. Skizzen aus dem Jahre 1848, hg. von Dr. E. Menke-Glückert, Verlag von E. Haberland, Leipzig 1920

Paul Boerner kam 1847 nach Berlin, um Jura zu studieren. Im Jahr darauf war der 19-Jährige zum Führer der radikalen Studentenschaft geworden. Er hielt flammende Reden, kämpfte auf den Barrikaden und gehörte zum Vorstand des Demokratischen Klubs. Seine Eindrücke hat er schriftlich festgehalten.

Kaiserreich

Studentenmütze, 1902

Humboldt-Universität, Universitätsarchiv

Viele studentische Verbindungen signalisierten ihre Zusammengehörigkeit durch das Tragen von Farben. Die spezifischen Farbkombinationen wurden vor allem an Band und Mütze sichtbar. Diese Kopfbedeckung wechselte als Geschenk den Besitzer. Innen steht zu lesen: „Walther Dietrich f. s. Kartellbrd. u. liebenswürdigen Wirt Grünerwald, 35. Stiftungsfest der AGV […] 1902“.

Burschen und Finken

Hatte vor der 1848er-Revolution eine liberal-demokratische Stimmung unter den Berliner Studenten vorgeherrscht, machte sich in der zweiten Hälfte des 19. Jahrhunderts und im weiteren Verlauf des Kaiserreichs an der Friedrich-Wilhelms-Universität eine ausgeprägt nationalistische Gesinnung breit. Der Berliner Geschichtsprofessor Heinrich von Treitschke entfachte 1879 den Berliner Antisemitismus-Streit und half, die judenfeindliche Haltung der studentischen Korporationen zu verfestigen. Als Reaktion darauf begannen sich explizit jüdische Verbindungen zu gründen.

Allerdings lernten und forschten an der Berliner Universität auch nicht-korporierte Studenten mit einer liberaleren Grundhaltung, die sich um 1900 zur sogenannten *Finkenschaft* zusammenschlossen. Ab 1908 erschienen mit der Zulassung des Frauenstudiums erstmals auch Studentinnen-Verbindungen auf der Bildfläche.

Studentischer Schläger

Krosno Odrzańskie (ehemals Crossen), Polen, Mitte 19. Jh. | Stiftung Stadtmuseum Berlin, Foto: Antonia Weiße, Berlin

Das zentrale Ritual schlagender Verbindungen war die Mensur, ein Fechtkampf mit scharfen Waffen, der strengen Regeln unterworfen war und als persönlichkeitsbildend galt. Die dabei entstehenden Verletzungen im Gesicht – Schmisse genannt – stellten Mut und Tapferkeit des „Paukanten“ unter Beweis.

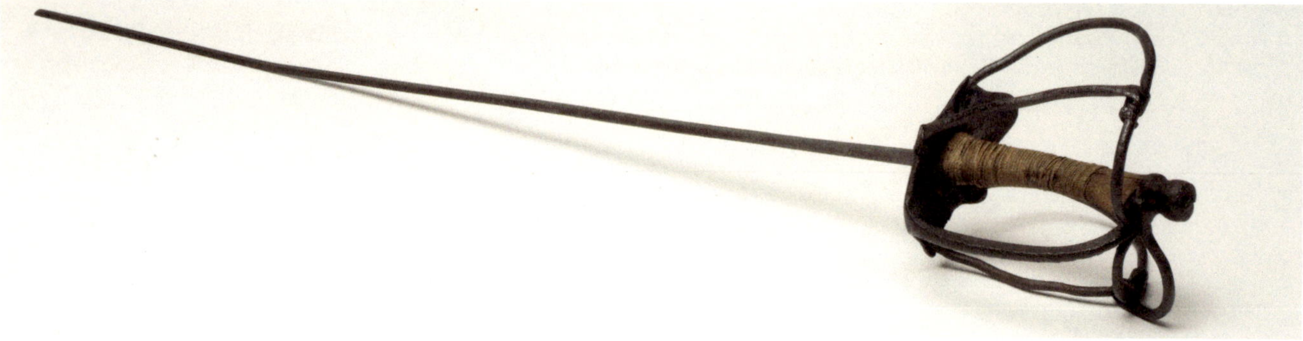

Festzug der Studenten-Korporationen vor dem Hauptgebäude der Universität, 1913

© bpk – Bildagentur für Kunst, Kultur und Geschichte, Berlin

Bei offiziellen Veranstaltungen wie Rektoratsübergaben, Kaisergeburtstagen oder nationalen Gedenktagen sah man Corps und Burschenschaften der Friedrich-Wilhelms-Universität in vollem Wichs marschieren. Das Festgewand der Verbindungen wurde nur zu besonderen Anlässen getragen, hier ist es die Hundertjahrfeier der Befreiung von der napoleonischen Fremdherrschaft.

Studenten der Freien Wissenschaftlichen Vereinigung der Universität bei einem Aufenthalt in Weimar, 1914

© Jüdisches Museum Berlin, Schenkung von Carla und Stefan Helmut Simon

Die Freie Wissenschaftliche Vereinigung wurde 1881 als paritätische Verbindung gegründet. Sie nahm jüdische wie nicht-jüdische Mitglieder auf, um der antisemitischen Stimmung an der Berliner Universität etwas entgegenzusetzen. Unterstützt wurde die bis 1933 bestehende Vereinigung von liberalen Professoren wie dem Historiker Theodor Mommsen oder dem Pathologen Rudolf Virchow.

Dritter Weihnachtsgruß der Berliner Universitätslehrer der Theologie an die Studenten im Feld, 1916

Humboldt-Universität, Universitätsbibliothek, Historische Sammlungen

Über die Hälfte der Berliner Studenten zog, von patriotischen Gefühlen beflügelt und von vielen ihrer Professoren angespornt, in den Ersten Weltkrieg. Etwa tausend bezahlten ihren Einsatz mit dem Leben. In jedem Kriegsjahr schickten die Dozenten der Theologischen Fakultät ihren Studenten einen ermutigenden Weihnachtsbrief an die Front.

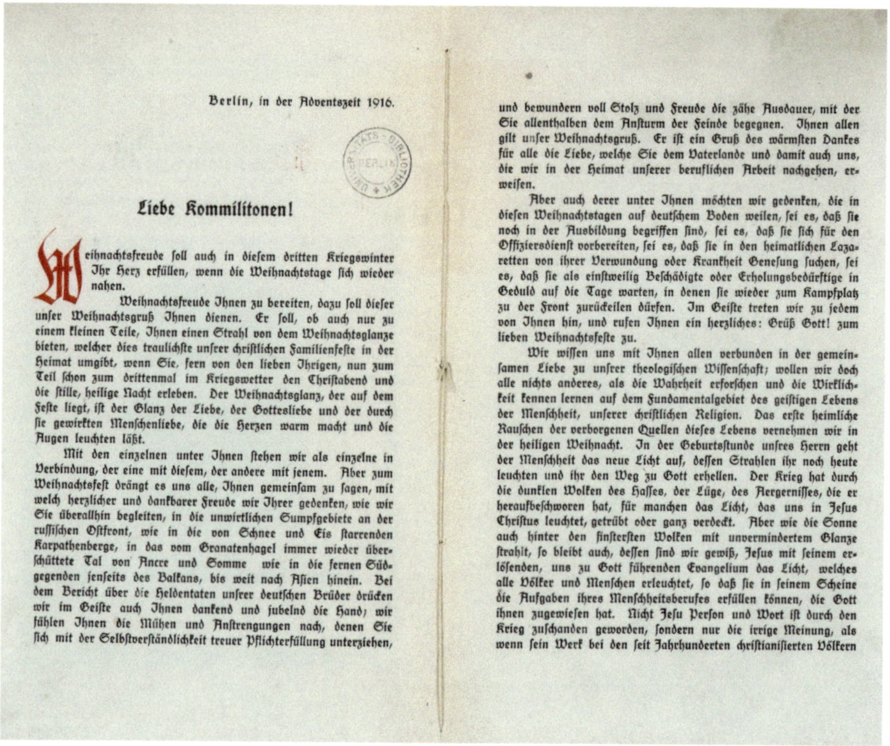

Berlin, in der Adventszeit 1916.

Liebe Kommilitonen!

Weihnachtsfreude soll auch in diesem dritten Kriegswinter Ihr Herz erfüllen, wenn die Weihnachtstage sich wieder nahen.

Weihnachtsfreude Ihnen zu bereiten, dazu soll dieser unser Weihnachtsgruß Ihnen dienen. Er soll, ob auch nur zu einem kleinen Teile, Ihnen einen Strahl von dem Weihnachtsglanze bieten, welcher dies traulichste unsrer christlichen Familienfeste in der Heimat umgibt, wenn Sie, fern von den lieben Ihrigen, nun zum Teil schon zum drittenmal im Kriegswetter den Christabend und die stille, heilige Nacht erleben. Der Weihnachtsglanz, der auf dem Feste liegt, ist der Glanz der Liebe, der Gottesliebe und der durch sie gewirkten Menschenliebe, die die Herzen warm macht und die Augen leuchten läßt.

Mit den einzelnen unter Ihnen stehen wir als einzelne in Verbindung, der eine mit diesem, der andere mit jenem. Aber zum Weihnachtsfest drängt es uns alle, Ihnen gemeinsam zu sagen, mit welch herzlicher und dankbarer Freude wir Ihrer gedenken, wie wir Sie überallhin begleiten, in die unwirtlichen Sumpfgebiete an der russischen Ostfront, wie in die von Schnee und Eis starrenden Karpathenberge, in das vom Granatenhagel immer wieder überschüttete Tal von Ancre und Somme wie in die fernen Südgegenden jenseits des Balkans, bis weit nach Asien hinein. Bei dem Bericht über die Heldentaten unsrer deutschen Brüder drücken wir im Geiste auch Ihnen dankend und jubelnd die Hand; wir fühlen Ihnen die Mühen und Anstrengungen nach, denen Sie sich mit der Selbstverständlichkeit treuer Pflichterfüllung unterziehen, und bewundern voll Stolz und Freude die zähe Ausdauer, mit der Sie allenthalben dem Ansturm der Feinde begegnen. Ihnen allen gilt unser Weihnachtsgruß. Er ist ein Gruß des wärmsten Dankes für alle die Liebe, welche Sie dem Vaterlande und damit auch uns, die wir in der Heimat unserer beruflichen Arbeit nachgehen, erweisen.

Aber auch derer unter Ihnen möchten wir gedenken, die in diesen Weihnachtstagen auf deutschem Boden weilen, sei es, daß sie noch in der Ausbildung begriffen sind, sei es, daß sie sich für den Offiziersdienst vorbereiten, sei es, daß sie in den heimatlichen Lazaretten von ihrer Verwundung oder Krankheit Genesung suchen, sei es, daß sie als einstweilig Beschädigte oder Erholungsbedürftige in Geduld auf die Tage warten, in denen sie wieder zum Kampfplatz zu der Front zurückeilen dürfen. Im Geiste treten wir zu jedem von Ihnen hin, und rufen Ihnen ein herzliches: Grüß Gott! zum lieben Weihnachtsfeste zu.

Wir wissen uns mit Ihnen allen verbunden in der gemeinsamen Liebe zu unsrer theologischen Wissenschaft; wollen wir doch alle nichts anderes, als die Wahrheit erforschen und die Wirklichkeit kennen lernen auf dem Fundamentalgebiet des geistigen Lebens der Menschheit, unserer christlichen Religion. Das erste heimliche Rauschen der verborgenen Quellen dieses Lebens vernehmen wir in der heiligen Weihnacht. In der Geburtsstunde unsres Herrn geht der Menschheit das neue Licht auf, dessen Strahlen ihr noch heute leuchten und ihr den Weg zu Gott erhellen. Der Krieg hat durch die dunklen Wolken des Hasses, der Lüge, des Aergernisses, die er heraufbeschworen hat, für manchen das Licht, das uns in Jesus Christus leuchtet, getrübt oder ganz verdeckt. Aber wie die Sonne auch hinter den finstersten Wolken mit unvermindertem Glanze strahlt, so bleibt auch, dessen sind wir gewiß, Jesus mit seinem erlösenden, uns zu Gott führenden Evangelium das Licht, welches alle Völker und Menschen erleuchtet, so daß sie in seinem Scheine die Aufgaben ihres Menschheitsberufes erfüllen können, die Gott ihnen zugewiesen hat. Nicht Jesu Person und Wort ist durch den Krieg zuschanden geworden, sondern nur die irrige Meinung, als wenn sein Werk bei den seit Jahrhunderten christianisierten Völkern

Präparierübungen für Studentinnen der Berliner Universität, 1905

Der Anatom Hans Virchow (links außen) zählte zu den Befürwortern des Frauenstudiums. Der Sohn des bedeutenden Pathologen Rudolf Virchow bot bereits vor der offiziellen Einführung des Frauenstudiums an der Friedrich-Wilhelms-Universität Präparierkurse speziell für Studentinnen an.

„Haarnadeln auf dem Vorhof der Berliner Universität"

Was nicht wenigen Professoren der Friedrich-Wilhelms-Universität als Schreckbild galt, nahmen andere gelassen oder unterstützten es sogar. Seit 1895 konnten Frauen Anträge auf Gasthörerschaft stellen und mit Erlaubnis des jeweiligen Dozenten dessen Vorlesungen besuchen.

Die ersten Studentinnen stammten aus privilegierteren Schichten, erstaunlich viele kamen aus dem Ausland an die renommierte Berliner Universität. Prüfungen durften sie nicht ablegen, dennoch gelang 22 von ihnen unter Ausnahmebedingungen die Promotion. 1908 führte das Engagement der bürgerlichen Frauenbewegung schließlich auch in Preußen zu einer Öffnung der Universitäten. Doch selbst nach der Einführung des Frauenstudiums fanden die in der Berliner Gesellschaft geführten Debatten über sein Für und Wider noch lange kein Ende.

Berliner Allerlei.

Der erste weibliche Doktor der Berliner Universität, Frl. Elfe Neumann, wurde gestern Nachmittag um 1½ Uhr in der Aula durch den Dekan der philosophischen Fakultät, den Mathematiker Prof. Schwarz, in der für diesen Akt üblichen feierlichen Form promovirt. Der Akt war auch insofern bemerkenswerth, als zum ersten Mal in der Aula der Berliner Universität eine Dame als Opponentin auftrat: Frl. Dr. phil. Hildegard Ziegler, die bei den Gymnasialkursen des Frl. Helene Lange als Lehrerin thätig ist. Natürli[illegible]

Frl. Dr. Neumann.

Zeitungsbericht über die erste Promovendin an der Berliner Universität

Berliner Morgenpost vom 19.02.1899

Als mit Elsa Neumann (1872–1902) am 18. Februar 1899 die erste Frau an der Friedrich-Wilhelms-Universität ihre Doktorprüfung ablegte, nahm auch die Berliner Tagespresse regen Anteil an dieser „wissenschaftlichen Première". Neumann promovierte in Physik. In ihren Gutachtern, den Physikprofessoren Emil Warburg und Max Planck, fand sie einflussreiche Unterstützer.

Ministerieller Erlass zur Einführung des Frauenstudiums in Preußen vom 18.08.1908

Preußen war 1908 das vorletzte Land im Deutschen Reich, das Frauen das Immatrikulationsrecht zugestand. Im folgenden Wintersemester machten an der Berliner Universität sogleich an die 400 Studentinnen hiervon Gebrauch. Ein Stein des Anstoßes blieb jedoch § 3 des Erlasses. Er ließ Dozenten eine Hintertür offen, um Studentinnen weiterhin auszuschließen.

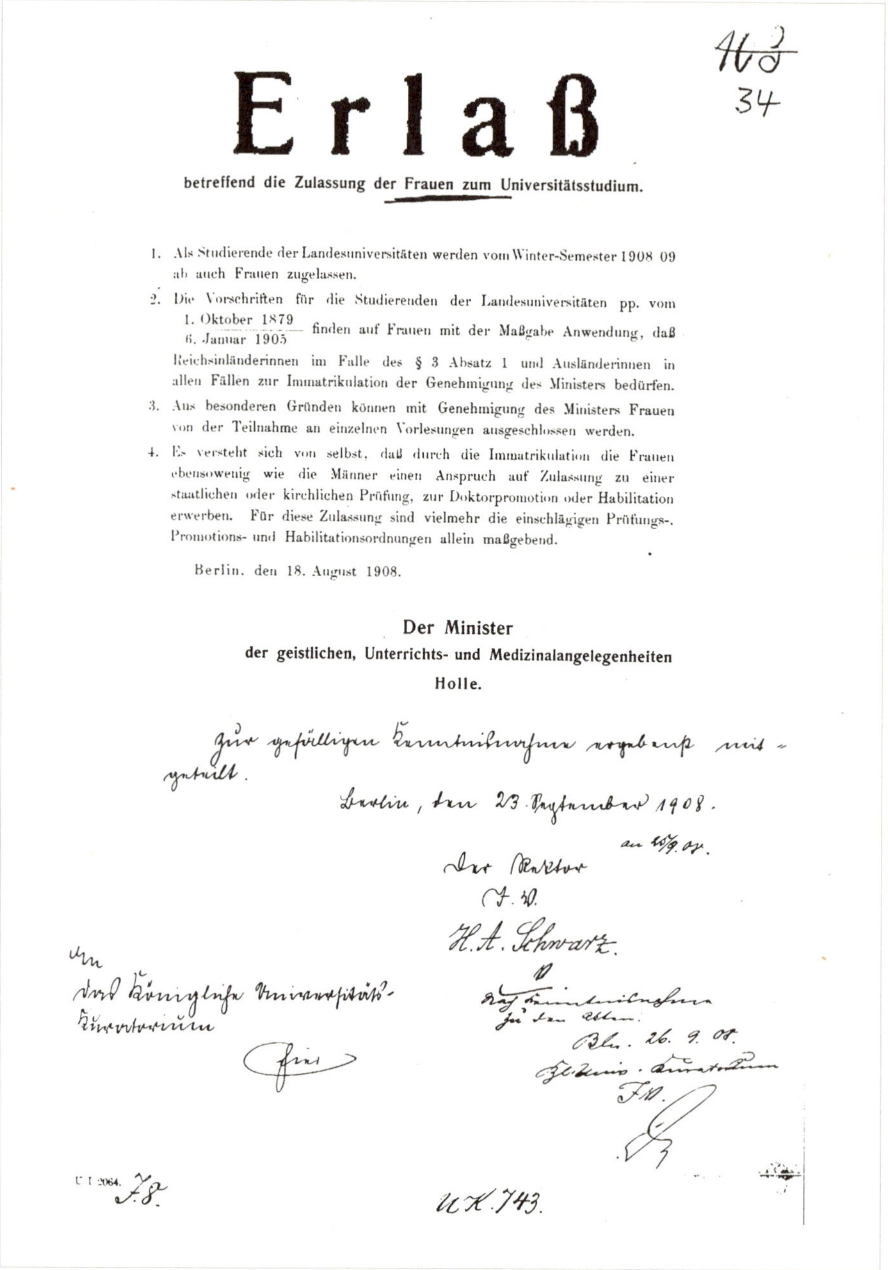

Erlaß

betreffend die Zulassung der Frauen zum Universitätsstudium.

1. Als Studierende der Landesuniversitäten werden vom Winter-Semester 1908/09 ab auch Frauen zugelassen.
2. Die Vorschriften für die Studierenden der Landesuniversitäten pp. vom 1. Oktober 1879 / 6. Januar 1905 finden auf Frauen mit der Maßgabe Anwendung, daß Reichsinländerinnen im Falle des § 3 Absatz 1 und Ausländerinnen in allen Fällen zur Immatrikulation der Genehmigung des Ministers bedürfen.
3. Aus besonderen Gründen können mit Genehmigung des Ministers Frauen von der Teilnahme an einzelnen Vorlesungen ausgeschlossen werden.
4. Es versteht sich von selbst, daß durch die Immatrikulation die Frauen ebensowenig wie die Männer einen Anspruch auf Zulassung zu einer staatlichen oder kirchlichen Prüfung, zur Doktorpromotion oder Habilitation erwerben. Für diese Zulassung sind vielmehr die einschlägigen Prüfungs-, Promotions- und Habilitationsordnungen allein maßgebend.

Berlin, den 18. August 1908.

Der Minister
der geistlichen, Unterrichts- und Medizinalangelegenheiten
Holle.

Zur gefälligen Kenntnisnahme ergebenst mitgeteilt.

Berlin, den 23. September 1908.

Der Rektor
I. V.
H. A. Schwarz.

An
das Königliche Universitäts-Kuratorium
hier

Bln. 26. 9. 08.

U I 2064.

UK. 743.

Berliner Studentinnen auf dem Weg zur feierlichen Rektoratsübergabe am 25.09.1917

© Landesarchiv, Berlin

Schon bald nachdem Frauen an der Berliner Universität regulär studieren durften, repräsentierten sie ihre Hochschule auch nach außen. Teile der Studentinnen schlossen sich wie ihre männlichen Kommilitonen zu korporativen Verbindungen zusammen, von denen viele auch das Tragen von Farben übernahmen.

Goldene Preismedaille für Clara Strack, 1913

Humboldt-Universität, Kustodie

Die Studentin Clara Strack erhielt diese Auszeichnung für die „ebenso erfolgreich wie mühsam und umfassende Arbeit“ zur Philosophie Gottfried Wilhelm Leibniz’ – ihre Antwort auf eine von der Philosophischen Fakultät gestellte Forschungsaufgabe. Die besten der anonym eingereichten Preisschriften wurden alljährlich auf der Gedenkfeier für den Stifter der Universität prämiert.

Weimarer Republik

Kampfplatz Universität

In den Zeiten des revolutionären Umbruchs, am Beginn der im November 1918 ausgerufenen Weimarer Republik, fand man die Studierenden der Berliner Universität in unterschiedlichen Lagern wieder. Eine kleine sozialistische Gruppe versuchte die Hochschulrevolution, andere unterstützten die Niederschlagung der kommunistischen Unruhen im Frühjahr 1919.

Die meisten Studierenden standen der Republik ablehnend gegenüber, umso mehr als sie sich durch die soziale Öffnung der Universität und den schrumpfenden Arbeitsmarkt in ihrer Existenz bedroht fühlten. Der Rechtsradikalismus an der Hochschule erstarkte und sammelte sich ab 1926 im *Nationalsozialistischen Deutschen Studentenbund*. Ab 1929 entlud sich die aufgeheizte Stimmung in einer zunehmenden Gewaltbereitschaft, die zu häufigen Polizeieinsätzen und tageweiser Schließung der Berliner Universität führte.

Polizeiabsperrung vor der Friedrich-Wilhelms-Universität, 1932

© Landesarchiv, Berlin

Die häufig von nationalsozialistischen Studierenden provozierten Konfrontationen mit kommunistischen oder jüdischen Studentengruppen mündeten nicht selten in handgreiflichen Auseinandersetzungen. Seit den späten 1920er-Jahren war massive Polizeipräsenz vor der Berliner Universität kein ungewöhnliches Bild.

Warnung des Deutschen Studentenverbandes vor der rechtsgerichteten Allgemeinen Studentenschaft

Flugblatt, um 1930

Im Dezember 1927 bildeten republikanische und sozialdemokratische Studierende an der Berliner Universität die *Freiheitliche Studentenschaft*, die sich mit gleichgesinnten Gruppierungen anderer Universitäten zum *Deutschen Studentenverband* zusammenschloss. In ihrem Kampf gegen die wachsende völkische Studentenmehrheit war sie in einer ungleich schwächeren Position.

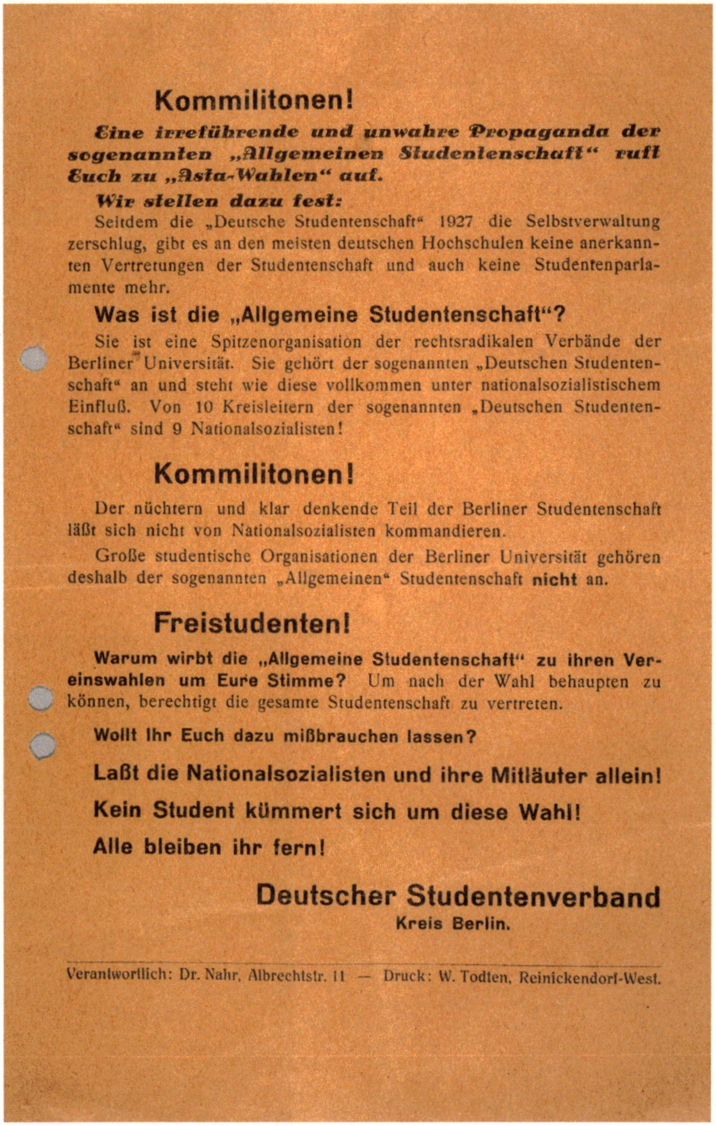

Kommilitonen!

Eine irreführende und unwahre Propaganda der sogenannten „Allgemeinen Studentenschaft" ruft Euch zu „Asta-Wahlen" auf.

Wir stellen dazu fest:

Seitdem die „Deutsche Studentenschaft" 1927 die Selbstverwaltung zerschlug, gibt es an den meisten deutschen Hochschulen keine anerkannten Vertretungen der Studentenschaft und auch keine Studentenparlamente mehr.

Was ist die „Allgemeine Studentenschaft"?

Sie ist eine Spitzenorganisation der rechtsradikalen Verbände der Berliner Universität. Sie gehört der sogenannten „Deutschen Studentenschaft" an und steht wie diese vollkommen unter nationalsozialistischem Einfluß. Von 10 Kreisleitern der sogenannten „Deutschen Studentenschaft" sind 9 Nationalsozialisten!

Kommilitonen!

Der nüchtern und klar denkende Teil der Berliner Studentenschaft läßt sich nicht von Nationalsozialisten kommandieren.

Große studentische Organisationen der Berliner Universität gehören deshalb der sogenannten „Allgemeinen" Studentenschaft **nicht** an.

Freistudenten!

Warum wirbt die „Allgemeine Studentenschaft" zu ihren Vereinswahlen um Eure Stimme? Um nach der Wahl behaupten zu können, berechtigt die gesamte Studentenschaft zu vertreten.

Wollt Ihr Euch dazu mißbrauchen lassen?

Laßt die Nationalsozialisten und ihre Mitläufer allein!

Kein Student kümmert sich um diese Wahl!

Alle bleiben ihr fern!

Deutscher Studentenverband
Kreis Berlin.

Verantwortlich: Dr. Nahr, Albrechtstr. 11 — Druck: W. Todten, Reinickendorf-West.

Abgegebene Stimmen:

	1.927	1.928	1.929
Finkenschaft	1.304	1.291	1.101
Waffenring	1.188	2.275	2.742
Nat.-Soz. St.-B.	118	749	1.377
Deutsche Gruppe	727	617	761
Frakt. d. Studentinnen	-	-	471
Ring nat. Studentinnen	-	-	232
Studentisch. Mittelgruppe	-	-	447
Revolut. Sozialisten	265	183	-
Ungültig	22	19	31
Insgesamt:	**3.624**	**5.134**	**7.162**

Ergebnisse der Wahlen zu den Studierendenvertretungen an der Berliner Universität

Quelle: Berliner Lokalanzeiger vom 7. Juli 1929

Nationalsozialismus

Gleichgeschaltet

Schon bald nach der Machtergreifung der Nationalsozialisten 1933 setzte an der Berliner Universität eine massive Vertreibung politisch und „rassisch" unerwünschter Studierender ein. Etwa 2.000 mussten die Universität ab dem Frühjahr 1933 verlassen, die meisten von ihnen waren Juden.

Die verbliebenen studentischen Organisationen wurden nach und nach aufgelöst oder unter der Führung des *Nationalsozialistischen Deutschen Studentenbundes* gleichgeschaltet. Die gewählte Studentenvertretung der Universität wich einer *Studentenschaft*, die nach geltendem Recht „alle eingeschriebenen Studenten deutscher Abstammung und Muttersprache" umfasste. Mitglieder der übergeordneten *Deutschen Studentenschaft* organisierten von Berlin aus die berüchtigte Aktion„Wider den undeutschen Geist", die weltweit Aufsehen erregte.

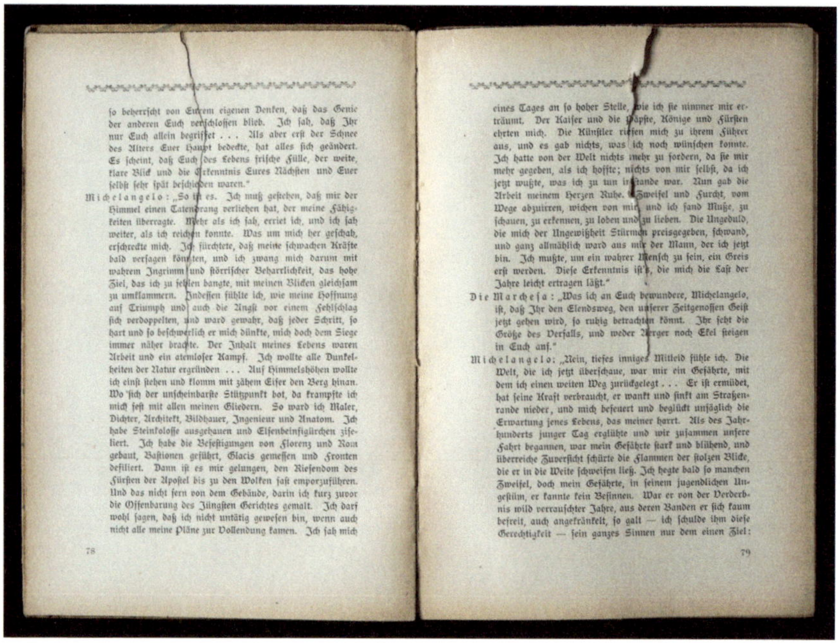

so beherrscht von Eurem eigenen Denken, daß das Genie der anderen Euch verschlossen blieb. Ich sah, daß Ihr nur Euch allein begriffet . . . Als aber erst der Schnee des Alters Euer Haupt bedeckte, hat alles sich geändert. Es scheint, daß Euch des Lebens frische Fülle, der weite, klare Blick und die Erkenntnis Eures Nächsten und Euer selbst sehr spät beschieden waren."

Michelangelo: „So ist es. Ich muß gestehen, daß mir der Himmel einen Tatendrang verliehen hat, der meine Fähigkeiten überragte. Mehr als ich sah, erriet ich, und ich sah weiter, als ich reichen konnte. Was um mich her geschah, erschreckte mich. Ich fürchtete, daß meine schwachen Kräfte bald versagen könnten, und ich zwang mich darum mit wahrem Ingrimm und störrischer Beharrlichkeit, das hohe Ziel, das ich zu fehlen bangte, mit meinen Blicken gleichsam zu umklammern. Indessen fühlte ich, wie meine Hoffnung auf Triumph und auch die Angst vor einem Fehlschlag sich verdoppelten, und ward gewahr, daß jeder Schritt, so hart und so beschwerlich er mich dünkte, mich doch dem Siege immer näher brachte. Der Inhalt meines Lebens waren Arbeit und ein atemloser Kampf. Ich wollte alle Dunkelheiten der Natur ergründen . . . Auf Himmelshöhen wollte ich einst stehen und klomm mit zähem Eifer den Berg hinan. Wo sich der unscheinbarste Stützpunkt bot, da krampfte ich mich fest mit allen meinen Gliedern. So ward ich Maler, Dichter, Architekt, Bildhauer, Ingenieur und Anatom. Ich habe Steinkolosse ausgehauen und Elfenbeinfigürchen ziseliert. Ich habe die Befestigungen von Florenz und Rom gebaut, Bastionen geführt, Glacis gemessen und Fronten defiliert. Dann ist es mir gelungen, den Riesendom des Fürsten der Apostel bis zu den Wolken fast emporzuführen. Und das nicht fern von dem Gebäude, darin ich kurz zuvor die Offenbarung des Jüngsten Gerichtes gemalt. Ich darf wohl sagen, daß ich nicht untätig gewesen bin, wenn auch nicht alle meine Pläne zur Vollendung kamen. Ich sah mich

78

eines Tages an so hoher Stelle, wie ich sie nimmer mir erträumt. Der Kaiser und die Päpste, Könige und Fürsten ehrten mich. Die Künstler riefen mich zu ihrem Führer aus, und es gab nichts, was ich noch wünschen konnte. Ich hatte von der Welt nichts mehr zu fordern, da sie mir mehr gegeben, als ich hoffte; nichts von mir selbst, da ich jetzt wußte, was ich zu tun imstande war. Nun gab die Arbeit meinem Herzen Ruhe. Zweifel und Furcht, vom Wege abzuirren, wichen von mir, und ich fand Muße, zu schauen, zu erkennen, zu loben und zu lieben. Die Ungeduld, die mich der Ungewißheit Stürmen preisgegeben, schwand, und ganz allmählich ward aus mir der Mann, der ich jetzt bin. Ich mußte, um ein wahrer Mensch zu sein, ein Greis erst werden. Diese Erkenntnis ist's, die mich die Last der Jahre leicht ertragen läßt."

Die Marchesa: „Was ich an Euch bewundere, Michelangelo, ist, daß Ihr den Elendsweg, den unserer Zeitgenossen Geist jetzt gehen wird, so ruhig betrachten könnt. Ihr seht die Größe des Verfalls, und weder Ärger noch Ekel steigen in Euch auf."

Michelangelo: „Nein, tiefes inniges Mitleid fühle ich. Die Welt, die ich jetzt überschaue, war mir ein Gefährte, mit dem ich einen weiten Weg zurückgelegt . . . Er ist ermüdet, hat seine Kraft verbraucht, er wankt und sinkt am Straßenrande nieder, und mich befeuert und beglückt unsäglich die Erwartung jenes Lebens, das meiner harrt. Als des Jahrhunderts junger Tag erglühte und wir zusammen unsere Fahrt begannen, war mein Gefährte stark und blühend, und überreiche Zuversicht schürte die Flammen der stolzen Blicke, die er in die Weite schweifen ließ. Ich hegte bald so manchen Zweifel, doch mein Gefährte, in seinem jugendlichen Ungestüm, er kannte kein Besinnen. War er von der Verderbnis wild verrauschter Jahre, aus deren Banden er sich kaum befreit, auch angekränkelt, so galt — ich schulde ihm diese Gerechtigkeit — sein ganzes Sinnen nur dem einen Ziel:

79

Das Lied der Liebe – In Sage und Dichtung, Briefen und Tagebüchern, bearb. von H. M. Winkelmann, Rudolf Mosse Buchverlag, Berlin 1922

Privatleihgeber, Berlin

Durch einen Zufall ist dieses Buch am 10. Mai 1933 der öffentlichen Verbrennung auf dem Berliner Opernplatz entgangen. Damit es besser brennt, waren seine Seiten bereits eingerissen worden. Nicht sein Inhalt, sondern das Erscheinen in einem jüdischen Verlag machte es zur „undeutschen" Schrift.

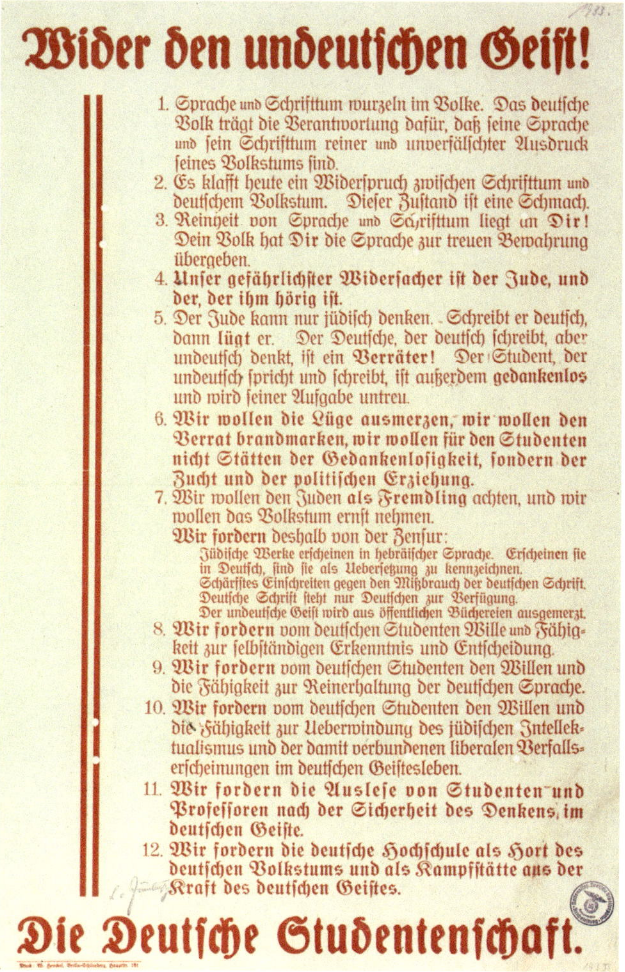

Aufruf der Deutschen Studentenschaft zur Aktion „Wider den undeutschen Geist“

Plakat, 1933 | © Bundesarchiv, Plak002-035-011

Für die reichsweite Kampagne gründete die offizielle Gesamtvertretung der deutschen Studenten eigens ein *Hauptamt für Presse und Propaganda* in Berlin. Am 13. April 1933 wurden die menschenverachtenden 12 Thesen in der Hauptstadt plakatiert, den dramatischen Höhepunkt bildete einen Monat später die Bücherverbrennung auf dem Berliner Opernplatz, dem heutigen Bebelplatz.

Verbrennung „undeutscher“ Bücher auf dem Berliner Opernplatz am 10. Mai 1933 | © Bundesarchiv, Bild 102-14599

Die Bücherverbrennung begann an der Berliner Universität mit einer Vorlesung des Professors für Politische Bildung Alfred Bäumler. Im Anschluss zogen die meist in SA-Uniform erschienenen Studenten zum Opernplatz gegenüber dem Hauptgebäude der Universität. Beim Rufen von „Feuersprüchen“ warfen sie die aus privaten und öffentlichen Bibliotheken geplünderten missliebigen Bücher in die Flammen.

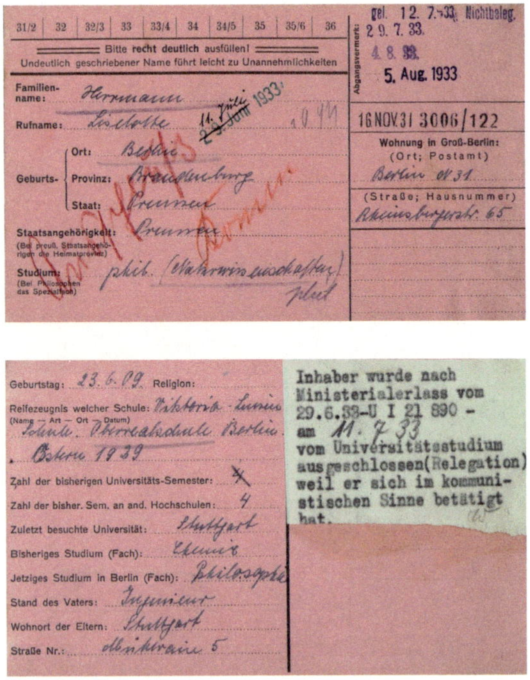

Immatrikulationskarte mit Relegationsvermerk, 1933

Humboldt-Universität, Universitätsarchiv

Liselotte Herrmann wurde im Frühjahr 1933 vom Studium an der Berliner Universität ausgeschlossen (relegiert), weil sie sich „im kommunistischen Sinne betätigt hat", wie man auf der Rückseite ihres Studentenausweises lesen kann. Ihr Schicksal teilten 123 weitere politisch unerwünschte Studierende, darunter Sozialdemokraten, Linkssozialisten und andere angebliche Staatsfeinde.

Kommilitonen!

Wir rufen Euch zu einer

Gedenkfeier.

Wir gedenken des Opfers im Kampf für die Freiheit, unseres Kameraden **stud. ing. Walter Steinfeld,** der vor wenigen Tagen in Breslau auf offener Straße von Nationalsozialisten ermordet wurde,

am **Freitag, den 10. Februar 1933, 11 h.s.t.**
auf dem Hegelplatz an der Universität.

Ansprachen:

Dr. R. Nowack
stud. rer. pol. E. Groß.

Studenten beweist Euren Freiheitswillen!

Deutscher Studentenverband
Kreis Berlin.

Verantwortlich u. Herausgeber: G. Raloff, Berlin NW 6 Druck: W. Todten, Reinickendorf-West

Aufruf zur Gedenkfeier für Walter Steinfeld

Flugblatt vom 10.02.1933 | © Humboldt-Universität, Universitätsarchiv

Im Februar 1933 begehrten republikfreundliche Studierende noch einmal öffentlich gegen den nationalsozialistischen Terror auf. Sie versammelten sich trotz eines Verbots auf dem Hegelplatz, wo sie von nationalsozialistischen Studenten angegriffen wurden. Fortan verlagerte sich der Widerstand kleinerer studentischer Gruppen an der Berliner Universität in den Untergrund.

Eine für alle

An der 1946 wiedereröffneten Universität wurde bald der erste freie *Studentenrat* gewählt. Als sich dessen Kampf gegen die zunehmende Ideologisierung 1948 als aussichtslos erwies, initiierte ein Teil der Studierenden die Gründung der Freien Universität im amerikanischen Sektor.

Wer in der ab Februar 1949 nach den Humboldt-Brüdern benannten Universität zurückblieb, arrangierte sich mit der nun herrschenden Dominanz der *Freien Deutschen Jugend (FDJ)*, der einzigen anerkannten Jugendorganisation der DDR. Neben ihrer Aufgabe, die Studierenden ideologisch auf Linie zu bringen, organisierte sie die Teilnahme an den obligatorischen Arbeitseinsätzen und Großdemonstrationen, übernahm aber auch Beratungsfunktionen und bot Kulturveranstaltungen an. Für Nicht-Mitglieder der *FDJ* entfielen die von ihr vermittelten finanziellen und anderweitigen Unterstützungen.

Studierende bringen Pappen als Fensterscheiben mit, 1946

Viele Universitätsgebäude waren im Zweiten Weltkrieg stark zerstört worden. Im Januar 1946 begannen etwa 3.200 Studierende ihr Studium an der wiedereröffneten Universität zu Berlin unter erschwerten Bedingungen. Sie halfen bei den Aufbauarbeiten, brachten Pappen zum Abdichten zersprungener Fensterscheiben und Briketts zum Heizen mit.

„… all' unsere geeinte Kraft für ein ernstes Studium und ein neues demokratisches Deutschland."

Gelöbnis der Studierenden auf der Eröffnungsfeier der Universität am 29.01.1946

Titelblatt der freien Studentenzeitschrift „Colloquium" vom April 1948

Das Colloquium zeichnete sich durch eine kritische Berichterstattung über den Einfluss der SED und die rigide Haltung der Universitätsleitung aus. Als im April 1948 die drei Redakteure des Hefts vom Studium ausgeschlossen wurden, kam es zu Protestaktionen, die letztlich die Gründung der Freien Universität im Dezember 1948 herbeiführten.

Demonstration der Humboldt-Universität zum 1. Mai 1972

© Humboldt-Universität, Universitätsarchiv

An den alljährlichen Demonstrationen zum 1. Mai, dem „Internationalen Kampf- und Feiertag der Werktätigen für Frieden und Sozialismus", oder zum Jahrestag der DDR am 7. Oktober hatten auch die Studierenden der Humboldt-Universität teilzunehmen und ihre sozialistische Gesinnung zur Schau zu tragen.

Fahnenspitze

© Humboldt-Universität, Universitätsarchiv

Die Fahnenspitze zeigt das Emblem der *Freien Deutschen Jugend (FDJ)*, eine stilisierte aufgehende Sonne. Dieses Abzeichen prangte auch auf dem linken Oberarm der *FDJ*-Hemden oder -Blusen. „Blauhemden" wie Fahnenspitze wurden von den Studierenden der Humboldt-Universität meist nur zu offiziellen Anlässen hervorgeholt.

„Alex-Einsatz" im Sommer 1969

© Wilma Rückl, Berlin

Gemeinsam mit vier Kommilitoninnen wurde Wilma Wallbraun (sitzend) in den Sommersemesterferien 1969 der „Brigade Rosenfeld" zugeteilt. Drei Wochen halfen die jungen Frauen, die an der Humboldt-Universität Zuckertechnologie studierten, bei Tiefbauarbeiten auf dem Alexanderplatz. Der erste „Studentensommer" fand 1965 statt.

T-Shirt, späte 1980er-Jahre

© Humboldt-Universität, Universitätsarchiv

In Anlehnung an die Arbeitseinheiten der DDR-Betriebe, die Brigaden, hießen die an zahlreichen Arbeitseinsätzen in der Landwirtschaft, der Produktion oder im Bauwesen beteiligten Studierenden *FDJ*-Studentenbrigaden. Diese Bezeichnung sollte zugleich ihre Verbundenheit mit den Werktätigen im Arbeiter- und Bauernstaat unterstreichen.

Bauarbeiterhelm von Wilma Wallbraun, 1969 | Wilma Rückl, Berlin

Der für den Tiefbaueinsatz auf dem Alexanderplatz benötigte Bauarbeiterhelm wurde gestellt und durfte danach behalten werden.

„... für eine selbstbestimmte Universität ...“

Der Weg in die Selbstbestimmung begann im Sommer 1989 mit der Gründung der *IG Stuve*, einer von der *FDJ* unabhängigen studentischen Interessengemeinschaft. Die harten Übergriffe der Polizei auf die friedliche Demonstration vom 7. Oktober brachten den Stein endgültig ins Rollen. Offener Widerspruch mehrte sich und mündete am 9. November in die Wahl eines unabhängigen *Studentenrates*.

Heute vertritt ein nach dem Berliner Hochschulgesetz zusammengesetztes *Studierendenparlament* die Interessen aller Immatrikulierten. Durch Stellungnahmen und teils individuelle, teils konzertierte Protestaktionen mit den anderen drei Hauptstadt-Universitäten beeinflussen die Studierenden der Humboldt-Universität hochschulpolitische Entscheidungen. Hierzu zählen geplante Sparmaßnahmen, die Einführung von Studiengebühren oder die Umsetzung der Bologna-Reform.

Urabstimmung

Bist Du für einen von allen politischen und gesellschaftlichen Organisationen unabhängigen Studentenrat der Humboldt-Universität zu Berlin als einzigen legitimen Vertreter aller Studentinnen und Studenten ?

Ja | Nein | Enthaltung

Zutreffendes bitte ankreuzen!

Wahlzettel der studentischen Urabstimmung vom 9./10. November 1989

Carola Ritter, Berlin

60 % aller Studierenden beteiligten sich an der Urabstimmung am 9. November 1989, 86 % von ihnen votierten für einen unabhängigen Studentenrat. Am 17. November trat diese basisdemokratische Interessenvertretung zu einer ersten konstituierenden Sitzung zusammen.

noch NAMENLOS 1

UNABHÄNGIGE ZEITUNG VON UND FÜR STUDENTEN

Die Herausgeber der Zeitung (h) sprachen mit einem, der sie genehmigen soll (z).

z: ... von und für Studenten also.
Ääh...Mhm...Hausmeister und Rektor können die Zeitung also nicht lesen?

h: Natürlich können alle lesen, aber wir schreiben besonders für diejenigen, die es aufgegeben haben,
die "Humboldt-Universität" nach journalistischen Rosinen zu durchkämmen und die in der "Jungen Welt" nur noch den Wetterbericht ertragen.

z: Und die anderen... ?

h: Die dürfen und sollen sie natürlich auch lesen und sich wie alle anderen gegen evtl. Falschmeldungen und Provokationen unsererseits kräftig zur Wehr setzen.

z: Sie machen also eine Leserbriefecke, wie andere Zeitungen auch!?

h: NEIN. Denn die ganze Zeitung soll aus Beiträgen der Redaktion und Beiträgen von Lesern bestehen. Darauf warten in der Uni drei Briefkästen.*

z: So,so...und was wollen Sie den Lesern Ihrer Zeitung sagen? Welche Rubriken planen Sie?

h: Die übliche Rubrikeneinöde haben wir nicht vor. Die werden sich von Woche zu Woche ändern. So soll z.B. hin und wieder von Studenten die Rede sein.

z: Ist das alles ????

h: Schwer eine Reihenfolge zu finden...Infos über Aktionen von Studenten innerhalb der Sektionen, der Uni, der Stadt und der DDR. Außerdem sollen die verschiedenen Arbeitskreise an der Uni ab und zu das Wort an sich reißen können. Dazu noch Kunst, Anarchie, Reisetips, Bastelbögen, Sex, Philosophie, Strickmuster und alles, was uns grad nicht einfällt. Viele Köche verderben den Einheitsbrei!

z: Wie soll denn Ihr Blättchen heißen?

h: Keinen Ahnung. Das wollen wir den Lesern überlassen. In einer Vorausgabe zur Studentendemo haben wir die Leute danach gefragt.

z: Eine **Vorausgabe** ist schon raus? Aha. Und wie wollen sie den Spaß in Zukunft finanzieren?

h: ....

z: Naaa?

h: Denken Sie doch nur an die dicken Stipendien der Studenten...

z: Gut. Nach unserem neuen PRESSEGESETZ** habe ich keine Einwände gegen den Druck Ihrer Zeitung...

* Mensa Nord, Freie Wandzeitung Hauptgebäude, Bauernmensa Invalidenstraße

** lag bei Redaktionsschluß leider noch nicht vor.

Dem Antrag von z, das Interview in der bereits erwähnten Vorausgabe zu veröffentlichen, wurde stattgegeben.

Schlachtung der heiligen Kühe

Es war ein Blutbad: Mit einem Ausdruck völliger Selbstverständlichkeit machte am 15.11 im Senatssaal der Rektor höchst persönlich all den heiligen Kühen den Garaus, deren Tod schon seit Jahren von vielen gefordert und deren friedliches Weitergrasen von wenigen (von wem?) mit ebensolcher Ausdauer behütet worden war. Da pakte angesichts dieses raschen und scheinbar völlig Widerspruckslosen Todesurteils wohl so manchen der anwesenden Sektionsdirektoren doch das Morgen-Grauen. Doch man ließ sich solches nicht anmerken, man hat schließlich auch schon lange gewendet oder war schon immer dafür....Die Namen der heiligen Kühe seligen Angedenkens sollten jedoch, bevor wir sie zur letzten Ruhe betten, noch einmal genannt sein: Da waren z.B. Militärische Qualifizierung und ZV, das stramm einhermarschierenden, unzertrennliche Paar; da war die obligatorische Sportausbildung und ihre Schweste, die unumgängliche Russischausbildung; die wohlgenährteste unter ihnen aber war gleichzeitig ein Neutrum: Das M/L-Grundlagenstudium. Dennoch hat sie bezeihungsweise es noch ein Kälbchen geboren, daß zwar noch nichtmal einen Namen hat, allerdings nur noch wahlobligatorische und kürzere Kurse sowie keinerlei Prüfungen und Noten mehr kennen wird. Welch glückliche Zukunft! Ganz nebenbei gerieten noch solche Uralt-Rinder wie Teilnahmepflicht an Lehrveranstaltungen, zentral vorgegebene Lehrprogramme und Absolventenlenkung unters Messer. Die Nachricht von ihrem Hingang trifft mich doch unvorbereitet - ich kann eine nostalgische Träne nicht verhindern. Wie trotzlos mag z.B. den letzten Enthusiaten in Seelingstedt zumute sein? Oder: Wie schön waren doch die Wi-So-Stunden, wo der Sozialismus noch Sozialismus und wissenschaftlich dazu war....

M.S.

Erstausgabe der „UnAufgefordert" vom 17.11.1989

Stefan Deutscher, Berlin

Mit dem Studentenrat entstand im November 1989 die erste Ausgabe einer freien Studierendenzeitung an der Humboldt-Universität. Mit der zweiten Ausgabe war auch ein Name gefunden. Bereits zweimal hat die UnAufgefordert seither den „MLP Campus-Presse Award" für die beste deutschsprachige Campuszeitung gewonnen.

BRD

Das Hauptgebäude der Humboldt-Universität während der Proteste 1997/98 | © Landesarchiv, Berlin, Foto: Barbara Esch-Marowski
In den letzten 20 Jahren sind Transparente am Hauptgebäude für Berliner wie Touristen zu einem durchaus vertrauten Anblick geworden. Sie übermitteln die studentischen Forderungen in eine breite Öffentlichkeit. 1997/98 richteten sich die Proteste gegen Sparmaßnahmen im Bildungswesen und die geplante Streichung von Studiengängen.

Die Aktion „Das Fliegende Klassenzimmer" in der Berliner S-Bahn, 2003/04 | Foto: Gilbert Collé, Berlin
Neben groß angelegten Demonstrationen und spektakulären Besetzungen mischen sich die Studierenden der Humboldt-Universität immer wieder auch mit kleinen dezentralen Aktionen unters Volk. In der S-Bahn abgehaltene Seminare machten während der studentischen Proteste von 2003/04 auf die vorhandene Raumnot aufmerksam.

Professoren – Wissenschaftler, Hochschullehrer, Bildungsbürger

Peter Lundgreen

Lehre und Forschung

Professoren sollen, so die Statuten der neuen Reformuniversitäten Berlin (1810) oder Bonn (1818), drei Aufgaben wahrnehmen: (1) die Studierenden ausbilden und vorbereiten für die verschiedenen Zweige des höheren Staats- und Kirchendienstes, einschließlich der staatsnah regulierten „freien Berufe"; (2) die eigenen Wissenschaften pflegen und fördern; (3) die (zukünftigen) Meister in diesen Wissenschaften erziehen. In Wahrnehmung der ersten Aufgabe diente universitäre „Lehre", wie schon seit Jahrhunderten, vermittelt über Abschlussprüfungen dem Erwerb von Bildungspatenten für die „gelehrten Stände" der Frühen Neuzeit, für die verstaatlichte Intelligenz des 18. Jahrhunderts, schließlich für die akademischen Berufe des 19. und 20. Jahrhunderts. Ob wir emphatisch vom „Bildungsbürgertum" oder nüchtern von „akademischen Funktionseliten" sprechen, Professoren haben ohne Zweifel eine Schlüsselstellung inne, verwalten die Zugangskontrolle in ein (im Prinzip) meritokratisches System der Rekrutierung – als (autorisierte) Elite der Funktionseliten.

„Forschung", die Pflege und Förderung der eigenen Wissenschaft, diese Aufgabe den Universitäten zuzuweisen, das war neu und begründet die geläufige

Periodisierung der 800-jährigen europäischen Universitätsgeschichte: dass mit der Wende vom 18. zum 19. Jahrhundert die „klassische Epoche" beginnt. Gemeint ist damit die Umstellung des Wissens vom Typus „enzyklopädischer Gelehrsamkeit" auf den Typus „disziplinär verfasster Wissenschaften" mit ihrer inneren Unendlichkeit und Unabschließbarkeit, ihrer äußeren Ausdifferenzierung zu immer neuen Disziplinen. Professoren als Wissenschaftler, gar als Leitfiguren der wissenschaftlichen Entwicklung, das hatte vielfältige Folgen und Rückwirkungen für die Ideen- und Sozialgestalt der modernen Universität. Mit Blickrichtung auf die Professoren in ihren unterschiedlichen sozialen Rollen gilt es, das Spannungsverhältnis zwischen der Dynamik des Forschungsimperativs und den Beharrungskräften der Universität als sozialer Organisation zu bedenken.

Wissenschaft und Profession

Die „Wissenschaft immer als ein noch nicht ganz aufgelöstes Problem behandeln und daher immer im Forschen bleiben", sie „als etwas noch nicht ganz Gefundenes und nie ganz Aufzufindendes zu betrachten, und unablässig sie als solche zu suchen", wie es Wilhelm von Humboldts Gründungstext formulierte – dieser Forschungsimperativ begründete das neue Modell der Rekrutierung von Professoren für die klassische Universität. Nicht länger sollten, wie an der traditionellen Landesuniversität, lokale Kriterien gelten: die Zugehörigkeit zu „Universitätsfamilien", die Bevorzugung von Landeskindern, der orthodoxe Glaube, die Protektion des eigenen Nachwuchses. Jetzt ging es im Prinzip um Forschungsleistungen und deren Anerkennung. Für den Nachwuchs, die zukünftigen Meister, bildete sich das neue Karrieremuster heraus: Anhebung der Standards für die Dissertation, Einführung und zunehmende Verbindlichkeit der Habilitation; Mobilität der Privatdozenten zwischen den Universitäten (auf einem Markt mit informeller Hierarchie), Berufung von außen, von einer auswärtigen Universität, auf ein erstes Ordinariat. Vertikale Rekrutierung dieses Typs verdrängt die ältere horizontale Rekrutierung aus dem Kreis der akademischen Berufe, aus dem Staats- und Kirchendienst; die Distanz zwischen dem wissenschaftlichen Nachwuchs und dem akademischen Praktiker wird zusehends größer.

Entscheidend für dieses Karrieremuster, für diese langfristige Erfolgsgeschichte musste sein, wie und wo Forschungsleistungen bewertet werden. Zumal Forschung – die unablässige Suche nach neuem Wissen – ja nicht mit der Habilitation beendet ist, sondern zur lebenslangen Aufgabe des Professors gehört. Die Antwort auf die Frage nach der Bewertungsinstanz ist bekannt: es ist die jeweilige Wissenschaftlergemeinschaft (scientific community), der man sich selbst zurechnet. Dieses Forum der Urteilsbildung (peer review) ist interuniversitär, also überlokal und zunehmend auch international. Wie mächtig diese Leistungskriterien für Professoren als Wissenschaftler geworden sind, lässt sich an verschiedenen historischen Vorgängen ablesen:

(1) Wenn nötig, bildete sich die aufgeklärte Kultusbürokratie ein eigenes Urteil unter Rückgriff auf ein Netzwerk von Experten und deren Gutachten, setzte Berufungen auch gegen den Willen von Fakultäten durch.

(2) Der Reputationsgewinn über Forschungsleistungen bestimmte nicht nur die universitäre Karriere, sondern auch die Außenwahrnehmung der Professoren: Prestige und Wertschätzung deutscher Wissenschaft und ihrer praktischen Verwertung, besonders augenfällig in Medizin, Chemie und Technik. Der Glaube an Wissenschaft als überlegene Ressource für die Lösung von Problemen bildet seit dem späten 19. Jahrhundert den festen Untergrund für das gesellschaftliche Ansehen von Professoren, auch dann noch, wenn sich Skepsis und Zweifel ihrerseits auf Professoren (mit abweichender Expertise) berufen.

(3) Die Dynamik des Forschungsimperativs schlägt sich nieder in der Ausdifferenzierung von wissenschaftlichen Disziplinen mit ihren Teilgebieten, ebenso in der gegenstandsbezogenen Rekombination von einschlägigen Disziplinen. Organisatorisch fassbar ist diese Entwicklung, vor allem seit dem späten 19. Jahrhundert, in den zahlreichen wissenschaftlichen Fachgesellschaften. Sie verknüpfen die (kleine) universitäre Welt mit den (sehr viel größeren) Arbeitsmärkten der akademischen Praktiker im Raster abgegrenzter Fächer; und vielfach sind es die Professoren, die führende Positionen in den Fachgesellschaften einnehmen.

(4) Der Kern der Leistungsbewertung, die Begutachtung durch peer review, greift immer mehr um sich. Man denke an die Vergabe von Drittmitteln durch die großen Stiftungen auf der Basis von (anonymen) Gutachten oder an die Annahme/Ablehnung von (anonym) eingereichten Aufsätzen bei Zeitschriften, die peer review als Filter benutzen und damit ihre eigene Reputation steigern. Es erscheint nur konsequent, dass solcherart geadelte Veröffentlichungen auf dem besten Weg sind, nun auch die traditionelle Habilitation im Rekrutierungsmuster von Professoren zu verdrängen.

Universität und Korporation

Was immer an Gleichheit vor dem Forum der (universitätsübergreifenden) Wissenschaftlergemeinschaft gelten mochte und mag, auf der universitären Ebene kann davon lange, sehr lange (bis in die 1960er-Jahre) keine Rede sein. Hier obwalten ständische Unterschiede, obwohl alle habilitierten Mitglieder der Universität korporationsrechtlich zum „Lehrkörper" einer Fakultät gehören. Ungleichheit ist in den dienstrechtlichen Verhältnissen, wie sie an staatlich finanzierten Universitäten zu erwarten sind, begründet:

Die *Ordinarien*, die ordentlichen Professoren, auf etatmäßige Stellen einer Fakultät berufen und zugleich ranghohe Beamte des Staates, vertraten ein Fach in seiner ganzen Breite, waren zuständig für die lukrativen Hauptvorlesungen. Mit allen aktiven und passiven Wahlrechten ausgestattet, waren sie in Fragen der akademischen Selbstverwaltung allein entscheidungsberechtigt. Eine Oligarchie gleichberechtigter Kollegen, wählten sie aus ihrer Mitte den Rektor und die Dekane. Sie verstanden sich als Anwalt von Autonomie und akademischer Freiheit gegenüber staatlichen Eingriffen, sei es in liberalem Geist gegen das Oktroi politischer Professuren, sei es in konservativer Abwehr von Neuerungen und Reformen. Insoweit ein Ordinarius, wie vielfach der Fall, in den medizinischen und philosophischen Fakultäten zugleich an der Spitze eines Instituts stand, leitete er die arbeitsteilig und betriebsförmig organisierte Forschung in der Regel wie ein autokratischer Unternehmer.

Extraordinarien, außerordentliche Professoren, traten auf, wenn die Dynamik der Disziplingeschichte (Binnen- und Ausdifferenzierung) oder die Bedürfnisse der Ausbildung (wachsende Studentenzahlen) dies nahelegten, die Ordinarien als allein zuständig überfordert gewesen wären. Stellte die Kultusverwaltung Mittel bereit, konnte man auf ein planmäßiges, freilich nur bescheiden besoldetes Extraordinariat hoffen. Der außerplanmäßige Professor war, abgesehen vom reputierlichen Titel, kaum bessergestellt als der Privatdozent.

Privatdozenten bringen in herausgehobener Weise die personellen Folgen des dynamischen Forschungsimperativs zum Ausdruck: nicht an einen Stellenplan gebunden, ohne zahlenmäßig vorgegebene Beschränkung auf dem (kleinen) Arbeitsmarkt für frei werdende (oder neu eingerichtete) Professuren; Konkurrenz nach Leistungskriterien durch Spezialisierung, Erweiterung der Forschungsfront, Etablierung neuer Subdisziplinen; zugleich eine bürgerliche Kümmerexistenz, angewiesen auf außeruniversitäre Berufe (z.B. als Arzt, Gymnasiallehrer), auf eigenes oder angeheiratetes Vermögen, auf weisungsabhängige Auffangstellen in der Universität (z.B. als Assistent) sowie die schmalen Kollegiengelder, die man bei den allein zulässigen Spezialvorlesungen zu gewärtigen hatte.

Ordinarien, Extraordinarien und Privatdozenten bildeten den Lehrkörper der Universität in ihrer klassischen Epoche, aber dieser Lehrkörper war alles andere als homogen. Zu Recht spricht man für diese Zeit von der „Ordinarienuniversität", gegen die sich bereits seit dem späten 19. Jahrhundert eine Nichtordinarienbewegung wandte: Extraordinarien und Privatdozenten verwiesen auf den Widerspruch zwischen der wachsenden numerischen Bedeutung der Nichtordinarien im „Großbetrieb" Universität einerseits, dem Mangel an Rechten, Mitbestimmung und finanzieller Absicherung andererseits. Bei insgesamt noch kleinen, wenn auch wachsenden Zahlen für Professoren und Privatdozenten im Deutschen Reich, von 1.364 (1864) bis 6.043 (1931), sinkt der Anteil der Ordinarien von 53 Prozent auf 40 Prozent, ein Wert, der auch für die frühe Bundesrepublik gilt. Die Erfolge der Nichtordinarienbewegung waren, aufs Ganze gesehen, eher bescheiden, auch in der ersten Hälfte des 20. Jahrhunderts, also während der Weimarer Republik und im Dritten Reich. Infolgedessen hatte die Hochschulreformdiskussion der Nachkriegszeit noch einmal das Problem der Lehrkörperstruktur auf dem Tisch. Das jahrelange Hin und Her von Empfehlungen und Gegengutachten resultierte schließlich in dem politischen Kraftakt des Hochschulrahmengesetzes (HRG) von 1976.

Wenn man nach tiefen Zäsuren in der Geschichte der Institution Universität fragt, dann kann man dieses HRG gar nicht übersehen. Hiermit endet die klassische Epoche, die Geschichte der Ordinarienuniversität. Nicht länger ist vom Lehrkörper (mit seiner ständischen Untergliederung) die Rede, sondern vom „wissenschaftlichen Personal", zu dem schlicht die „Professoren" gehören; nicht länger gibt es „Ordinariate" oder „Extraordinariate", auf die man berufen wird; nicht länger gibt es ein professorales Monopol in Fragen der akademischen Selbstverwaltung, sondern die Mitbestimmung der „Mitglieder", darunter der Professoren, in den Gremien der Gruppenuniversität; schließlich wird ein Teil der Privatdozenten auf zusätzlich vorgesehenen, nach Maßgabe der bereitgestellten Mittel eingerichteten Stellen abgesichert, teils auf Dauer, teils auf Zeit. Gleichwohl verbleibt – bewusst – die offene Flanke der nicht abgesicherten Privatdozenten, die „nur" nebenberuflich an der Universität arbeiten. Dass man sich „trotzdem" auf diesen Weg einlässt, wohl wissend um die statistisch schlechten Erfolgsaussichten unter stagnierenden Wachstumsbedingungen, mag das nach wie vor hohe gesellschaftliche Ansehen von Professoren indirekt beleuchten.

Professoren und bürgerliche Gesellschaft

Professoren als Elite – danach zu fragen, heißt nicht nur, ihre Stellung in der Wissenschaftlergemeinschaft und an Universitäten als Institution zu thematisieren, sondern auch ihre Stellung in der Gesellschaft. Zunächst ist auf den schon eingangs erwähnten engen Zusammenhang zwischen Bildungsbürgertum und Professoren zu verweisen, zwischen den über Bildungspatente zertifizierten Funktionseliten einerseits, ihren Lehrern und Prüfern andererseits. Für das Bildungsbürgertum des 19. und frühen 20. Jahrhunderts gilt, dass es – grob gesprochen – etwa ein Drittel der jährlichen Abiturienten/

Studenten stellte (Selbstrekrutierung), während zwei Drittel aus den Mittelschichten kamen (Aufstieg durch Bildung). Unter diesen Umständen ist es kaum verwunderlich festzustellen, dass sich die Professoren, in Umkehrung der Mengenverhältnisse, zu etwa zwei Dritteln aus dem Bildungsbürgertum rekrutiert haben.

Man sollte sich freilich vergegenwärtigen, wie klein diese soziokulturelle Welt des Bildungsbürgertums mit den Professoren an seiner Spitze lange Zeit gewesen und geblieben ist. Veranschaulichen lässt sich dieser Punkt, wenn man die (ohnehin schon kleinen) globalen Zahlen herunterbricht auf die kommunale Ebene, auf Städte als den konkreten Lebens- und Arbeitsort von Professoren. In den 21 Universitätsstädten des Deutschen Reiches (1880), davon nur 9 Städte mit mehr als 40.000 Einwohnern, bildeten im Regelfall etwa 40-60 Ordinarien, 25 Extraordinarien und 20-30 Privatdozenten den Lehrkörper. Um diese Zahlen einschätzen zu können, bietet sich der Vergleich mit den Höheren Schulen sowie den Gymnasiallehrern an. In Preußen gab es 9 Universitätsstädte, aber 325 Städte mit insgesamt 500 höheren Schulen und 5.000 wissenschaftlichen Lehrern, also im Durchschnitt 10 Lehrer pro Schule. Bezogen auf die Höheren Schulen in den Universitätsstädten, ergibt sich aus diesen Verhältnissen, dass der Lehrkörper einer Universität, entgegen unserer Vermutung, in den meisten Fällen zu dieser Zeit noch größer war als die Zahl der Philologen (Oberlehrer) in der gleichen Stadt - Berlin ist hier ganz untypisch. Analoge Größenordnungen dürften gelten für Theologen, Juristen und Mediziner in vielen Universitätsstädten.

Derartig kleine Zahlen für das städtische Bildungsbürgertum lassen Rückschlüsse zu auf Verkehrskreise, Kommunikation und Geselligkeit. Die enge soziale Verflechtung von Professoren und Bildungsbürgertum ging im Übrigen einher mit der bedeutenden Rolle, die eine Minderheit unter den Professoren, vornehmlich Nationalökonomen und Historiker, als Wertelite gespielt haben, als Wortführer und Teilnehmer öffentlicher Meinungsbildung. Die soziokulturelle Welt des Bildungsbürgertums sah dabei ihre geistige und politische Orientierung schon zu einem Zeitpunkt bedroht und infrage gestellt, auch vom Pluralismus der Meinungen unter den Professoren, als man seit dem späten 19. Jahrhundert zwar von einer „Überfüllung" der akademischen

Arbeitsmärkte, von Entwertung der Bildungspatente und kultureller Sinnkrise sprach, aber noch keinen Begriff von der zukünftigen Bildungsexpansion hatte.

Wenn die deutsche Universitätsgeschichte mit dem Hochschulrahmengesetz die tiefste Zäsur seit dem frühen 19. Jahrhundert erfuhr, dann war dies natürlich auch dem Problemdruck geschuldet, den die Bildungsexpansion entfaltete. Der Anstieg der Studienanfängerquoten eines Jahrgangs von 5 Prozent (1950er-Jahre) auf mittlerweise 35 Prozent reicht als Indikator aus, um die Rede von den Akademikern in der heutigen Gesellschaft als Bildungsbürger, gar als Elite obsolet zu machen. Dass diese Bildungsexpansion ein Wachsen der Hochschullehrerschaft in völlig neue Größenordnungen implizierte, versteht sich: Die Zahl der Professoren (ohne nebenberufliche Privatdozenten, ohne Fachhochschulen) wächst von 2.000 (1953) auf 23.000 (2005), an Fachhochschulen von 7.000 (1972) auf 14.000 (2005). Immerhin sollte nicht übersehen werden, dass das Wachstum der Hochschullehrerschaft höchst unstetig verlaufen ist: stürmisch in den 1960er- und 1970er-Jahren, eher stagnierend seit den 1980er-Jahren. Die Hauptlast der Betreuung von Studierenden bei andauernder Expansion des Hochschulbesuchs hat bekanntlich der akademische Mittelbau getragen; hier ist die Zahl der Stellen gestiegen von 6.000 (1953) auf 120.000 (2005). Dass das HRG diesem Wandel des wissenschaftlichen Personals mit der Einführung der Gruppenuniversität Rechnung getragen hat, ist nur zu verständlich. Die relative Entmachtung der Professoren, der zahlenmäßigen wie der rechtlichen Stellung nach, kann heutzutage nur noch kompensiert werden durch „Exzellenz", durch herausragende Sichtbarkeit in der Produktion und Qualität von Forschungsleistungen; die Wahrnehmung dieser historisch weit zurückreichenden Berufsrolle mag nach wie vor eine Elite innerhalb der Professorenschaft begründen.

Peter Lundgreen, Dr., Prof. em. für Wissenschaftsgeschichte, Universität Bielefeld

Wissenschaft und Politik

Konrad H. Jarausch

Studentenleben zwischen Wissenschaft und Politik

In Berlin zu studieren war von Anfang an etwas anders, da der Geist der preußisch-deutschen Hauptstadt und der wissenschaftliche Anspruch der Neugründung besondere Chancen eröffneten und Probleme mit sich brachten. Im Gegensatz zu kleineren Universitätsstädten konnte sich in der schnell wachsenden Metropole trotz unablässiger Versuche nur schwerlich eine romantische Burschenherrlichkeit herausbilden. Auch kollidierte der neuhumanistische Idealismus einer „Bildung durch Wissenschaft" mit dem verbreiteten Wunsch einer Ausbildung zum „Nutzen des praktischen Lebens", der eher auf eine Beamtenlaufbahn hinzielte. Ebenso unterschied sich die soziale Herkunft hier stärker als anderswo zwischen tonangebenden Söhnen des Adels sowie des Großbürgertums und bescheideneren Sprösslingen aus dem Kleinbürgertum, jüdischen Familien und dem Ausland. Schließlich übten die Verwicklungen der Politik einen stärkeren Einfluss aus, da sich die jungen Männer immer wieder zwischen ihrem Freiheitsdrang und dem Bekenntnis zur Nation entscheiden mussten. Inwieweit folgten die Berliner Studierenden dem allgemeinen deutschen Muster und in welcher Hinsicht verhielten sie sich anders?

Liberale Anfänge

In die neue Institution brachten die ersten Studenten zwar ältere Universitätstraditionen ein, entwickelten aber auch bald großstädtische Muster des Zusammenlebens. Aufgrund der Schließung von Frankfurt (Oder) und des zeitweiligen Verlusts von Halle stieg die Frequenz rasch und erreichte schon im WS 1818/19 das erste und im WS 1833/34 das zweite Tausend. Jedoch blieb Fichtes Vision von einem „Philosophen-Orden" ein Traum, da Schleiermachers Verteidigung der freien Entfaltung des Studentenlebens jugendlichen Wünschen nach Studienfreiheit näher kam. Obwohl die Studenten auf einige zentrale Wohnviertel beschränkt blieben, war ihre Zahl zu gering um das gesamte Stadtbild zu prägen. Die bessergestellten Studiosi pflegten meist Umgang mit den führenden Kreisen, nahmen am kulturellen Leben teil und leisteten ihren einjährigen Militärdienst ab, während ärmere Kommilitonen sich im „hiesigen Arbeitshaus" auf ihre Prüfungen konzentrierten, um schnell eine Stelle im Staatsdienst zu ergattern. Nur eine Minderheit folgte daher Humboldts Motto, ganz „sich und der Wissenschaft" zu leben.

Bereits die Napoleonischen Freiheitskriege brachten die erste Welle einer Politisierung, die sich zu einem dauerhaften Unruheherd entwickeln sollte. Unter dem Einfluss von Fichte, Arndt und Jahn meldeten sich im Februar 1813 259 Freiwillige, von denen dann 42, z. B. Theodor Körner, in den Kämpfen fielen. Auch wenn die borussische Geschichtsschreibung diese Kriegsteilnahme später zu einer nationalen Heldenlegende hochstilisierte, signalisierte sie eine schrittweise Ausweitung ihres Vaterlandsverständnisses von Preußen auf Deutschland. Die von Jena ausgehende Gründung der Burschenschaft erfasste schließlich auch Berlin, das eine Delegation zum Wartburgfest 1817 schickte, wobei sich der Theologiestudent Hans Ferdinand Maßmann durch die symbolische Verbrennung der Schriften der Reaktion unrühmlich hervortat. Umso massiver war die Demagogenverfolgung aufgrund der Karlsbader Beschlüsse, da die preußische Regierung die Gefahr eines Umsturzes weit übertrieb. Trotzdem kamen weiterhin aufmüpfige Studierende wie Heinrich Heine, Ludwig Feuerbach oder David Friedrich Strauß an die Spree.

Die Spannungen des Vormärz, die sich in der Revolution von 1848 entluden, stellten die Studierenden vor die Wahl von Freiheit oder Monarchie. Während sich manche, wie Hermann von Helmholtz, Rudolf Virchow oder Jacob Burckhardt, eher der Wissenschaft widmeten, bildeten sich um die Junghegelianer Gruppierungen von kritischen Intellektuellen, die u.a. Karl Marx und Ferdinand Lassalle anzogen. Der Aufstand in Paris elektrisierte vor allem fortschrittliche Studenten, sodass knapp einhundert an den Barrikadenkämpfen teilnahmen und sogar zwei getötet wurden. Etwa 450 Studierende engagierten sich in Form eines Studenten-Korps zur Aufrechterhaltung der öffentlichen Ordnung, dessen Kokarde die liberalen Farben Schwarz-Rot-Gold bildeten. Während die Radikalen, angespornt von dem 19-jährigen Adolf Schlöffel, versuchten die Arbeiter zu organisieren, verfolgten die Gemäßigten um Ludwig Ägidi eher eine konstitutionelle Linie. Nach dem Fehlschlag der Reformideen des Progres im zweiten Wartburgfest hatte die Reaktion wie überall in Deutschland ein leichtes Spiel mit der Befriedung der Universität.

Nationale Wende

Die Enttäuschung der revolutionären Hoffnungen beschleunigte vor allem die Ausbreitung eines unpolitischen Korporationswesens, dominiert vom exklusiven Leitbild des Korpsstudenten und dem Ritual der Bestimmungsmensur. Aus nationaler Begeisterung begrüßte die Berliner Studentenschaft die Reichseinigung Bismarcks, sodass 582 von ihnen im Kriege gegen Frankreich dienten und 39 starben. Danach erregte vor allem der von dem Historiker Heinrich von Treitschke mit dem Wort „die Juden sind unser Unglück" angefachte Antisemitismusstreit mit Theodor Mommsen die Studentenschaft, denn er führte nicht nur zur Gründung der *Vereine Deutscher Studenten* (VDSt) sondern auch zur Verbreitung eines akademischen Illiberalismus, der jüdische Studierende schrittweise aus den bestehenden Verbindungen ausschloss. Zwar milderte das soziale Engagement der VDSt den verbreiteten Kanzler-Kult, der überall Bismarck-Türme errichtete, aber seit den 1880er-Jahren wurde die Mehrheit der Studenten zunehmend protestantisch-nationalistisch, was sich in ebenso hässlichen Vorurteilen gegen katholische Studierende äußerte.

Die Spannungen innerhalb der Studentenschaft wuchsen um die Jahrhundertwende, da sich die Universität sozial öffnete, aber gleichzeitig die wissenschaftlichen Anforderungen erhöhte. Als größte deutsche Hochschule zog Berlin schon vor dem Weltkrieg über zehntausend Studierende an, wodurch in Vorlesungen, Laboren und Seminaren ein Massenbetrieb entstand. So studierten emanzipierte Juden vor allem Jura und Medizin, da sie im Staatsdienst weiterhin diskriminiert wurden. Um 1900 erhielten auch die Abiturienten der Realgymnasien und Oberrealschulen die Hochschulreife, wodurch der Andrang sich noch verstärkte. Fast ein Fünftel der Studierenden kam aus dem Ausland, vor allem aus Russland, wo Juden nicht zum Studium zugelassen wurden. Nach langen Kämpfen durften sich vom Sommersemester 1909 an schließlich auch Frauen zum regulären Studium einschreiben. Durch die fortschreitende Spezialisierung der Wissenschaft verlor die Theologie ihr Primat und wurden die Geistes- und Naturwissenschaften der philosophischen Fakultät dominant, während sich die Studienzeit erheblich verlängerte.

Dennoch gab es im Kaiserreich auch erhebliche Gegenströmungen, die eher in eine freiheitliche Richtung deuteten. Zur Verteidigung in einer feindlichen Umwelt bildeten katholische Studierende mit den beiden großen Gruppierungen CV (*Cartell-Verband der katholischen deutschen Studentenverbindungen*) und KV (*Kartell-Verband katholischer deutscher Studentenvereine*) ein eigenständiges Verbindungswesen ohne Mensur, und auch jüdische Studenten gründeten ihre eigenen Korporationen im *Kartellconvent jüdischer farbentragender Verbindungen* (KC) sowie zionistische Vereine. Studenten mit akademischen Interessen wie Max Planck sammelten sich dagegen in wissenschaftlichen Vereinen, die trotz korporativer Formen eher an fachlichen Fragen interessiert waren. Obwohl die Freie Wissenschaftliche Vereinigung den Agitatoren der VDSt unterlag, entstand um die Jahrhundertwende eine liberale Freistudentenschaft der nicht-organisierten Studierenden, die allen Bekenntnissen offenstand und Dienstleistungen anbot. Auch sozialistisches Gedankengut fand sich in sozialen Arbeiterkursen und sozialwissenschaftlichen Vereinen. So führten die Ausweitung der sozialen Herkunft, die Spezialisierung der Wissenschaft und die Pluralisierung der Weltanschauungen zu einer wachsenden Differenzierung innerhalb der Studentenschaft.

Triumph des Antiintellektualismus

Auf den Ausbruch des Ersten Weltkriegs reagierten Berliner Studenten erneut mit patriotischer Begeisterung. Über die Hälfte von ihnen ging an die Front, was etwa einem Tausend das Leben kostete. In den nun verödeten und meist von Frauen besuchten Hörsälen versuchten Professoren diese nationale Gesinnung zu stärken. Die Novemberrevolution der Soldaten und Arbeiter kam daher als ein tiefer Schock, obwohl eine kleine sozialistische Gruppe sie in eine „Hochschulrevolution" zu verwandeln suchte. Die zahlreichen Kriegsheimkehrer überfüllten die Universität und die Inflation löste verbreitet Elend aus, so dass sich viele nur als „Werkstudenten" mühsam über Wasser halten konnten. Aus großdeutscher Gesinnung stürzte sich der neugegründete ASTA in einen Verfassungskonflikt mit dem preußischen Kultusminister Carl Heinrich Becker um die Anerkennung der Studentenvertretungen. Da die demokratischen Politiker keine Lösung für Probleme der Überfüllung, Verelendung und Arbeitslosigkeit in der Weltwirtschaftskrise fanden, entfremdeten sich die Studierenden mehr und mehr von der Weimarer Republik.

Von der Verbitterung der Studenten profitierten vor allem nationalistische Gruppierungen, die sich durch völkisches Gedankengut noch weiter radikalisierten. Zwar gab es in der Reichshauptstadt auch manche linksgerichtete Studenten, aber ihre sozialen und demokratischen Argumente konnten gegen das brisante Gemisch von Revisionismus, Antisemitismus und Pangermanismus wenig ausrichten, so dass dieser Ungeist auch die im *Hochschulring* oder im *Waffenring* organisierten Vereine und Verbindungen infizierte. Zwar wurde der *Nationalsozialistische Deutsche Studentenbund* (NSDStB) 1925 in München gegründet, aber nachdem der Germanistikstudent Baldur von Schirach seine Leitung übernommen hatte, konnte er auch in Berlin Fuß fassen. Im Jahre 1932 hatte er schon 178 Mitglieder und gewann bei niedriger Wahlbeteiligung fast zwei Drittel der Stimmen bei der ASTA-Wahl! Durch Hetzkampagnen gegen jüdische Dozenten wie Emil Gumbel in Heidelberg sowie durch Wahlbündnisse mit den Korporationen gelang es dem NSDStB schon im Sommer 1931 auf nationaler Ebene die Kontrolle über die Deutsche Studentenschaft zu erringen.

Die Folge dieser Verblendung waren die politisch-rassistische Säuberung und Gleichschaltung der Studentenschaft, die in einen weiteren Weltkrieg mit noch mehr Opfern führte. Nach Hitlers Machtergreifung wurden in Berlin 124 linke Studierende aus politischen Gründen ausgeschlossen; als Juden verdrängt wurden nach den Zahlen des Jahres 1930 weitere 10 % der Studenten; daneben wurde die Einschreibung von Frauen auf ein Zehntel der Gesamtheit begrenzt. Auch in der Vertreibung demokratischer und jüdischer Hochschullehrer spielte der NSDStB eine führende Rolle, wie die Sprengung der Vorlesungen des Juristen Martin Wolff zeigt. In der Öffentlichkeit manifestierte sich dieser Antiintellektualismus in der berüchtigten, von der Studentenschaft inszenierten Bücherverbrennung „wider den undeutschen Geist" im Mai 1933. Als Lohn für die nationalistische Kollaboration wurden alle Verbindungen gleichgeschaltet, in vom NSDStB kontrollierte „Kameradschaften" überführt und das Verbindungsleben dadurch nazifiziert. Dagegen war Widerstand wie von den Mitgliedern der „Roten Kapelle" nur vereinzelt möglich.

Sozialistische Verschulung

Der Versuch eines antifaschistisch-demokratischen Neuanfangs der Berliner Universität nach 1945 führte in tragischer Weise in die Sackgasse einer neuen, kommunistischen Diktatur. Dabei gingen die überlebenden Kriegsheimkehrer mit viel Engagement an die schwierige Aufgabe des Aufbaus zerstörter Gebäude. Allerdings erlaubte die Sowjetische Militär-Administration (SMAD) erst im Januar 1946 die Wiedereröffnung und überprüfte die Studienanwärter rigoros, um Nationalsozialisten und Offiziere fernzuhalten. Gleichzeitig versuchte die Deutsche Verwaltung für Volksbildung unter Paul Wandel das Ziel der Arbeiterbewegung einer sozialen Öffnung des Studiums für Arbeiter- und Bauernkinder zu verwirklichen. Jedoch löste das Programm einer Orientierung „im Geiste der Demokratie, des sozialen Fortschritts und der Völkerverständigung" einen Konflikt mit dem frei gewählten Studentenrat aus, da dies in der Praxis eine Unterordnung der studentischen Politik unter die Anweisungen der SED bedeutete. Als das Rektorat die Herausgeber der unabhängigen Studentenzeitung *Colloquium* im April 1948 verwies, zogen zahlreiche Studierende und einige Hochschullehrer nach Dahlem aus und gründeten dort die Freie Universität.

An der 1949 in Humboldt-Universität umbenannten Hochschule wurde das Studium nun zunehmend ideologisiert und verschult. Die zweite Hochschulreform im Herbst 1951 führte ein 10-monatiges Studienjahr, Studienpläne mit 30 Wochenstunden, obligatorische Seminargruppen und Zwischenprüfungen ein, um die Effizienz zu steigern. Zwar wurden die meisten Studenten nun durch ein Stipendium unterstützt, aber dafür wurde ein gesellschaftliches Grundstudium im Marxismus-Leninismus zur ideologischen Ausrichtung verlangt. Gleichzeitig mussten sich die Studierenden in der FDJ engagieren, denn alle anderen Studentengruppen wurden in diese Einheitsorganisation überführt oder aufgelöst. Mit der Einführung der Wehrpflicht stieg auch der Druck auf junge Männer für eine „freiwillige" Verpflichtung zur Offiziersausbildung bei der NVA. Versuche kritischer Studierender wie Rainer Eckert, den „Sozialismus mit menschlichem Antlitz" des Prager Frühlings zu diskutieren, wurden scharf durch Relegation oder Bewährung im Betrieb geahndet. Solche Bedingungen verhinderten ein selbstbestimmtes Studentenleben.

Als die dritte Hochschulreform seit 1968 die Anforderungen weiter erhöhte, wuchs der Unwillen über die systematische Gängelung innerhalb der Studentenschaft. Unter dem Eindruck der Massenflucht und des brutalen Polizeieinsatzes im Oktober 1989 entlud sich die Unruhe in spontanen Demonstrationen für Redefreiheit und Abschaffung der obligatorischen FDJ-Mitgliedschaft. In erregten Diskussionen konstituierte sich Anfang November ein unabhängiger Studentenrat, der sich der Hochschulleitung als demokratisch legitimierte Interessenvertretung gegenüberstellte. Im Runden Tisch (später Hochschulpolitischer Rat) engagierten sich nun Studenten wie Sven Vollrath für die Befreiung der Universität aus der Kontrolle der SED und bestanden auf basisdemokratischer Repräsentation im neuen Statut. Aber nach der Vereinigung verteidigten sie eher Rektor Heinrich Fink und das sozialistische Erbe gegenüber der Berliner Senatsverwaltung unter Manfred Erhardt. Die Studenten initiierten also den demokratischen Aufbruch, kritisierten aber meist die Übertragung des westdeutschen Hochschulsystems, da sie neue Unsicherheiten mit sich brachte.

Diese zweihundertjährige Geschichte spiegelt die Entwicklung der deutschen und Berliner Studentenschaft in dramatischer Weise wider. Sie zeigt, wie Studierende versucht haben, die soziale Leerstelle im neuhumanistischen System mit eigenen Formen des Zusammenlebens zu füllen, von den Korporationen bis zu den Kameradschaften und der FDJ. Daneben hat die Entwicklung der Massenuniversität die Spannung zwischen praktischer Berufsausbildung für die Mehrheit und Einführung in die Wissenschaft für eine Minderheit noch weiter verschärft. Auch die zunehmende Ausweitung der Rekrutierung auf bildungsferne Schichten hat den bildungsbürgerlichen Typus des Gelehrten in Fachspezialisten und Intellektuelle zerlegt. Schließlich demonstrieren die politischen Pendelschwünge vom Liberalismus zum Nationalismus, Rassismus und Kommunismus und zurück sowohl die Begeisterungsfähigkeit als auch die Verführbarkeit akademischer Jugend. Im gerafften Rückblick ist es also weniger die Überzeugungskraft der Lösungen als die Intensität der Suche, die an dieser studentischen Geschichte beeindruckt.

Konrad Jarausch, Dr., Lurcy Professor of European Civilization, Univ. of North Carolina at Chapel Hill, Prof. em. und vormals Direktor des Zentrums für Zeithistorische Studien, Potsdam

Orte der Wissenschaft

Orte der Wissenschaft

Seit ihrer Gründung ist die Berliner Universität immer mehr mit der Stadt verwachsen. Im Laufe von 200 Jahren entwickelte sich aus einem einzigen Standort im Herzen der Stadt eine vielgliedrige Institution mit weiter Ausdehnung in den Berliner Raum. Ob durch den Zuwachs neuer Institute oder die planmäßige Verlagerung ganzer Fakultäten – stets war die äußere Gestalt der Hochschule im Wandel. Den Forderungen der Zeit passte sie sich auch in ihrem Inneren immer neu an. Aus den privaten Studierstuben und Wohnzimmerkollegien der Gründungsjahre wurden universitäre Büros und Lehrstätten. Die improvisierten Heimlabore des frühen 19. Jahrhunderts sind heute modern ausgestattete Laborräume. Sammlungen und Lehrapparate sind kontinuierlich gewachsen und halten eine unermessliche Menge an Wissen für Forscher, Studierende und die Öffentlichkeit bereit. Auf Expeditionen und Ausgrabungen dringt die Universität immer wieder in die entlegensten Weltregionen vor.

Tanks des IceCube-Teilexperiments „IceTop“ am Südpol, 2005

Digitales Optisches Modul, 2008

Deutsches Elektronen-Synchrotron DESY, Zeuthen

Kernelement des Detektors ist ein Digitales Optisches Modul (DOM), ein hochempfindlicher Lichtsensor, der das Licht aus den äußerst seltenen Neutrinoreaktionen im antarktischen Eis registriert. Rund 5.000 DOMs werden an 86 Trossen ins Eis eingelassen. Der fertige Detektor wird über 1 km³ groß sein.

Kosmische Boten

Vor allem in den naturwissenschaftlichen Fächern werden Kooperationen mit außeruniversitären und internationalen Partnern immer wichtiger. Enge Beziehungen pflegt z.B. die Teilchenphysik der Humboldt-Universität zum *Deutschen Elektronen-Synchrotron DESY* in Zeuthen. Gemeinsam beteiligen sie sich am Bau des Südpol-Neutrinodetektors „IceCube“. Derzeit arbeiten weltweit 35 Institute an diesem astrophysikalischen Großprojekt. Mit dem Detektor werden kosmische Teilchen aus dem Umkreis von Supernovae und Schwarzen Löchern erforscht.

Zeitschriften-Bezugsstelle der Universitätsbibliothek, 1929

© Humboldt-Universität, Universitätsbibliothek, Foto: Waldemar Titzenthaler

Büchernomaden

Die Notwendigkeit einer eigenen Zentralbibliothek für die Berliner Universität war noch zu Beginn des 19. Jahrhunderts keineswegs selbstverständlich. Nach 1810 waren Studierende und Wissenschaftler zunächst ausschließlich auf die Königliche Bibliothek angewiesen. Erst 1831 wurde eine kleine Universitätsbibliothek eingerichtet, die seither immer wieder umziehen musste. Dennoch entwickelte sie sich zwischen 1902 und 1930 zu einer der größten deutschen Universitätsbibliotheken.

Bücherwagen der Universitätsbibliothek, 1920er-Jahre

Humboldt-Universität, Universitätsbibliothek

Heiner Müller Archiv / Transitraum, 2009

Foto: Antonia Weiße, Berlin

Spuren eines Grenzgängers

Das Heiner Müller Archiv ist eines der jüngsten Archive der Humboldt-Universität. Seit 2000 beherbergt das Institut für deutsche Literatur die rund 7.800 Bücher umfassende Privatbibliothek und persönliche Gegenstände des Dramatikers. Zahlreiche Notizen Müllers, die in die Bücher eingelegt sind, erlauben Einblicke in sein Arbeiten. Die Sammlung wird hauptsächlich von Wissenschaftlern genutzt, lädt aber auch Studierende ein, die Gedankenwelt Heiner Müllers zu erkunden.

Heiner Müllers Schreibmaschine

Humboldt-Universität, Institut für deutsche Literatur, Heiner Müller Archiv

Dramenentwurf Heiner Müllers, 1992

Humboldt-Universität, Institut für deutsche Literatur, Heiner Müller Archiv

Wir danken Brigitte Maria Mayer für die Erlaubnis, die Stückskizze im Rahmen dieser Ausstellung erstmalig zu veröffentlichen.

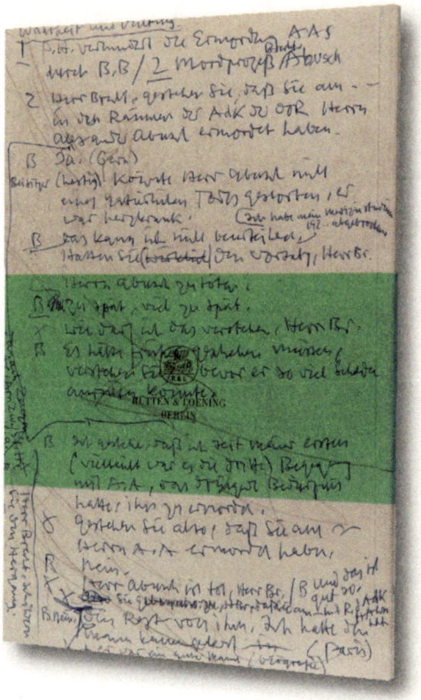

Die Notizzettel, Markierungen und handschriftlichen Anmerkungen in Müllers Büchern sind wissenschaftlich noch kaum erschlossen. Zu den immer wieder auftauchenden Neuentdeckungen gehört auch die bislang unveröffentlichte Dramenskizze „Wahrheit und Dichtung", die Müller vermutlich 1992 auf dem Umschlag und der Umschlag-innenseite einer Ausgabe der Zeitschrift *Sinn und Form* notiert hat.

Vorlesung im Hörsaal des Anatomischen Theaters, um 1980 | © Humboldt-Universität, Universitätsarchiv

Amphitheater der Anatomie

Einer der schönsten Hörsäle der Universität befindet sich im ehemaligen Anatomischen Theater der *Tierarzneischule*, dem „Trichinentempel". In dem 1790 erbauten Saal übten sich ab 1906 angehende Lebensmittelhygieniker in der Untersuchung tierischen Fleisches auf Fadenwürmer (Trichinen). In die Bühne ist ein ursprünglich versenkbarer Seziertisch installiert. Mit der Eingliederung der Tierärztlichen Hochschule ging das Gebäude 1934 an die Berliner Universität über. Bis in die 1990er-Jahre fanden hier veterinärmedizinische Vorlesungen statt. Derzeit wird das Gebäude umfassend saniert.

Verbiegung der Halswirbelsäule beim Pferd, um 1838

Trockenpräparat

Freie Universität Berlin, Gurlt'sche Sammlung

Die Präparatesammlung Ernst Friedrich Gurlts war lange Zeit im „Trichinentempel" beheimatet. Gurlt, der ab 1819 an der Tierarzneischule lehrte, legte in seiner über 50-jährigen Tätigkeit eine umfangreiche Sammlung tierischer Fehlbildungen an.

Franz Eilhard Schulze im mikroskopisch-zoologischen Kurs, 1912/13 | © Elsi Hedström

Zoologie zum Anfassen

Der Plan des 1884 nach Berlin berufenen Franz Eilhard Schulze, eine Sammlung für das neue Zoologische Institut anzulegen, mag seinerzeit manchen erstaunt haben. Immerhin besaß die Universität bereits zwei traditionsreiche zoologische Sammlungen. Schulzes Anliegen war aber nicht die sorgsame Hütung wertvoller Präparate. Ihm ging es um die Bereitstellung greifbaren Anschauungsmaterials für seine Studenten. 1906 umfasste die Lehrsammlung bereits 500 Modelle, 5.500 Präparate und 1.700 Wandtafeln.

„Gorgonenhaupt", 1898

Feuchtpräparat eines Schlangensterns

Humboldt-Universität, Institut für Biologie, Zoologische Lehrsammlung

Viele Sammlungsstücke sind, neben ihrem zoologischen Anschauungswert, auch von forschungsgeschichtlichem Interesse. So ist etwa dieser Schlangenstern ein historisches Fundstück der Nordpolarexpedition von Fritz Römer und Fritz Schaudinn aus dem Jahr 1898.

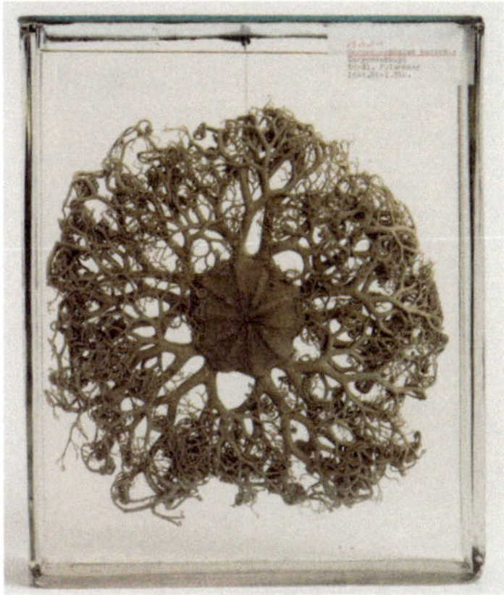

Goldfisch mit Melanosis,
zwischen 1856 und 1901

Feuchpräparat
Berliner Medizinhistorisches Museum
der Charité

Niere mit Amyloidose, 1866

Feuchtpräparat
Berliner Medizinhistorisches Museum
der Charité

Zwei Präparate aus Virchows Werkstatt zeigen das breite Spektrum seiner Forschungen. Für die an der Niere erkennbaren krankhaften Proteinablagerungen im menschlichen Gewebe hatte Virchow 1854 den Begriff „Amyloidose" geprägt. Der Goldfisch verendete an einer unbekannten Fischkrankheit.

Schausaal des Pathologischen Museums, 1904

„Kein Tag ohne Präparat!"

Seit seiner Berufung an die Berliner Universität 1856 vermehrte Rudolf Virchow unter dem Motto „Kein Tag ohne Präparat!" die pathologische Sammlung von 1.500 auf rund 23.000 Präparate. Ein Großteil der Skelett-, Missbildungs-, Parasiten- und Organpräparate entstammt seinem eigenen Seziertisch und wurde von ihm selbst etikettiert. Die Eröffnung des Pathologischen Museums im Jahr 1899 krönte dieses wissenschaftliche Lebenswerk. In den ausgedehnten Lehr- und Schausälen des Museums konnten sowohl Medizinstudenten als auch Laien medizinisch sehen lernen.

Arbeitszimmer von Christian Gottfried Ehrenberg, 1865

Aquarell von Clara Ehrenberg | © Christine Badura, Trägerwielen, Scan: Museum Barockschloss Delitzsch

Mikroskop, um 1850

Berliner Medizinhistorisches Museum der Charité

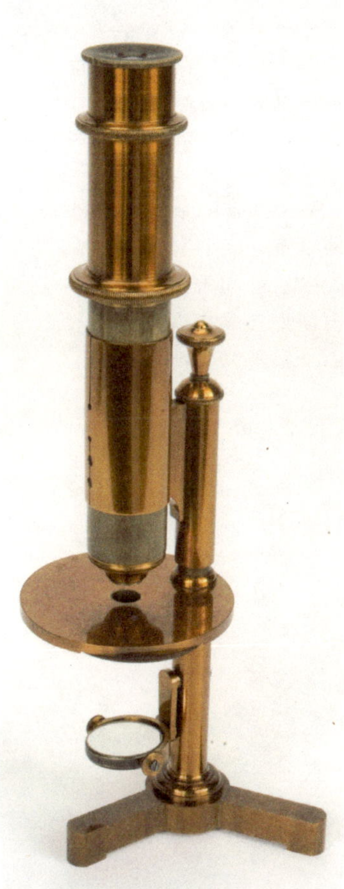

Die Welt unter dem Mikroskop

Das private Arbeitszimmer des Medizinprofessors Christian Gottfried Ehrenberg war Mitte des 19. Jahrhunderts ein Knotenpunkt der mikropaläontologischen Forschung. Ehrenbergs Entdeckungen in der Welt der Kleinstorganismen sorgten seit den 1830er-Jahren weltweit für Aufsehen. Bedeutende Naturforscher holten seine Expertise ein, so auch Charles Darwin, der ihm Staubproben von seiner Schiffsreise mit der „Beagle" zur Analyse sandte. Das Berliner Museum für Naturkunde verwahrt mehr als 40.000 Mikropräparate aus Ehrenbergs Beständen.

Nebenraum des Olympia-Saals im Archäologischen Museum der Berliner Universität, um 1936

Abguss des Kopfes eines Kentauren, 1943/44

Humboldt-Universität, Winckelmann-Institut

Die Museumsbestände dienten nicht nur der Anschauung, sie waren auch eine wesentliche Grundlage für Rodenwaldts Forschungen zur griechischen und römischen Kunst der Antike. Diesen Abguss eines Kentauren-Kopfes vom Metopenrelief des Parthenon fertigte er 1943/44 für ein Forschungsvorhaben an.

Glanz und Zwielicht

In der Zeit des Nationalsozialismus präsentierte sich das 1921 gegründete Archäologische Museum der Berliner Universität in neuem Glanz. Es profitierte stark von der Anziehung, die die idealisierte Menschendarstellung der antiken Kunst auf die NS-Ideologen ausübte. Im Vorfeld der Olympischen Spiele 1936 nutzte der Direktor Gerhart Rodenwaldt gezielt das gesteigerte öffentliche Interesse an der Antike. Für eine Ausstellung der Ausgrabungsfunde von Olympia ließ er das Museum einer Runderneuerung unterziehen.

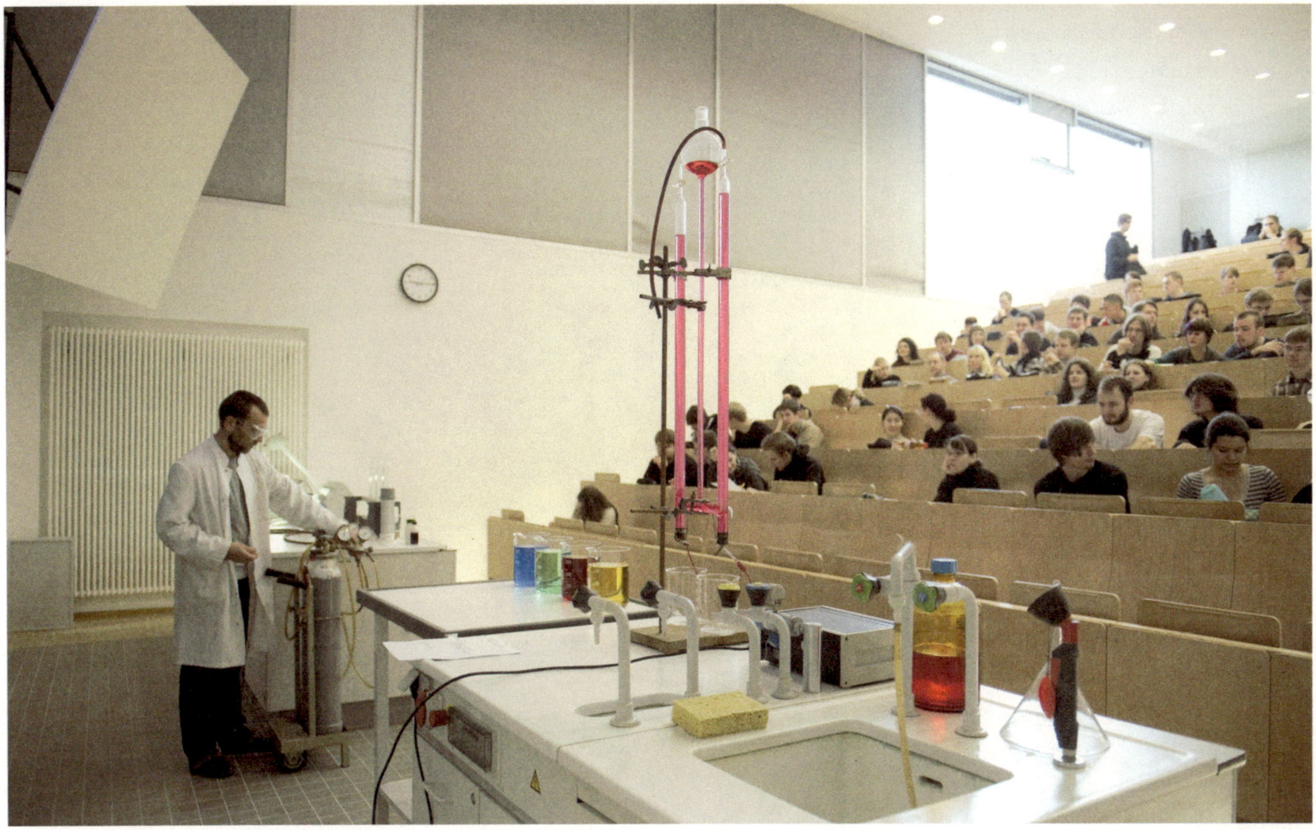

Experimentalvorlesung am Institut für Chemie, 2009 | Foto: Antonia Weiße, Berlin

Das Labor auf der Bühne

Erst spät, im Jahr 1867, erhielt die Berliner Universität ein großes chemisches Laboratorium. Umso notwendiger war es zuvor, dass Professoren wie Eilhard Mitscherlich und Heinrich Rose ihren Studenten chemische Reaktionen in Experimentalvorlesungen unmittelbar vorführten. Besonders Mitscherlich war für seine spektakulären öffentlichen Versuche bekannt. Auch heute noch sind Experimentalvorlesungen ein unverzichtbarer Teil des Chemiestudiums. Seit 2001 finden sie im neuen Institutsgebäude auf dem Campus Adlershof statt.

Präpariersaal des Anatomischen Instituts, um 1907

Charité – Universitätsmedizin Berlin, Centrum für Anatomie

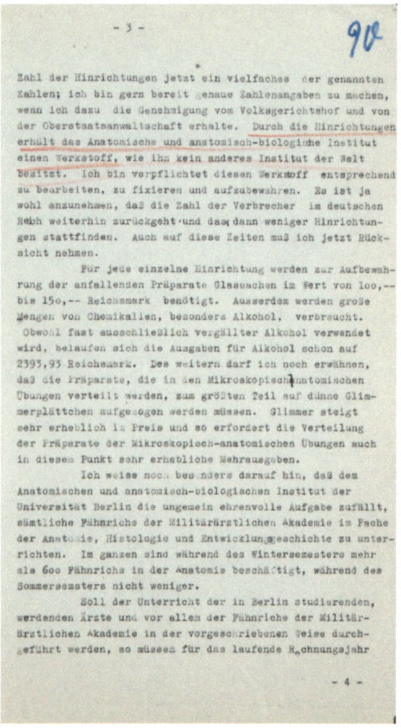

- 3 -

90

Zahl der Hinrichtungen jetzt ein vielfaches der genannten Zahlen; ich bin gern bereit genaue Zahlenangaben zu machen, wenn ich dazu die Genehmigung vom Volksgerichtshof und von der Oberstaatsanwaltschaft erhalte. Durch die Hinrichtungen erhält das Anatomische und anatomisch-biologische Institut einen Werkstoff, wie ihn kein anderes Institut der Welt besitzt. Ich bin verpflichtet diesen Werkstoff entsprechend zu bearbeiten, zu fixieren und aufzubewahren. Es ist ja wohl anzunehmen, daß die Zahl der Verbrecher im deutschen Reich weiterhin zurückgeht und das dann weniger Hinrichtungen stattfinden. Auch auf diese Zeiten muß ich jetzt Rücksicht nehmen.

Für jede einzelne Hinrichtung werden zur Aufbewahrung der anfallenden Präparate Glassachen im Wert von 100,-- bis 150,-- Reichsmark benötigt. Ausserdem werden große Mengen von Chemikalien, besonders Alkohol, verbraucht. Obwohl fast ausschließlich vergällter Alkohol verwendet wird, belaufen sich die Ausgaben für Alkohol schon auf 2393,93 Reichsmark. Des weitern darf ich noch erwähnen, daß die Präparate, die in den Mikroskopisch-anatomischen Übungen verteilt werden, zum größten Teil auf dünne Glimmerplättchen aufgezogen werden müssen. Glimmer steigt sehr erheblich im Preis und so erfordert die Verteilung der Präparate der Mikroskopisch-anatomischen Übungen auch in diesem Punkt sehr erhebliche Mehrausgaben.

Ich weise noch besonders darauf hin, daß dem Anatomischen und anatomisch-biologischen Institut der Universität Berlin die ungemein ehrenvolle Aufgabe zufällt, sämtliche Fähnriche der Militärärztlichen Akademie im Fache der Anatomie, Histologie und Entwicklungsgeschichte zu unterrichten. Im ganzen sind während des Wintersemesters mehr als 600 Fähnrichs in der Anatomie beschäftigt, während des Sommersemesters nicht weniger.

Soll der Unterricht der in Berlin studierenden, werdenden Ärzte und vor allem der Fähnriche der Militärärztlichen Akademie in der vorgeschriebenen Weise durchgeführt werden, so müssen für das laufende Rechnungsjahr

- 4 -

Brief des Professors für Anatomie Hermann Stieve an den Minister für Erziehung, Wissenschaft und Volksbildung vom 9. November 1938

Humboldt-Universität, Universitätsarchiv

Wissenschaft ohne Skrupel

Unter dem Deckmantel rein rationaler Forschungsarbeit waren Mediziner der Berliner Universität auf vielfältige Weise in die Verbrechen des Nationalsozialismus verstrickt. So zogen z.B. die Anatomischen Institute unter Professor Hermann Stieve seit 1935 direkten Nutzen aus der wachsenden Zahl der Exekutionen in der Hinrichtungsstätte Plötzensee. Für Stieve waren die Leichen der Hingerichteten ein willkommener „Werkstoff“ für den Lehrbetrieb und seine gynäkologischen Forschungen.

„Während der letzten Jahre sind hier in Berlin zahlreiche Verbrecher hingerichtet worden. (...) Während in früheren Jahren 1-3 Hinrichtungen stattfanden, beträgt die Zahl der Hinrichtungen jetzt ein Vielfaches der genannten Zahlen (...). Durch die Hinrichtungen erhält das Anatomische und Anatomisch-biologische Institut einen Werkstoff, wie ihn kein anderes Institut der Welt besitzt. Ich bin verpflichtet, diesen Werkstoff entsprechend zu bearbeiten, zu fixieren und aufzubewahren.“ (Auszug aus nebenstehendem Brief)

Mobile Klimatologen

Der Klima- und Luftmesswagen des Geographischen Instituts ist eines der ungewöhnlichsten Labore der Humboldt-Universität.
Mit einem aufgerüsteten Kleinbus sind die Klimaforscher seit 2001 in ganz Deutschland unterwegs.
Ihr Interesse richtet sich vor allem auf die Erforschung der Eigenschaften von Feinstaub unter verschiedenen Wetter- und Umweltbedingungen.
Der Bus ist mit einem Feinstaubfilter, Messgeräten für Luftfeuchtigkeit und Globalstrahlung, einer 7 Meter hohen Windantenne und einem optischen Partikelzähler ausgerüstet.

Klima- und Luftmesswagen des Geographischen Instituts, 2009

Foto: Antonia Weiße, Berlin

Schulbesuch im Museum für Meereskunde, 1906

Modell des Zweimastschoners „Präsident Herwig", vor 1900

Deutsches Technikmuseum Berlin (Dauerleihgabe der Humboldt-Universität)

Das Museum verfügte auch über ausgedehnte ozeanologische und fischereiwirtschaftliche Schausäle, in denen Natur- und Technikgeschichte besuchernah vermittelt wurde. Beliebt waren vor allem Schiffsmodelle wie der hier gezeigte Hochsee-Fischkutter „Präsident Herwig". Die erhaltenen Modelle befinden sich heute im Deutschen Technikmuseum Berlin.

Ruhmeshallen der Seefahrt

Das Museum für Meereskunde gehörte im späten Kaiserreich zu den populärsten Einrichtungen der Berliner Universität. 1906 als eigenständiges Museum am Geographischen Institut eröffnet, war es nicht zuletzt ein wirkungsvolles Propagandainstrument des deutschen Flottenbauprogramms. Die Kriegsschiff-Modelle und Wrackteile der umfangreichen Reichs-Marine-Sammlung zogen auch nach 1918 noch weit mehr als 100.000 Besucher im Jahr an. Im Zweiten Weltkrieg wurde das Museum weitgehend zerstört.

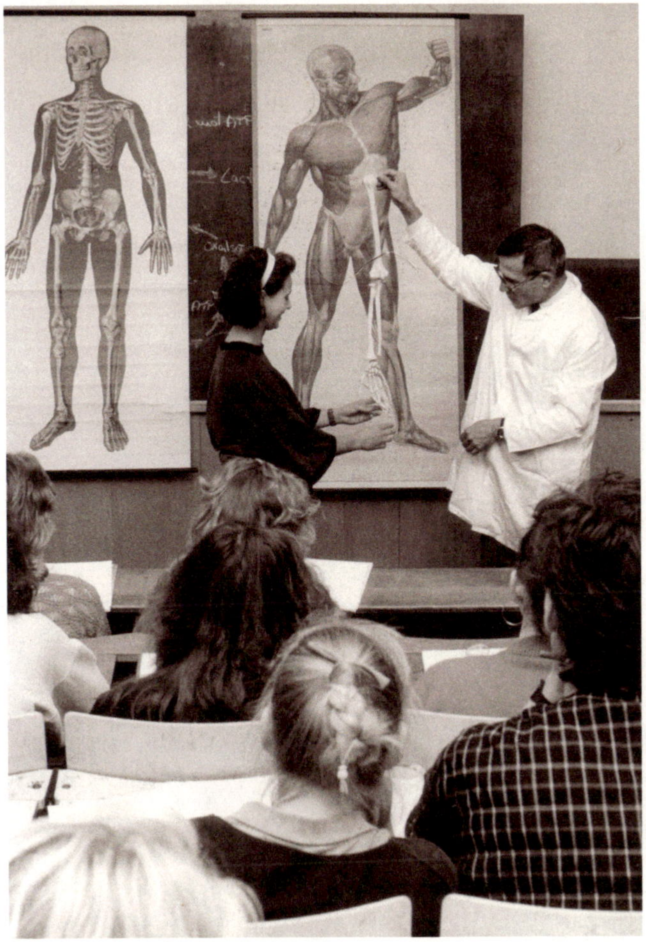

Anatomie-Vorlesung für angehende Sportlehrer, 1989/90

© Humboldt-Universität, Universitätarchiv, Foto: Joachim Fisahn

Knochenmodell des menschlichen Arms aus der sportmedizinischen Lehre, um 1990

Humboldt-Universität, Institut für Sportwissenschaft, Abteilung Sportmedizin

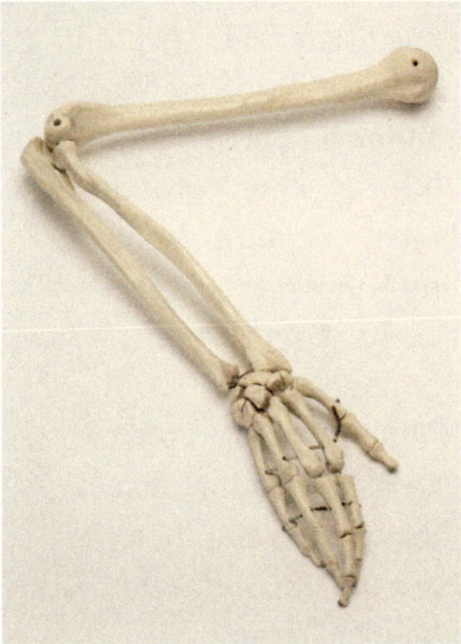

Sportwissenschaft macht Schule

In der DDR brachte die politische Aufwertung der Körpererziehung zahlreiche Pflichten für die Sportwissenschaftler der Universität mit sich. So organisierte das Institut den seit 1951 obligatorischen Sportunterricht für alle Studenten. Daneben war die Ausbildung von Sportlehrern eine Kernaufgabe des Fachbereichs. Die unterschiedlichen Bedürfnisse von Mädchen und Jungen im Schulsport bildeten einen besonderen Schwerpunkt der Forschung, der mit europaweit einzigartiger Intensität untersucht wurde.

Die Preußische Expedition feiert am 15.10.1842 auf der Cheopspyramide den Geburtstag Friedrich Wilhelms IV., 1845

Lithografie nach einem Aquarell von Johann Jakob Frey | © bpk / Ägyptisches Museum und Papyrussammlung SMB / Foto: Margarete Büsing

Im Tal der Könige

Im Auftrag Friedrich Wilhelms IV. leitete der Ägyptologe und außerordentliche Professor der Berliner Universität, Carl Richard Lepsius, 1842 bis 1845 die Königlich Preußische Expedition nach Ägypten. Die Expedition bereiste zahlreiche Denkmäler der altägyptischen Kultur und brachte sie in Zeichnungen und Fundstücken mit nach Europa. Am 15. Oktober 1842, dem Geburtstag Friedrich Wilhelms IV., dankten die Expeditionsteilnehmer ihrem Förderer mit einer Feier auf der Spitze der Cheopspyramide.

„Welch ein Anblick! dort am Zielpunkte jahrelanger Wünsche und zugleich am wahren Anfangspunkte unsrer Expedition, dort auf der Höhe der Cheops-Pyramide“ Carl Richard Lepsius

Feuer und Eisen

Die 1790 an der *Tierarzneischule* gegründete *Berliner Lehrschmiede* diente im 19. Jahrhundert vorrangig der Ausbildung von Militärhufschmieden. 1934 übernahm die Berliner Universität den Betrieb. Huf- und Beschlagskunde waren seither ein fester Bestandteil des Lehrangebots für angehende Veterinärmediziner. Parallel diente der Betrieb weiter der Hufschmiedausbildung. Das Kursangebot zog Ende der 1980er-Jahre auch vermehrt Lehrlinge aus der BRD an, die ihr Handwerk an der renommierten Ausbildungsstätte lernen wollten. Seit 1992 gehört die Schmiede zur Freien Universität.

Lehrschmiede der Veterinärmedizinischen Fakultät, 1983

© Humboldt-Universität, Universitätsarchiv, Foto: Waltraut Harre

Chemischer Großbetrieb

Unter der Leitung des neu berufenen Professors Emil Fischer wurde von 1892 bis 1900 ein neues Chemisches Institut errichtet. Es vereinte alle damaligen Hauptzweige der Chemie unter einem Dach und bot Experimentierplätze für rund 300 Forscher und Studierende. Der Neubau sollte, so Fischer, „an Mannigfaltigkeit und Reichhaltigkeit der Arbeitsmittel von keinem ähnlichen Institute der Welt" übertroffen werden.
Fischer richtete sich darin ein Privatlabor ein, in dem er ab 1900 erfolgreiche Forschungen zu Proteinen und Aminosäuren betrieb. Für seine Arbeiten zur Zucker- und Purinchemie erhielt er 1902 den Nobelpreis.

Privatlabor Emil Fischers im Institut für Chemie, 1900

Mitarbeiterin beim Anhören von Tonaufnahmen im Tierstimmenarchiv, 2006

Foto: Ernst Fesseler, Berlin

Tonbandgerät, 1951

Tierstimmenarchiv des Museums für Naturkunde Berlin

Mit diesem für das Institut gebauten Tonbandgerät nahm Tembrock in den 1950er-Jahren die ersten Tierstimmen auf. Noch heute ist ein Großteil des Archivbestands auf Magnettonbändern archiviert. Die Sicherung des Materials durch Digitalisierung ist derzeit eine der dringendsten Aufgaben des Archivs.

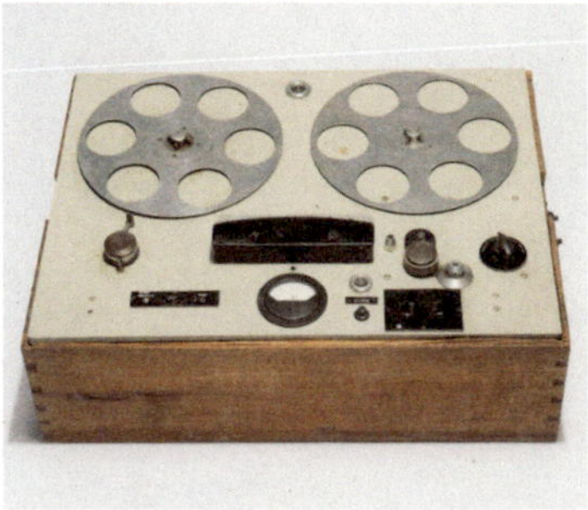

Tönende Schatzkammer

Mit der Aufzeichnung des Rufs eines Waldkauzes legte der Zoologe Günter Tembrock 1951 den Grundstein zu einer der weltweit bedeutendsten Sammlungen tierischer Laute. Das Tierstimmenarchiv der Humboldt-Universität bildete die Grundlage der Pionierarbeit der Berliner Zoologie in der bioakustischen Forschung und umfasst heute rund 110.000 Stimmproben aller Tiergruppen. Diese können in den Räumen des Archivs oder über dessen Website angehört werden.

Fritz und Ursula Hintze bei Vermessungsarbeiten in der Großen Anlage, 1968

© Humboldt-Universität, Institut für Archäologie, Sudanarchäologische Sammlung

Im Dienst des Löwengottes

Unter der Leitung des Archäologen Fritz Hintze führte die Humboldt-Universität von 1960 bis 1968 Ausgrabungen an meroitischen Tempelanlagen in Musawwarat es-Sufra im Sudan durch. Hintzes Team rekonstruierte unter anderem den „Löwentempel" des Gottes Apdemak aus dem 3. Jahrhundert v. Chr. Noch heute erforschen Archäologen der Universität die rund 2.500 antiken Graffiti der Großen Anlage vor Ort. Die meist religiösen, von Gläubigen seit dem 3. Jahrhundert v. Chr. in die Tempelwände geritzten Bilder sind ein einzigartiges Beispiel der inoffiziellen Kunst der meroitischen Zeit.

Sandsteinblock mit Sekundärbild, 2. Jahrhundert v. Chr.

Humboldt-Universität, Institut für Archäologie, Sudanarchäologische Sammlung

In diesen Sandsteinblock aus dem 2. Jahrhundert v. Chr. ist ein Löwe eingeritzt, der über einem Krokodil kauert. Das Bild symbolisiert vermutlich die Bezwingung oder magische Bannung feindlicher Mächte durch den Löwengott Apdemak.

Sammlungsraum des Lehrstuhls für Ur- und Frühgeschichte, 2010

Foto: Antonia Weiße, Berlin

Karton, Steine, Scherben

Die Studiensammlung des Lehrstuhls für Ur- und Frühgeschichte ist eine Sammlung zum Anfassen. 1902 von Gustaf Kossinna begründet, wurde sie 1945 durch Kriegsverluste stark dezimiert. Ab 1953 wurde die Sammlung als Anschauungsfundus für die Lehre gezielt wieder aufgebaut. Heute umfasst sie über 2.500 Objekte aus aller Welt, darunter Repliken steinzeitlicher Kleinkunst, bronzezeitliche Keramik, Steinartefakte und Lehrmodelle. Aufgrund der Schließung des Lehrstuhls ist ihre Zukunft derzeit ungewiss.

Mahnkopf-Schautafeln, 1930er-Jahre

Humboldt-Universität, Lehrstuhl für Ur- und Frühgeschichte

Die von dem Archäologen Otto Mahnkopf entwickelten Schautafeln aus Karton demonstrieren anhand aufmontierter Stein- und Knochengeräte sowie dokumentierter Selbstversuche steinzeitliche Schlagtechniken. Sie sind Produkte eines engen Zusammenspiels von experimenteller Archäologie und Pädagogik in der Frühgeschichtsforschung der 1930er-Jahre.

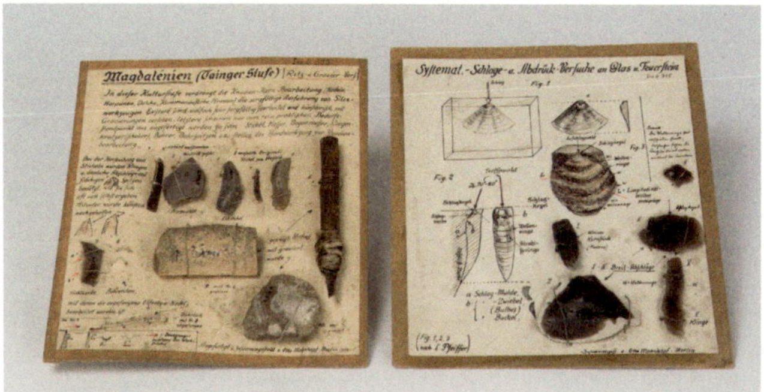

Kindergarten des Psychologischen Instituts, 1950er-Jahre

Im Experimental-Kindergarten

Unter der Leitung Kurt Gottschaldts erhielt das Institut für Psychologie in den 1950er-Jahren großzügige Mittel. In der Oranienburger Straße betrieb es einen eigenen Kindergarten für entwicklungspsychologische Forschungen. Durch einseitig durchsichtige Fenster beobachteten Wissenschaftler und Studierende die Kinder bei ihren täglichen Aktivitäten. Ziel war es, ihr Rollenverhalten in der Gruppe zu studieren. Die Kinder stammten meist aus sozial benachteiligten Familien, die auf einen Kindergartenplatz dringend angewiesen waren.

Glöckchenkasten mit Werkzeugen zum Auslösen des Klingeltons, 1950er-Jahre

Humboldt-Universität, Institut für Psychologie, Historisches Kabinett

Der Glöckchenkasten wurde für Einzelexperimente eingesetzt. Das Kind bekam die Aufgabe, die im Kasten aufgehängten Glocken mit einem Werkzeug zum Klingen zu bringen. Aus der Zeit, die es brauchte, um die teils versteckten Zugänge zu den Glöckchen zu finden, wurden Rückschlüsse auf seinen geistigen Entwicklungsstand gezogen.

Schüler bei einem akustischen Experiment im UniLab, 2009

Foto: Antonia Weiße, Berlin

Physik – ein Kinderspiel

Das Schülerlabor UniLab des Instituts für Physik will eine Brücke zwischen Labor, Hörsaal und Klassenzimmer schlagen. Schüler ab der 5. Klasse können hier in spielerischen Experimenten naturwissenschaftlichen Problemen auf den Grund gehen. Das fachübergreifende Themenangebot reicht von Akustik und Optik bis hin zu Fragen der Anpassung des Menschen an seine Umwelt. Für Lehrer und Studierende ist das UniLab ein Experimentierfeld zur Erprobung neuer Lehrformen und zur Verknüpfung von Theorie und Praxis in der Ausbildung.

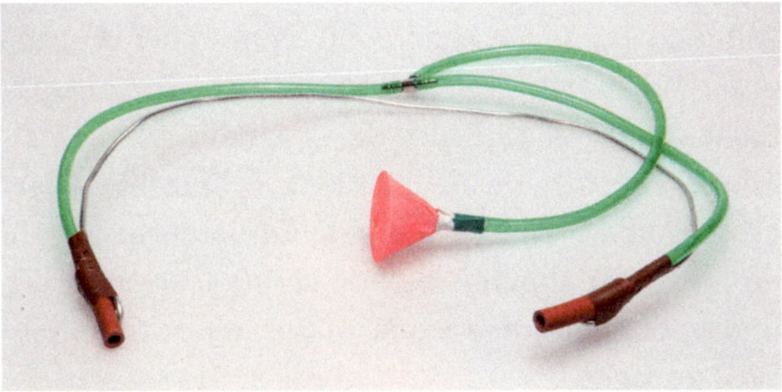

Gebasteltes Stethoskop, 2009

Humboldt-Universität, Institut für Physik, UniLab

Dass Naturwissenschaft nicht zwangsläufig kompliziert sein muss, ist ein Vermittlungsanspruch des UniLab. So kann ein Plastikschlauch mit aufgestecktem Trichter und Luftballon-Bespannung ein Stethoskop sein, an dem sich die Ausbreitung von Schall beobachten lässt.

Albrecht von Graefe bei einer Operation, 1869

Holzschnitt nach einer Zeichnung von C. Koch

Augenspiegel nach Hermann von Helmholtz, 1850

Charité – Universitätsmedizin Berlin, Johannes-Müller-Institut für Physiologie

Das von Helmholtz konstruierte Instrument stellte für die Augenheilkunde einen großen Entwicklungssprung dar. Mithilfe des Augenspiegels konnten Ärzte erstmals das Innere des Auges untersuchen. Graefes frühzeitige Nutzung des Instruments trug entscheidend zu dessen Durchsetzung in der augenärztlichen Praxis bei.

Visionär der Augenheilkunde

Seit 1820 wurde die Augenheilkunde an der Universität am Clinisch-Chirurgisch-Augenärztlichen Institut gelehrt. Zum eigentlichen Zentrum des Fachs stieg ab 1852 jedoch die Privatklinik des begnadeten Operateurs Albrecht von Graefe auf. Seit 1852 als Dozent an der Berliner Universität tätig, wurde Graefe 1857 zum außerordentlichen, 1866 zum ordentlichen Professor der Augenheilkunde berufen. In seiner Klinik hielt er Vorlesungen und Operationskurse ab, die außer seine Studenten auch Ärzte aus aller Welt anzogen.

Paul Du Bois-Reymond beim Selbstversuch in der Wohnung seines Bruders Emil Du Bois-Reymond, 1847

Daguerrotypie | © Staatsbibliothek zu Berlin – Preußischer Kulturbesitz

Multiplikator, um 1847

Charité – Universitätsmedizin Berlin, Johannes-Müller-Institut für Physiologie

Den sogenannten Multiplikator ließ Du Bois-Reymond 1847 eigens anfertigen: Eine Kupferdrahtspule mit 20.000 Windungen umschließt einen Holzrahmen, in dessen Mitte eine Magnetnadel hängt. Wird elektrischer Strom angelegt, schlägt die Nadel aus.

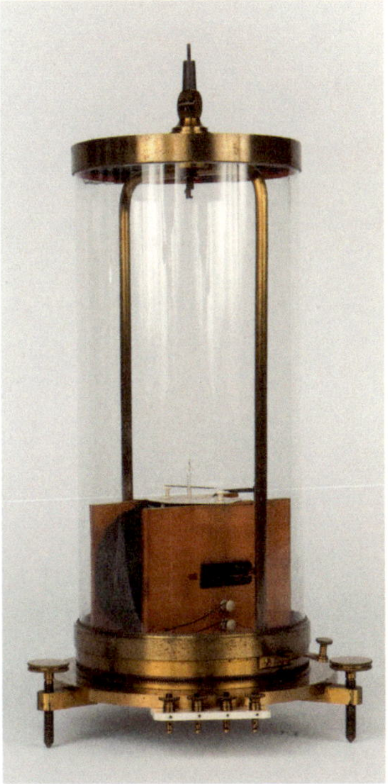

„Im zweiten Zimmer, das freie Aussicht ins Grüne hatte, da hatte den Ehrenplatz der Multiplicator“

Hermann von Helmholtz

Stubenexperimente

In den ersten Jahrzehnten ihres Bestehens besaß die Universität kaum eigene Labore. Naturwissenschaftler waren zum Experimentieren auf Privatwohnungen, handwerkliches Geschick und Improvisationstalent angewiesen. Durch Selbstversuche im Hinterzimmer seiner Wohnung wies etwa Emil Du Bois-Reymond um 1847 nach, dass durch kraftvolles Anspannen der Armmuskulatur auf der Körperoberfläche des Menschen elektrischer Strom erzeugt werden kann. Für seine Forschungen zur „thierischen Elektricität“ teilte er sein Zimmer im Winter 1843 mit rund 500 Versuchsfröschen.

Drogenglas mit Arznei-Harz aus Deutsch-Ostafrika, 1909

Freie Universität Berlin, Institut für Pharmazie

Zur Grundausstattung des Instituts gehörte 1902 eine umfangreiche Drogensammlung, die zu Anschauungszwecken in der Lehre eingesetzt wurde. Es haben sich nur wenige Drogengläser der ursprünglichen Sammlung erhalten.

Organisch-chemischer Arbeitssaal im Institut für Pharmazie, 1910

Aus: Hermann Thoms: Das Pharmazeutische Institut der Universität Berlin, Berlin 1910

Pharmazeutische Hochkonjunktur

Noch im 19. Jahrhundert galt die Pharmazie weithin als bloßes Teilgebiet der Chemie. Mit der Eröffnung des Pharmazeutischen Instituts 1902 in Dahlem erhielt das Fach an der Berliner Universität erstmals eine eigene Lehrstätte. Die Ausbildung war stark auf die Bedürfnisse der Industrie ausgerichtet. Das Institut unterhielt u.a. einen Fabrikraum zur Präparateherstellung unter industrieähnlichen Bedingungen sowie Labore für Nahrungsmittelchemie und die Analyse neu eingeführter Kolonialwaren.

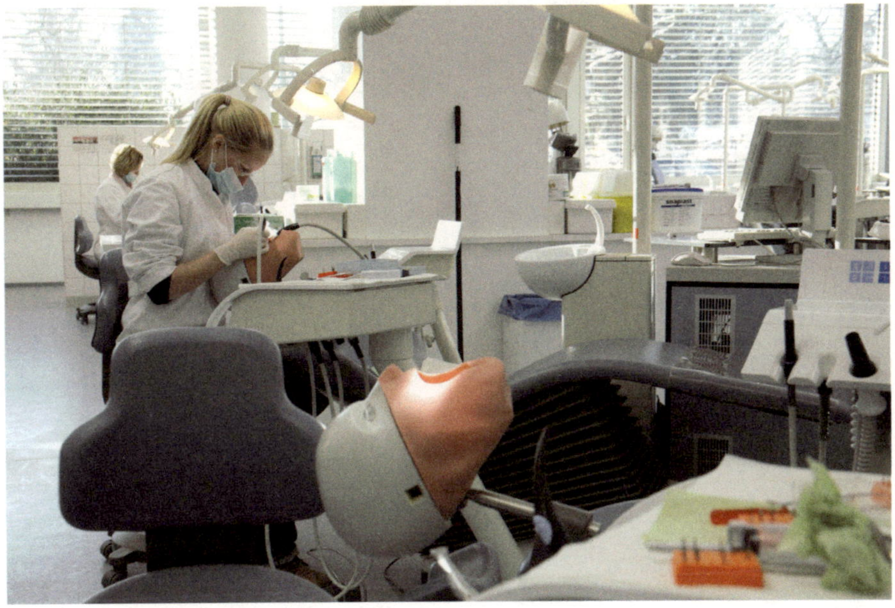

Übungen im „Phantomsaal" der Zahnklinik Süd, 2009

Foto: Raymond Hoey, Berlin

Phantomkopf, 2010

Mit freundlicher Unterstützung der frasaco GmbH

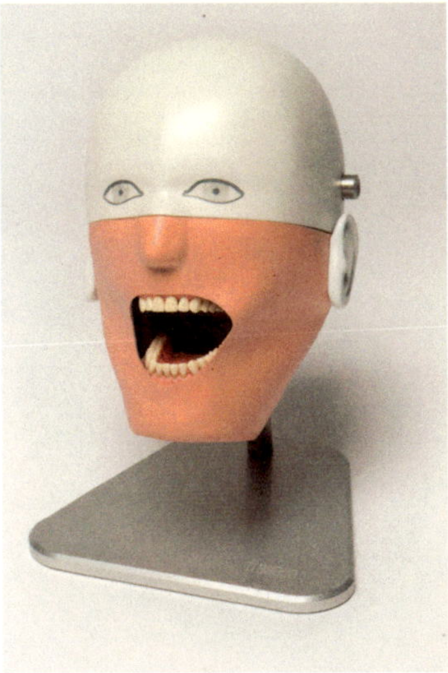

Zahnziehen auf Probe

Seit an der Berliner Universität 1884 das erste universitäre Institut für Zahnmedizin eröffnet wurde, hat sich in der Ausbildung junger Zahnärzte viel getan. Heute erleichtern die künstlichen Patienten im „Phantomsaal" der Charité-Zahnklinik Süd Studierenden ab dem 3. Semester den Übergang von der Theorie zur Praxis. An Puppen üben angehende Zahnärzte hier Prothesenbau, Zähneschleifen, Zahnsteinentfernung und Zahntherapien, bevor sie ab dem 8. Semester echte Patienten beraten und behandeln.

Die Mitglieder der Preußischen Phonographischen Kommission Wilhelm Doegen und Alois Brandl bei einer Aufnahme, 1916

© Humboldt-Universität, Lautarchiv

Schellackplatte mit Stimmprobe von Reichspräsident Friedrich Ebert, 1920

Humboldt-Universität, Lautarchiv

Die Bewahrung des Flüchtigen

Das Lautarchiv der Humboldt-Universität konserviert die Stimmen der Welt. Auf über 4.500 Schellackplatten aus der Zeit von 1909 bis 1944 sind fremde Sprachen und Mundarten sowie Stimmen bedeutender Persönlichkeiten archiviert. Einige der frühesten Aufnahmen stammen aus dem Ersten Weltkrieg. Unter der Leitung des Berliner Psychologieprofessors Carl Stumpf nahm die *Preußische Phonographische Kommission* die Stimmen fremder Soldaten in deutschen Kriegsgefangenenlagern auf. 1931 ging die Sammlung an die Universität über.

„Inmitten der Stadt", 2010

Interaktive Installation

Konzept: Ilka Thom und Kirsten Weining

Gestaltung: Duncan McCauley

Foto: Philipp Plum, Berlin

Inmitten der Stadt

Die Orte, an denen um Theorien gerungen, Wissen weitergegeben oder Bahnbrechendes entdeckt wird, existieren nicht im luftleeren Raum. Man findet sie in repräsentativen Bauwerken ebenso wie in unscheinbaren Gebäuden, die die Universität architektonisch sichtbar werden lassen und in ihrer städtischen Umgebung verankern. Von ihrem Kristallisationspunkt aus, dem ehemaligen Prinz-Heinrich-Palais Unter den Linden, erstreckte sich die Berliner Universität innerhalb von 200 Jahren immer weiter in die Stadt hinein. Die große Ausdehnung der Universität in der zweiten Hälfte des 19. Jahrhunderts, mit den Neubauten der Charité und den Naturwissenschaftlichen Instituten, stand im Zeichen der fortschreitenden Industrialisierung und der Verwissenschaftlichung des Alltags. Platzmangel machte in den 1920er-Jahren gar eine Auslagerung von Instituten nach Dahlem erforderlich. Den Aufbruch der Humboldt-Universität nach 1989 bezeugen die modernen Institutsgebäude auf dem neuen Campus Adlershof.

Orte der Forschung

Peter Weingart

Die Magie der Orte der Forschung

Aus der Sicht der populären Kultur haben die Orte der Forschung etwas ambivalent Magisches. Dort gehen die typischerweise leicht verrückten oder von sinistren Motiven getriebenen Forscher ihrer Arbeit in gotischen Kellergewölben nach. An diesen Orten zwischen Geheimnis und Schauder köcheln und dampfen farbige Flüssigkeiten in großen Glaskolben, hin und wieder erhellen elektrische Blitze das Dunkel der Räume und ein bärtiger Gelehrter blickt mit starrem Blick auf die am Arm hochgestreckte Phiole. In dieserart ikonischer Szene wird der Augenblick der Erkenntnis fixiert. Dessen mit dem Interieur suggerierte Magie hat freilich mit der heutigen Forschung so gut wie nichts zu tun. Sie stammt aus der Zeit der Alchemie, die im frühen 18. Jahrhundert von der modernen Chemie abgelöst wurde. Umso interessanter ist die Frage, weshalb sich noch heute mystifizierende Vorstellungen mit diesen Orten und der an ihnen betriebenen Forschung verbinden.

Doch auch die Wissenschaft selbst ist – wenngleich nicht von alchimistischen Vorläufern – zumindest von Orten der Forschung fasziniert, weil mit ihnen das Geheimnis der Kreativität in Verbindung gebracht wird. Ihr liegt daran, dies vor der Öffentlichkeit zu inszenieren und ein wenig der Magie zu bewahren. Die Labore und Arbeitszimmer berühmter Forscher werden zu Stätten der Andacht und Bewunderung, und die Kreativitätsforschung geht der Frage nach, an welchen Orten Menschen/Wissenschaftler ihre kreativen Ideen haben: Die Dusche führt die Liste an. Geht also von bestimmten Orten ein unerklärter Einfluss auf die Erkenntnis aus? Oder muss man nicht vielmehr davon ausgehen, dass die Erkenntnisziele der Wissenschaft die Orte der Forschung erst ‚konstruieren' und das Geheimnis der Erkenntnis im Design der Orte selbst zu suchen ist?

Orte der Forschung als Konstruktionen

Der prototypische Ort der Forschung ist das Labor, deshalb sollte die ikonographische Bedeutung des alchimistischen Labors nicht verwundern. Seit dem frühen 19. Jahrhundert verbindet sich mit dem Labor jedoch die Vorstellung eines Ortes zur Durchführung kontrollierter Untersuchungen (Experimente), d.h. der Kontrolle der ungezähmten Natur zur systematischen Betrachtung und Manipulation. Das wissenschaftliche Labor schafft künstliche Bedingungen, Temperatur, Geräusche, Luftfeuchtigkeit usw., Abdichtung nach außen aus Sicherheitsgründen. Der Begriff des ‚Labors' steht heute für viele, je nach Disziplin sehr unterschiedliche Praktiken der Forschung, aber allen ist die Geschlossenheit nach außen und die Kontrollierbarkeit nach innen gemeinsam.

Das moderne Forschungslabor ist entstanden, als die zunehmende Komplexität der Experimente und die Sensibilität der Präzisionsinstrumente die Trennung zwischen abgeschiedener Ausführung experimenteller Handlungen und der öffentlichen Demonstration der durch sie gewonnenen Tatsachen erzwangen. Die experimentelle Praxis wurde in geschlossene Laborräume verlagert, das Publikum musste draußen bleiben. Das Labor Justus Liebigs, das er nach seiner Berufung auf eine Professur in Gießen gründete, gilt als Beginn des modernen, arbeitsteiligen Forschungslabors und wurde zum Modell für chemische Labore, das Studenten aus aller Welt anzog. Mit der Entwicklung des modernen Labors begann auch die allmähliche Verlagerung der Forschung von den Akademien in die Universitäten. Emil Fischers hochmodernes Chemie-Labor an der Friedrich-Wilhelms-Universität in Berlin, eingeweiht 1900, lässt schon die hierarchische Struktur einer nahezu industrialisierten Forschung erkennen, die von Fischer in der Synthesechemie zur Aufklärungen von Proteinstrukturen eingesetzt wurde.

Das Labor wird zum zentralen Ort der Forschung schlechthin, nicht nur dort, wo zugleich auch gelehrt wird. Die Industrie, zuerst die elektrotechnische und die chemische, richtet sich seit dem späten 19. Jahrhundert Labore ein, und auch Staaten bauen sich Labore, wenn sie wissenschaftliches Wissen für die Ausführung hoheitlicher Aufgaben benötigen. Die 1887 gegründete Physikalisch-Technische Reichsanstalt (heute PTB), die für Forschungen zur Normung eingerichtet wurde, erlangt Weltruhm.

Die Diversifizierung der Labore ist das Resultat der Differenzierung der Wissenschaft. Die Forschung erschließt sich immer neue Phänomene, die sie der systematischen Betrachtung, der experimentellen Manipulation unterwirft. Ein Labor für die Nanoforschung hat mit einem Labor für pharmazeutische Forschung die Tische, Anschlüsse für Material- und Energiezufuhr und die Abgeschlossenheit nach außen gemeinsam. Der Großteil der instrumentellen Ausstattung, z.B im ersteren Fall mit einem Elektronenrastermikroskop, unterscheidet sich jedoch erheblich. Labore lassen sich deshalb auch als Forschungs*instrumente* verstehen, insofern die Laborgebäude nur eine äußere Schale darstellen, die innere Ausstattung jedoch den jeweiligen Forschungsgegenständen und den Methoden zur ihrer Analyse angepasst ist. Die Entwicklung der Instrumente hat ihre ganz eigene Dynamik. Forschungsinstrumente sind auch nicht auf den Einschluss in Laboratorien beschränkt, sondern sie führen über deren Mauern hinaus.

Die *Botaniker*, deren Forschung zunächst im Beobachten, Sammeln und kategorialen Ordnen besteht, gehen den Schritt zur Konstruktion mit der Anlage botanischer Gärten. Sie dienen der systematischen Erfassung von Pflanzen, ihrer Katalogisierung nach Arten und schließlich ihrer systematischen Züchtung. Linnés Garten in Uppsala lässt keinen Zweifel daran aufkommen, dass es sich um einen Ort der Forschung, um ein Labor im Freien handelt. Die Kew Gardens bei London oder der Kirstenbosch Botanical Garden in Kapstadt könnten dies aufgrund ihrer Nutzung als öffentlich zugängliche Parks vergessen lassen, doch auch sie sind Orte der Forschung. Der Berliner Botanische Garten beherbergt gar ein botanisches Museum und wird von der Freien Universität betrieben, auch er ist öffentlich zugänglich und dient zugleich der Forschung.

Die *Astronomen*, zuallererst Galilei, bedienten sich seit der Erfindung Anfang des 17. Jahrhunderts des Teleskops. Dieses Schlüsselinstrument ihrer Disziplin führte sie immer weiter fort, zuerst auf die Dächer der Universitäten, wie z. B. in Paris, wo sie abgehoben von der störenden Straßenbeleuchtung die Kuppeln ihrer Observatorien bauten, sodann immer höher hinaus auf Berge, wie den 4.200 Meter hohen Mauna Kea auf Hawaii, und/oder in möglichst abgelegene Gegenden, wie die Atacama Wüste in Chile oder die Karoo in Südafrika, wo die Atmosphäre extrem klar ist. Die dortigen Orte der Forschung sind, wie z. B. das Observatorium in Paranal, nur nach stundenlangen Fahrten zu erreichen und stellen für die Wissenschaftler strapaziöse Abenteuer dar. Schließlich hat die technische Entwicklung die Teleskope gar ins Weltall verschlagen, doch die Astronomen dürfen auf der Erde bleiben und die von Hubble gesandten Bilder dort auswerten.

Die *Teilchenphysiker* verfügen über ähnlich großartige Instrumente, deren Entwicklung von den Forschungsfragen getrieben und von der Technik ermöglicht wird. Auf der Suche nach einer einheitlichen Theorie für die Entstehung und den Zusammenhalt der Welt gingen sie zuerst in tiefe Bergwerkstollen, um dort ankommende Teilchen zu identifizieren. Dann begannen sie, Teilchen künstlich mit starken Magneten zu beschleunigen. Die dazu aufgewandte Energie ihrer Instrumente wurde immer größer, und jetzt ist das größte von ihnen der sog. Large Hadron Collider (LHC), der in einem über 26 km langen ringförmigen Tunnel bei Genf unter der Erde liegt. Nicht im Beschleuniger selbst arbeiten die Physiker aus 85 Ländern, sondern an Computern in nahe liegenden Gebäuden, die die von den aufeinandertreffenden Protonenstrahlen frei gesetzten Teilchen identifizieren. Doch die gesichtslosen Räume, in denen sie stehen, wären ohne den Anschluss an das im Tunnel ablaufende Experiment funktionslos. Der Ort der Forschung umfasst das gesamte Arrangement von Instrument und Labor.

Die Forschungsschiffe der *Meeres- und Klimaforscher*, die den Wissenschaftlern als mobile Orte der Forschung dienen und sie über den gesamten Globus fahren lassen, sind ebenfalls große Instrumente, die zudem jeweils für unterschiedliche Forschungsziele ausgerüstet werden. Auch das Schiff hat eine lange Tradition als Instrument und als Ort der Forschung. Vielleicht das berühmteste ist die HMS Beagle, auf der Charles Darwin von 1831–1836 seine Reise nach Südamerika und zu den Gálapagos-Inseln unternahm. Der Name des Schiffs ist seither untrennbar mit der Evolutionstheorie verbunden, dabei war Darwin nur Gast auf dem Schiff, dessen eigentliche Aufgabe Vermessungen waren.

Die Natur als Ort der Forschung?

Es liegt nahe, die Labore und noch mehr die großen Instrumente der Forschung als derzeitige Endpunkte einer Entwicklung zu sehen, an deren Anfang die Beobachtung der unberührten Natur stand. Ein Topos der Kritik an der modernen Wissenschaft ist ja, dass sie seziert, manipuliert und letztlich zerstört, was sie untersucht. Dass es sich nicht ganz so einfach verhält, zeigt ein Blick auf die Wissenschaften, die zumindest einen Teil ihrer Forschungen in der Natur vollbringen müssen, weil sie ihren Untersuchungsgegenstand nicht in das Labor holen können. Diese Sperrigkeit des Gegenstands kann ganz unterschiedliche Gründe und Bedeutungen haben.

Als Frank Calvert 1863 den Hügel von Hisarlik als die Stätte identifizierte, an der das antike Troja gelegen haben musste und Ernst Schliemann 1868 dort mit den ersten Grabungen begann, hatten sie einen Ort der Forschung geschaffen, der seither noch immer jedes Jahr *Archäologen* in seinen Bann zieht und sie nach wie vor neue Erkenntnisse zutage fördern lässt. Ebenso sind das ‚Tal der Könige' in Ägypten oder die Ruinen der Maya in Yucatan und Guatemala sowie zahllose weitere Grabungsstätten überall in der Welt Orte der Forschung, an denen Archäologen und ihre Helfer monate-, oft jahrelang mit Schaufeln, Besen, Pinseln und Kellen, aber auch immer raffinierteren, naturwissenschaftlichen Methoden die gehobenen Schätze aus der Vergangenheit deuten und die Geschichte von Völkern rekonstruieren. Allerdings bringen sie ihre Funde auch in lokale Museen und in die Labore an ihren Heimatuniversitäten, um sie dort, geschützt vor Wind und Wetter, weiter zu untersuchen. Neben den Bibliotheken stehen ihnen dabei inzwischen Computer zur Verfügung, deren Simulationen ganze Städte wiederauferstehen lassen. Grabungsstätten und Labore bilden so Einheiten, jede ist unverzichtbarer Teil auf dem Weg zu der endgültigen Erkenntnis, die dann in Artikeln und Büchern beschrieben und anhand von Exponaten in Museen präsentiert wird.

Die *Anthropologen*, die in den 1970er-Jahren erstmals in den Dschungel des Amazonas reisten, um dort das Urvolk der Yamomami zu studieren oder in den unzugänglichen Bergen Papua-Neuguineas die steinzeitlichen Ureinwohner der Papua, finden sich in einer ähnlichen Situation wie die Archäologen. Sie müssen ihre Orte der Forschung dort einrichten, wo sie die Menschen in ihrer natürlichen Umgebung vorfinden und beobachten können. Würden sie sie umsiedeln oder einzelne von ihnen in ihre Heimat mitnehmen, so wäre ihr Untersuchungsgegenstand – das soziale Leben dieser Völker, ihre Bräuche und alltägliche Lebensweise – zerstört. Sie würden nicht mehr herausfinden, was sie suchen.

Kann man in diesen Fällen davon sprechen, dass die möglichst unberührte Natur der Ort der Forschung ist, sind es in einem anderen, makabren Fall vom Menschen geschaffene ‚Gelegenheiten', die zum Gegenstand wissenschaftlicher Beobachtung und Analyse werden. Schon kurz nachdem die Amerikaner im August 1945 Atombomben auf Hiroshima und Nagasaki abgeworfen hatten, rückten im Gefolge der Soldaten und Physiker auch *Ärzte, Humangenetiker und Psychologen* in die zerstörten Städte und untersuchten die Überlebenden, Verletzten und Sterbenden. Nie zuvor hatte es eine derartige ‚Gelegenheit' zur Erforschung der Folgeschäden von Explosion, Hitze und radioaktiver Strahlung gegeben. Die Forschungen erstreckten sich über Jahrzehnte, die genetischen Schäden werden über Generationen studiert. Vorläufer dieser die ‚einmalige sich bietende Gelegenheit' (Mengele) nutzende Forschung waren die Ärzte, die in den deutschen KZs Menschenexperimente mit geplanter Todesfolge durchführten. Die Ergebnisse ihrer Beobachtungen und die Proben ihrer Experimente schickten sie u.a. an das Heimatlabor in Dahlem. Auschwitz, Dachau und Hiroshima stehen exemplarisch für die ‚außergewöhnlichen' Gelegenheiten, die der Krieg für die Forschung bietet. Die Orte der Forschung, die dabei – meist kurzfristig – entstehen, liegen typischerweise außerhalb der Grenzen des ethisch Erlaubten.

Von einem Ort der Forschung war bisher noch nicht die Rede: von der Studierstube des einsam forschenden Gelehrten, der an einem Schreibtisch sitzt, umgeben von den Büchern seiner privaten Bibliothek – das Spitzweg'sche Idyll. Die Geisteswissenschaftler brauchen bekanntlich nur Bleistift und Papier für ihre Erkenntnisproduktion. Zentrum ihrer Erkenntnisproduktion war und ist der Schreibtisch, dem Platzbedarf für die Berge von Büchern und Papieren entsprechend ausladende wilhelminische Eichenaltäre oder, dem Zeitgeschmack näher, strenge *USM*-Skulpturen, und an den Wänden hoch aufragende Bücherregale, vor denen die Gelehrten gern von Journalisten abgelichtet werden, wenn es gilt, dem Publikum Gelehrsamkeit zu vermitteln. Irgendwo im Arbeitszimmer, zuweilen aber auch im Keller oder auf dem Dachboden, haben sie außerdem das Herzstück ihrer Arbeit im Rollschrank oder stählernen Büroungetümen: das über viele Jahre angesammelte Archiv und/oder der Zettelkasten. Der Soziologe Niklas Luhmann, dessen Zettelkasten der sprichwörtliche Generator seiner Theorie war, zeigte Besuchern – auch darin sich von seinen Kollegen unterscheidend – ein ebenso karges wie effizientes Arbeitsplatzarrangement: die Bücherberge aus der Bibliothek wurden auf einem Aktenbock rechts an den Schreibtisch herangerollt, über diesen von rechts nach links bearbeitet und links wieder auf einen Aktenbock zum Abtransport gelegt. Kein Buch verblieb.

Inzwischen hat sich daran einiges geändert. Es gibt zwar noch den heimischen Schreibtisch, inzwischen sitzen die *Geisteswissenschaftler* aber vor Bildschirmen mit Zugängen zu Datenbanken und Bibliotheken in aller Welt, und vor allem verbringen sie viel Zeit in ICE-Zügen und Flugzeugen, auf der Reise zur nächsten Konferenz, immer den Laptop vor und Lesestoff neben sich. Auch ihre Orte der Forschung sind mobil geworden.

Magie der Orte der Forschung?

Es gibt ganz offensichtlich nicht *den* einen, idealtypischen Ort der Forschung. Der Erkenntnisdrang, der die Wissenschaft zu ständig neuen Fragen und immer neuen Gegenständen treibt, führt sie an viele verschiedene Orte. In Wechselwirkung mit der technischen Entwicklung werden ständig neue Instrumente konstruiert, die wiederum neue Beobachtungen ermöglichen und damit oft genug zu eigenen Orten der Forschung werden. Zum Teil werden plötzlich sich bietende Gelegenheiten ergriffen, um ein flüchtiges Phänomen zu untersuchen. Zum Teil müssen die Wissenschaftler gerade um die Erhaltung der natürlichen Gegebenheiten besorgt sein, wollen sie ihren Gegenstand nicht verlieren. Zum Teil haben sie gar keine andere Möglichkeit, als sich der Natur mit raffiniert ausgeklügelten Instrumenten zu nähern, die ihre Funktion nur in unwirtlichen Gegenden der Welt versehen. Schließlich gibt es noch jene, die die Natur im Labor in Experimente pressen können. Die Orte der Forschung sind zudem ganz entscheidend von der Organisation der Erkenntnisproduktion geprägt, von den Anforderungen, die der beobachtete Gegenstand an sie stellt. Der einzelne Gelehrte, der seinen Entdeckungen allein an einem Schreibtisch nachgehen kann, steht den Teams von über hundert Wissenschaftlern und Technikern gegenüber, die einem Teilchenbeschleuniger die Geheimnisse des Kosmos entlocken.

Die Orte der Forschung umfassen also jeweils beides: Beobachtung und Konstruktion des Gegenstands. Forschung hat viele Orte, aber irgendwann im Prozess der Erkenntnis muss sich der Wissenschaftler zurückziehen, um Ruhe zum Denken zu haben.

Peter Weingart, Dr., Prof. em., Institut für Wissenschafts- und Technikforschung, Universität Bielefeld

Bildnachweis

Abbildungen in der Ausstellung

alle Angaben zum Copyright direkt an den Bildern

Bilder aus der Ausstellung

Antonia Weiße, Berlin

Entwürfe und Interviewstandbilder

Duncan McCauley, Berlin

Exponatabbildungen

Aldebaran Robotics, Paris S. 156

Thomas Baetjer, Berlin S. 42

Berlin-Brandenburgische Akademie der Wissenschaften, Archiv S. 40

Humboldt-Universität zu Berlin, Öffentlichkeitsarbeit S. 41

Humboldt-Universität zu Berlin, Universitätsbibliothek, Porträtsammlung S. 43

Gesetzlose Gesellschaft zu Berlin S. 191

Nadin Seltsam, Berlin S. 57

Stiftung Preußischer Kulturbesitz, Geheimes Staatsarchiv, Berlin S. 39, 210

Stiftung Preußischer Kulturbesitz, Staatsbibliothek zu Berlin, Handschriftenabteilung S. 60

Stiftung Stadtmuseum Berlin, Reproduktion: Oliver Ziebe, Berlin S. 192

Stiftung Stadtmuseum Berlin, Reproduktion: Antonia Weiße, Berlin S. 58, 65, 76, 77, 203, 230

Antonia Weiße, Berlin alle anderen Exponatabbildungen